黄河文化传播
与话语体系构建研究

王苗 著

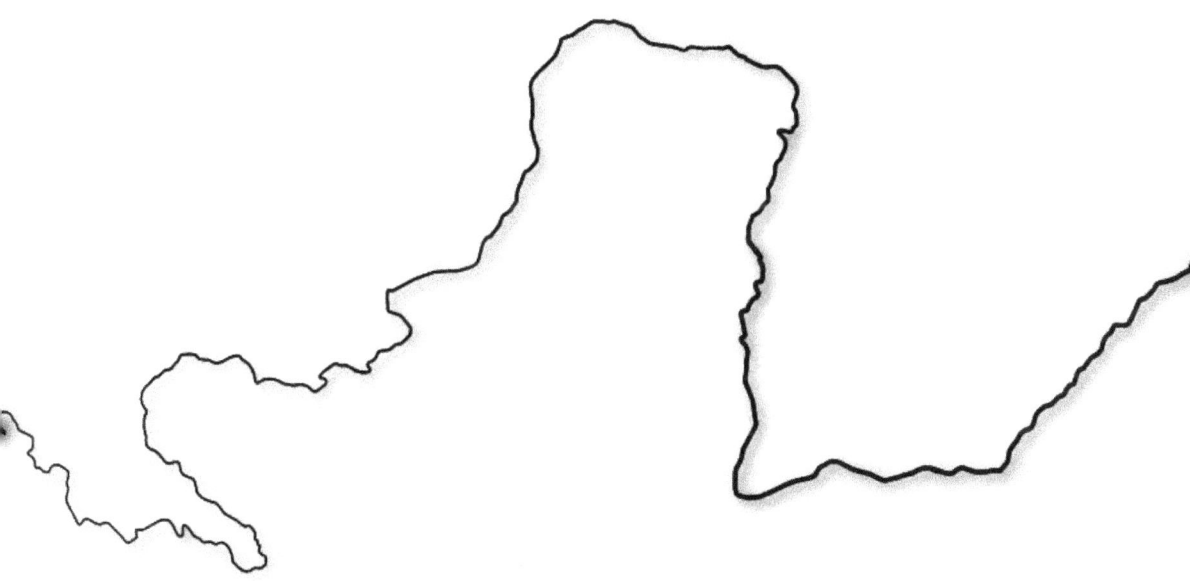

辽宁人民出版社

ⓒ王苗 2022

图书在版编目(CIP)数据

黄河文化传播与话语体系构建研究/王苗著.—沈阳:辽宁人民出版社,2022.12
ISBN 978-7-205-10660-7

Ⅰ.①黄… Ⅱ.①王… Ⅲ.①黄河流域–文化传播–研究 Ⅳ.①G125

中国版本图书馆CIP数据核字(2022)第216766号

出版发行：辽宁人民出版社
地址：沈阳市和平区十一纬路25号　邮编：110003
电话：024-23284321(邮　购)　024-23284324(发行部)
传真：024-23284191(发行部)　024-23284304(办公室)
http://www.lnpph.com.cn

印　　刷：辽宁新华印务有限公司
幅面尺寸：170mm×240mm
印　　张：13.5
字　　数：200千字
出版时间：2022年12月第1版
印刷时间：2022年12月第1次印刷
责任编辑：张天恒　王晓筱
封面设计：山月设计
版式设计：中知图印务
责任校对：刘再升
书　　号：ISBN 978-7-205-10660-7
定　　价：58.00元

前 言
/ PREFACE /

黄河被誉为中华民族的母亲河,是中华文明的发源地之一。根植于黄河流域的黄河文明是中华古文明中最具代表性、最具影响力的主体文化。在我国五千余年的文明发展史中,黄河流域孕育了极为丰富的人类文化。虽历经千年历史变幻,但作为中华文明主脉的黄河文化,仍然是中华民族对外传播最具代表性的一张名片。2019年9月,习近平总书记在考察黄河生态时强调要深挖黄河文化所蕴含的时代价值,"讲好黄河故事,延续历史文脉,坚定文化自信,为实现中华民族伟大复兴的中国梦凝聚精神力量"。因此,新时代如何在国际舆论场中讲好黄河故事,传播好黄河文化已经成为我国对外传播实践中的重要命题。

随着经济全球化、政治多极化、文化多元化、社会信息化的发展,国家间的竞争日益激烈,文化软实力和国际话语权成为国际竞争的焦点。经过多年发展,中国已成为世界第一大制造业国、第一大贸易国、第二大经济体、第三大对外投资国。但是,我们不能忽视中国在国际舞台上的"失语"问题。中国特色社会主义进入新时代,需要进行具有许多新的历史特点的伟大斗争。新的伟大斗争就涉及国际话语权的争夺,面对中国在国际舆论领域处于劣势的状况,如何构建与中国的国际地位相匹配的话语体系以及如何将中国的发展优势转换为话语优势已成为主要问题,这是中华民族的伟大复兴过程中所无法避免的。

黄河文化作为一种文化符号和精神谱系，体现了中华民族的历史性、文化性和主体性。科学研判新时代黄河文化的时代意蕴和时代内涵，提出传承和弘扬黄河文化的时代路径，这不仅有利于提高中华儿女的民族自信心与文化自信，还展现了中华民族的文化魅力，丰富了中国优秀的传统文化。并且有利于建立完整的理论和话语体系，滋养党的思想基础，推进中国主流意识形态的大众化建设。因此，推进黄河文化的国际传播，应对当前的传播话语体系重新构建，推出融通中外、涵盖古今的新概念、范畴及表述，进而才能更加充分、更加鲜明地展现黄河文化的精髓和实质，增强黄河文化在世界上的传播力和感染力。只有不断弘扬与传播中华优秀传统文化，才能提高中华文化在国际传播中的地位；只有构建起独立自主的文化国际传播话语体系，才能树立起符合中国国情的国际形象，从而完成从"他塑"到"自塑"的转变。因此，探寻华夏文明之源，讲好中国故事，分析黄河文化的国际传播策略，探讨黄河文化外译的相关对策，进而研究黄河文化外译及其话语体系构建，积极开展黄河文化国际传播及其话语体系构建，展现中华传统文化魅力，符合中华传统文化复兴的需要，对于进一步丰富、推动整个中华文化的全球化表达也就具有重要价值和意义。

2022年9月

目 录
/ CONTENTS /

第一章 黄河文化的构建 …………………………………………………… 1
 第一节 黄河文化的概念、构建目的及路径 ……………………………… 1
 第二节 黄河文化的精神内核构建 ……………………………………… 13
 第三节 黄河文化的多重精神特质及其符号构建 ……………………… 16

第二章 黄河文明之近代转型研究 ……………………………………… 21
 第一节 黄河文明形态 …………………………………………………… 21
 第二节 黄河水利之近代变迁 …………………………………………… 28
 第三节 近代黄河泛滥改道与社会文明生态 …………………………… 41
 第四节 传统黄河文明观念的近代演变 ………………………………… 49

第三章 黄河文化的国际传播策略 ……………………………………… 53
 第一节 黄河文化的国际传播现状及传播路径 ………………………… 53
 第二节 从自媒体看黄河文化国际传播策略 …………………………… 57
 第三节 跨文化视角下黄河生态文明建设与国际传播策略 …………… 63
 第四节 文旅融合背景下黄河文化国际传播效果提升策略 …………… 68

第四章 黄河文化外译研究 ……………………………………………… 73
 第一节 文化自信视阈下的黄河文化译介与对外传播 ………………… 73
 第二节 传播学视角下文化品牌的外宣翻译及媒体融合路径研究
    ——以黄河三角洲地方文化品牌外宣为例 ……………………… 77
 第三节 淮河流域历史文化对外传播及外译策略 ……………………… 83
 第四节 从跨文化交际角度谈构建黄河文化对外话语体系中的
    外宣翻译策略 …………………………………………………… 86

第五章 黄河三角洲文化产业可持续发展研究 ………………………… 90
 第一节 替代产业:黄河三角洲文化产业发展研究背景 ……………… 90

第二节 坚持可持续发展：黄河三角洲文化产业发展的
　　　　战略选择 ··· 101
第三节 资源禀赋：黄河三角洲文化产业可持续发展的
　　　　资源条件 ··· 111
第四节 结构调整：黄河三角洲文化产业发展方式转变的
　　　　重要举措 ··· 123
第五节 优化布局：黄河三角洲文化产业发展空间方面的
　　　　推进措施 ··· 129
第六节 统一、完善、有序：黄河三角洲文化产业可持续发展的
　　　　市场条件 ··· 132
第七节 政策扶持：黄河三角洲文化产业可持续发展中的
　　　　政府作用 ··· 142

第六章 "一带一路"倡议背景下的黄河文化对外传播研究 ··········· 151
第一节 "一带一路"倡议与文化传播 ························· 151
第二节 "一带一路"倡议下黄河文化对外传播的现实考察 ····· 157
第三节 "一带一路"倡议下黄河文化对外传播的主要内容 ····· 165
第四节 "一带一路"倡议背景下黄河文化对外传播的价值 ····· 167
第五节 "一带一路"倡议背景下黄河文化对外传播的路径 ····· 170

第七章 "一带一路"倡议视域下黄河文化话语体系构建研究 ········ 180
第一节 话语体系的内涵和概念 ····························· 180
第二节 国内研究情况 ····································· 181
第三节 国外话语体系研究 ································· 185
第四节 我国国际话语权建设的理论基础 ····················· 189
第五节 "一带一路"倡议给黄河文化国际话语体系构建带来的
　　　　历史机遇 ··· 191
第六节 "一带一路"倡议视域下黄河文化国际话语体系构建
　　　　面临的挑战 ··· 193
第七节 "一带一路"倡议视域下黄河文化国际话语体系构建的
　　　　路径 ··· 195

参考文献 ··· 207

第一章　黄河文化的构建

第一节　黄河文化的概念、构建目的及路径

一、黄河文化的定义

黄河文化，或为"黄土文化"，主要是指产生并发展于黄河流域的一种地域性文化。

从广义上来说，黄河文化是黄河流域由于特殊的自然地理和人文地理占优势以及以生产力发展水平为基础，形成的具有认同性和归趋性的文化体系，是黄河流域文化特征和文化集结的总汇集。黄河文化是黄河流域的人民在长期的社会实践中所创造出的物质和精神财富的总和，包括一定的生活方式、风俗习惯、社会规范、价值取向和精神面貌，以及由此而达到的社会生产力水平等。而狭义上的黄河文化，则为历史学意义上的文化。

黄河文化从地域范围来看，同样有广义和狭义之分。狭义上的黄河文化在空间上只包括黄河的干流区，就是传统上所指的青海、宁夏、甘肃、四川、陕西、内蒙古、河南、山西、山东数省区。广义上的黄河文化，除了干流流经区外，还包括了支流流经区，支流流经区的范围要大得多，包括北京和天津两市及河北、江苏、安徽等省份的一些地区。因此，广义上的黄河文化是一个以上游的三秦文化、中游的中州文化、下游的齐鲁文化为主体的文化，如三晋文化、巴蜀等亚文化层次构成了庞大文化体系。当然，这并不是说，凡是黄河干流和支流流经的地区，都应该纳入黄河文化的体系。这是因为，黄河文化是黄河流域地方共同体群中发现的文化规则的聚合。因此，在选择和确定黄河文化的生存空间时，不能单纯地按照地理概念来界定黄河文化区，而应该取决于它们所共享的、并不为相邻共同体所拥有的文化性质。例如，青海、甘肃、宁夏、内蒙古四省区，

除少数地区为农业文化区外,基本上为游牧文化区,因此在论述时应加以注意。

从黄河文化最为稳定的或者最为核心的方面去考察,黄河文化是属于一种小生产和封建宗法制的农业文化,是一种以一家一户为社会组成形态的自然经济型文化,一种借助行政权力支配社会来确保中国传统农业生产和"大一统"的社会政治结构的文化。

黄河文化是一个由时空交织的多层次、多维度的文化共同体。"黄河文化""黄河文明"就是生活居住在黄河两岸、黄河流域的中国古人创造出的中国古代文化和古代文明。黄河文化时间空间的跨度很大,内容非常丰富;黄河是中华民族的母亲河,所以在这一流域生成和发展起来的文化,在中华民族的形成、发展、壮大的历史中,有着极其重要的地位。

二、黄河文化的内涵

所谓文化,广义上是指人类在社会历史实践中所创造出的物质和精神财富的总和,狭义就是指社会的意识形态以及与之相适应的制度和组织机构。作为意识形态下的文化,反映出一定的社会政治和经济,又作用于一定的社会政治和经济。伴随着民族的产生和发展,文化又存在民族性,以及文化发展所具有的连续性和历史继承性等特征。当代社会在运用"文化"这一概念时一般会有以下三个主要特性:历史性、群体性和影响性,如华夏文化、饮食文化、服饰文化、吴文化等。黄河文化也是如此,是中华民族及其流域的广大劳动人民在黄河水事及其相关实践活动中所创造的全部物质和精神财富的总和。

黄河流域及沿黄地区是中华文明的主要发祥地。在6000多年前,黄河流域就已经开始出现农事活动。大约在4000年前,黄河流域内形成了以最为强大的炎帝、黄帝两大部族为中心的一些血缘氏族部落。后来,黄帝在部落战争中取得盟主地位,并融合了其他部族,形成了华夏族(也就是汉民族的前身),黄帝也因此被奉为中华民族的人文始祖。在新石器时代晚期,黄河流域就已经出现了文字刻画符号和铜器。到了商代,开始出现甲骨文,青铜冶炼技术达到了相当高的水平,并开始出现铁器冶制,这标志着生产力水平已经发展到了一个新的阶段。从夏朝到北宋,历代王朝在黄河流域建都时间绵延3000余年,安阳、西安、洛阳、开封均名列中国"七大古都",著名的诸侯国都星罗棋布。诸子百家、四大发明、唐诗宋词、中医中药等林林总总的文化科技成果,大都产生于或发展成熟于黄河流域。北宋以后,全国经济重心逐渐南移,但在中国经济、政治、文化发展的进程中,整个沿黄地区仍处于重要地位。

黄河流域悠久的文化历史,为中华民族留下了无数珍贵的文化遗产、名胜古迹以及用之不竭的精神财富,支撑了中华文化的主体与脉络。黄河是中华民族的母亲河,黄河文化及黄河精神内涵的表述应该体现国家意志、全民共识,任何机构和个人都不好妄下定论。这一观点也在很大程度上体现了现代学人对黄河文化的尊重及对相关研究的慎重。

黄河精神是黄河文化的结晶,有学者高度凝练了治黄过程中的黄河精神内涵,认为黄河精神是一种抗争精神、奉献精神、敬业精神和宽容精神。黄河精神体现了抗争精神,黄河造就了华夏文明,但频繁的泛滥迁徙给沿黄居民带来了深重灾难,黄河流域的先民们前仆后继地同洪水的抗争,锤炼出具有抗争精神的黄河流域人民。黄河精神体现出了奉献精神,黄河水浇灌着中原大地,哺育着中华儿女,在历史文明的发展长河中,黄河流域一直作为历史、经济、政治、文化发展的中心舞台,先人们在这里创造了灿烂的华夏文明,其中大部分受到了黄河文化的影响。此外黄河还解决了各大中城市缺水的现状,引黄济津(天津)、引黄济青(青岛)、引黄济烟(烟台)等水利工程,为这些严重缺水的城市送去20多亿立方米的黄河甜水,这就是黄河的奉献精神。黄河精神体现出敬业精神,大禹三过家门而不入的传说,世世代代影响着中华儿女,用其执着又敬业的精神不断激励着中华儿女。黄河精神体现了宽容精神,我们的先祖由于对自然认识的局限,或是对黄河流域自然资源无节制的索取,伐林造田、填海造田,自然环境空前浩劫,稀有动植物一度灭绝,当黄河三角洲列出动植物保护区,人与自然开始和谐共处。①

由此我们可以得出,黄河文化由中华民族创造,内容十分丰富,充分体现了人文与自然的统一、历史与现实的统一;黄河文化以黄河的水事实践活动为载体,是河流给人类的灵感、启示和体验,也是河流价值的实现;黄河文化也是物质与精神的统一、显性与隐性的统一、理念与实践的统一;黄河文化的实质就在于它的气质、精神和价值观,它是中华民族的

---

①刘炳天,付静作,李晓静,等.黄河文化[M].开封:河南大学出版社,2021:21-25.

根和魂,是中华民族优秀传统文化的重要组成部分。黄河文化的缔造是与中华民族的发展相辅相成的,是中华文明的重要组成部分。

黄河文化是中华民族的精神旗帜和宝贵财富。黄河作为一条自然河流,给予了人们生活体验和生存启迪,随着历史不断地演变,在黄河流域劳动人民一代又一代人的反复体验与启迪过程中,将自然与人文、理念与实践、物质与精神、历史与现实相融合,根据黄河的环境条件、物质现象、制度理念,形成具有黄河文化特色的风俗习惯、生活方式、衣食住行、思维方式及行为规范等。例如,我们熟知的"黄河母亲"雕像,作为一尊雕像,它只是物质现象,由于它所传递的信息与黄河文化"母亲河"相融合,它便体现出具有黄河文化特色的价值观念——黄河哺育中华儿女。于是,"黄河母亲"的雕像便成为黄河文化组成的要素之一。

三、黄河文化的时代特征

(一)黄河文化的包容性

黄河文化是中华民族以及黄河流域广大劳动人民创造的全部物质财富和精神财富的总和,将近五千年来黄河流域所出现的全部文明成果都视为黄河文化的要素。

各族人民在漫长的历史岁月中,饮食方面既保持了各自的传统,又融会互通,形成了独特的地方风味。例如,回族的麻花、白焙子、油炸糕等,甘肃的拉面等,蒙古族的羊背子、烤全羊、涮羊肉、奶茶等,陕北的羊肉泡馍、肉夹馍等,山西的刀削面等,还有一些特色的面精酿皮、猪肉勾鸡、酸烩菜等吃法,蒙汉兼通,老少皆宜。

包容方能和谐,和谐才能成事。纵观古往今来那些成就大事的人,他们无不具有包容天下的广阔胸怀,无不善于在"不同"中谋统一、在和谐中凝聚力量。几千年来,儒家思想的精华就是包容,几千年后的今天,构建社会主义和谐社会的基本要素也是包容,一个包容的民族必定会欣欣向荣,一个包容的国家必定会昌盛繁荣、一个包容的社会必定会充满着温情。

(二)黄河文化的开放性

阴山横亘,黄河环绕。黄河,我们的母亲河,有平原一样坦荡的气节,有草原一样宽广的胸襟。蒙古民族热情好客的品性也展示了大河民族开放的情怀,从而打破了草原与中原的隔阂,带来了勃勃生机。同样,黄河下游多次改道、决口、漫流,沿海又经常受到海潮袭击,生存环境非常恶劣,因此这里的人们大都吃苦耐劳、勤奋节俭、勇于开放、不断创新。黄河三角洲地处暖温带,沿海滩涂广阔平坦,又是海产、海盐基地,这种可农、可渔、可盐的便利条件,使人们形成了开放务实的创业精神。人们用辛勤的汗水浇灌出了驰名海内外的滨州棉、小营米、阳信鸭梨、无棣小枣、沾化冬枣等。这里还盛产柳、蒲、苇、草,先民们就地取材编织出技艺高超、花色品种繁多的手工艺品。特别是这里的柳编工艺、草编工艺,具有独特的艺术风格和浓厚的地方色彩,在国内外久负盛名。

迄今为止,中华人民共和国的改革开放事业已经历了40余年的艰苦岁月,而真正的开放可以说由来已久,母亲河带给我们的不仅仅是河流本身,还有她豪迈宽广的胸怀。今天改革开放的巨大成就赢得了来自世界各地的广泛赞誉。开放,打开了我们的国门,更打开了中华民族的心门。与时俱进、不断创新的时代精神既是民族传承,也是今后发展社会主义伟大事业的必经之路。

(三)黄河文化的拼搏性

黄河自古以来就以"善淤、善决、善徙"闻名于世,有"三年两决口,百年一改道"之说。从先秦一直到1949年,黄河下游决溢了1590次,改道了26次。每次决口不仅淹没耕地、房舍,还造成了土地沙化、人员伤亡等灾难。这就迫使先民们在"洪水横流、人畜漂流、庐舍为墟"的残酷现实面前,一次次为生存和发展而与自然抗争,由此而磨砺出这一地区人民特有的不畏艰难、英勇顽强的抗争精神。东汉末年,宦官专政,横征暴敛,黄巾领袖张角揭竿而起,从河北辗转来到阳信县安营扎寨,并在此同官兵展开了惨烈的肉搏战,当年的黄市冢、点将台、校练场至今仍依稀可见。这种不畏艰难、英勇顽强的抗争精神激励着一代代黄河儿女,也被一代代继承下来。

黄河,是我们祖祖辈辈赖以生存的生命之河,更是我们中华儿女无法割舍的精神之河。在漫长的历史发展长河中,她萌芽、成长、壮大,融汇了各个支流上的多民族文化,逐渐凝结成深远浩瀚的黄河文化,犹如一幅瑰丽多姿的历史画卷,向世人展示出最朴实却极富创造性的民族精神,她更像一盏指明灯,指引着中华儿女在前进的道路上不会迷失方向。

四、黄河文化符号

(一)黄河文化符号的定义与特征

提炼了黄河流域物质及精神文化的黄河文化符号,反映了黄河流域群众在精神、物质、才智与感情等方面的一系列特征。黄河文化符号的特征有:一是价值内涵方面,黄河文化符号作为经历了时间沉淀而来的物质与精神文化的精粹,高度集聚了黄河流域的文化内涵;二是区域特性方面,以另一种形式呈现区域文化的黄河文化符号,深深烙刻上了黄河历史文化的印记;三是凝聚功能方面,黄河流域的文化符号的认识理解,生成了强烈的文化自信和民族自豪感,推动了对于黄河文化的认同感;四是形象传播功能方面,对内而言,拥有相同文化背景的人们由于对黄河文化有相近的记忆而产生共鸣,对外而言,拥有其他文化背景的人们由于好奇心理而交往互动,逐渐相互理解达成共识。

(二)黄河文化符号的内涵

1. 黄河文化符号是中华文化符号的主体展示

黄河文化符号是黄河文化成就中最具代表性的,是其核心精髓所在。黄河文化符号在事实上主要代表中华文化。黄河文化是一个内容多样、博大精深的概念,是由黄河流域的人们的生活习惯、社会制度、风俗习俗及宗教信仰、审美观念等综合而形成的,是黄河流域的地理及人文空间的内容、特征的提炼,是一个具有社会生活多方面、多层次、多维度特点的文化共同体,并为华夏文明的组成贡献力量。

2. 黄河文化符号体系建构是中华民族根魂的具体体现

习近平总书记指出,"黄河文化是中华文明的重要组成部分,是中华民族的根和魂"。黄河文化符号只是一种元素,并用此主要表征黄河文化,对于黄河文化符号的整理和理解,促进了人们对黄河文化价值、黄河文化与中华文化关系的认识,具有重要的现实意义。

要从中华民族根和魂的角度去梳理黄河文化符号。根和魂,代表了中华民族的本色以及浸润在民族骨子中的不屈的精神。要从自身文化的深处探寻根脉,铸就灵魂。将体现民族根魂的文化符号提炼出来,以不断传承并光大民族凝聚且发展壮大的文化基因。

黄河文化符号的梳理要从中华文化认同的角度来进行。中华文化认同是中华民族发展最根本的基础,要从黄河文化符号的梳理中寻找历史上促进民族融合发展的关键点、关键符号、关键要素,从而使我们这一多民族国家像石榴籽一样紧紧地拥抱在一起。这也是中华民族要走向复兴的关键所在。

(三)黄河文化符号的主要形式

1. 汉字

汉字的基础就是象形,汉字造字法有象形、会意、形声、指事等。汉字不但包含了中国人对世界的丰富体验,也是中国人思维方法的具体体现。仓颉造字的传说发生在黄河流域,尤以陕西长水和河南南乐的仓颉庙最为著名。我国考古最早发现的贾湖的契刻符号,距今已七八千年。发现于安阳殷墟的甲骨文是最早最为成熟的汉字体系。周原发现的青铜铭文是中国金文的大篇幅杰作的重要代表。东汉汝南召陵(今河南郾城)人许慎的《说文解字》,则解开了汉字的构造秘密,成为中国最早的汉字字典。汉字的行书、篆体、隶书、草书,早期也都形成于黄河流域。

2. 长城

中国长城是一项防御型工程,其修建时间最长、工程量也最大。长城修建最早起源于东周列国之间,尤以位于今山东的齐长城、位于今河南的楚长城时间最早。秦始皇统一中国后,连接列国间的边城,用以防御北方少数民族。后来的汉、隋、唐、明等王朝均在北方边界不断构筑长城。尤以明长城最具完整性和代表性,总长度6700千米。历代王朝所修长城主要位于黄河流域,是农耕文明与游牧文明的分界线,也是华夏文明发展壮大的重大守护体系,是中华民族爱好和平、不畏强敌的象征。

3. 四大发明

中国对世界科技最大的贡献就是"四大发明"。其中指南针,古义称为"司南",《鬼谷子》有"郑人之取玉也,载司南之车"。最早的司南实践在中原;造纸术,在西安灞桥的汉墓中发现了西汉的纸张,东汉时蔡伦在洛阳又改进了造纸术;印刷术,在西安的唐墓中发现了高宗时的佛经印刷品,应为最早的雕版印刷实物,北宋的开封是全国最大的活字印刷中心;火药的产生则与炼丹有关,晚唐时火药已出现,嵩山则为道教炼丹中心,最早的火药配方就出自北宋官修的《武经总要》一书,而这部书的编写在京城开封。

4. 二十四节气

它是古代先民顺应农时,通过对天体运行的长期观察,对一年中时令、气候、物候方面变化规律科学探索而形成的知识体系,是中国悠久农耕文明成就的具体体现。二十四节气的名称最早见于《史记·太史公自序》和《淮南子》,另据《稷山县志》记载:唐尧时创制历法的羲仲、羲叔、和仲、和叔四位大臣,死后即葬在东庄村北一带。那里有四大陵墓,墓前有羲和庙。由此可以判断羲和当年生活在稷山,二十四节气起源于运城稷山,稷山大部分在万荣境内,因此位于黄河流域的山西万荣是二十四节气发源地。

5. 河图洛书

与文献中的伏羲画八卦相关联的河图洛书,成为中国人最早以阴阳为代表的思想理念,其形成在黄河流域。阴阳太极理念开启了中华文化思维模式的先河,并由《周易》得以发展。"文王拘而演《周易》"的历史就发生在汤阴的羑里。由《周易》而形成了儒、道两大文化流派,儒家的创始人孔子出生在黄河下游的鲁国,其到中原周游列国,并形成和完善了儒家体系;道家的创始人老子出生在黄淮之间的河南鹿邑,他的主要人生阅历以及重要成果《道德经》也是在黄河流域体验完成的。

黄河文化符号,还包括中医、瓷器、丝绸、戏剧、酒、围棋、城市中轴对称、四合院等,反映这一文化符号可以通过分层而成为一个庞大的体系。进行对比,可知黄河文化符号体系就是中华文化符号体系的主体。

(四)黄河文化符号的主要表现形式

1. 农耕文化

农耕文化包含了物质和精神两方面的财富,是人类在农耕生产实践中所产生的。农耕文化的出现紧密联系着人类"择水而居"的生活习惯。处于黄河中下游的山西是古代最适宜人类居住的地区之一,这里四季分明,气候适宜,黄土土质疏松,适合耕种。

在黄河水的养育下,人类早在180多万年前就在这片土地繁衍生息,丁村遗址、陶寺遗址证明了当时的农耕文化。黄河沿岸及其文化影响区范围内仍然留存了遗址,它们都有着黄河农耕文化的印记,如万荣县的后土祠等。然而民居建筑方面有着较大不同:位于黄河沿岸的晋西北有着黄土高原典型的土穴窑居,窑居依崖而建,层窑叠院,随地形而变化,参差不同;而晋西南的代表民居为四合院院落,具有晋商文化特色。

在留存的岁时节日、农事礼仪、神话谣谚等农耕文化礼仪和风俗的内容方面虽特点不同,但一脉相承,观灯会、看社火、赶庙会的活动几乎在沿岸的每个村落都有举行。

2. 商业文化

中国游牧区和种植农业区以黄河为自然分界,这是由黄河独特的地理位置和自然条件决定的。再加之区域频发的自然灾害和战争,加剧了这个区域在历史上文化的冲突,并促使其成为文化冲突最为激烈的区域之一。历史上曾在黄河西岸边域存在过许多军事要塞,这些军事要塞还兼具了当时中原政府对外开放的商贸功能,因此商业文化大力发展。如在历史上碛口、壶口、蒲津渡等地都曾以北方商贸重镇的形式存在,西北各省的大批物资连续不断由河运而来,在这些渡口转到陆运,至太原、北京、天津等地。至今,黄河沿岸一些河口三角洲地区仍然留存着大量具有漕运商贸集镇典型特征的古代渡口遗迹,这在北方地区难以见到。

3. 革命精神

黄河也显示出一种革命精神,是中华民族的精神寄托:在抗日战争时期,黄河寄托了全国各族人民反抗压迫、反对侵略的爱国主义精神。在日本帝国主义全面发动侵华战争,中华民族面临生死存亡的重要关头,中国共产党领导的八路军三大主力师东渡黄河进入山西,把山西建成了敌后游击战争的革命根据地,开创了抗日战争新局面,每当《黄河大合唱》这首歌响起时,都会让人热血沸腾。中华人民共和国成立以后,黄河又展示出了全国各族人民勇于进取、勇于付出的大无畏精神。黄河曾经是一条桀骜不驯、多灾多难的河流。在新时期为了治理黄河,人们凭借积极的进取心和丰富的创造力,完成了大禹渡电灌站、万家寨水利枢纽、小浪底水库等浩大工程,展示了非凡的英勇气概和自强不息的革命精神。

4. 军政文化

"表里山河"一词在《左传》中被用来形容当时山西这一区域,意为外有山内有河。黄河的存在使得晋陕大峡谷成为天然屏障,这里有刀光剑影、战马嘶鸣,也有觥筹交错、鼎食钟鸣,更有红军东征的英雄壮举和光辉历史。

长城是军政文化的重要符号,长城与黄河犹如两条巨龙蜿蜒在中华大地上,有一个地方称作老牛湾,这两条巨龙在这里实现了第一次握手,伫立在老牛湾悬崖之上的望河楼至今已有四百多年的历史。除此之外,碛口、壶口、风陵渡等地在历史上都曾是河东、河南、关中交通要塞,且一直都是兵家必争之地,历史上曾在沿线设有"总管府""慈马戍""司侯司""巡检司"等军政机构,迄今为止,一些地方的地名仍然保持着军事特色,如偏关县老营堡等,就是黄河军政文化的文化符号。

五、黄河文化带的构建

(一)黄河文化带的概念

黄河文化带指在黄河沿线两侧一定区域空间内,以某些共同的文化特征为基础,并利用这些文化特征及历史文化资源的地域优势,构建形成具有地带连续性的文化区域。其文化属性、精神属性是内在核心和外在表现,而衍生的社会属性、经济属性是黄河文化带构建的主要依托和最终目的,即通过对传统文化、价值观的传承、弘扬与历史文化资源的保护、活化,最终实现地域文化与人们的生产生活、区域经济、社会发展的融合。

黄河文化带作为一个文化区域,空间上并没有明确的界限,考虑到黄河沿线区域这一界定,参考当前我国行政区划层级,大致以黄河沿线两侧地级市一级行政单位作为其主要空间范围。从共同文化特征看:一是这一区域均位于黄河沿线这一特殊文化空间;二是这些地带均是华夏文明起源、发展的重要区域。"传承华夏文明"是黄河文化带构建的主旨,在这一主旨下,各区段可根据其文化特色设立分主题。

(二)黄河文化带构建目的

黄河文化带构建的目的大致可概括为两个方面:传承地域文化和推动地方发展。传承地域文化主要表现在挖掘地域文化价值、传承优秀传统文化、重构文化价值观、满足精神文化需求、培养文化自信、提升凝聚力和认同感等;推动地方发展主要表现在发展文化旅游、推进产业融合、增加居民收入、构建生态文明、推动区域协调可持续发展等。

(三)黄河文化带构建的路径

1.创新性开展各类等级高、影响大的文物保护单位的适度利用工作,发挥其构建黄河文化带的带动作用

各级各类文物保护单位是沿黄河区域历史文化、发展历程最重要的见证,具有价值突出、内涵丰富、知名度高、标识性强的特点,是传承区域历史文化的主要抓手和展示区域文化形象的重要窗口。当前形势下,创新性活化利用各级各类文物保护单位已经成为文物保护工作的主要内容之一,通过真实、完整地保护文物本体,科学、系统地诠释文物价值,探索文物合理利用的途径,贴近当地实际,使文物保护单位融入当地生产生活、文化发展、经济建设中,真正发挥文物保护单位在沿黄河区域华夏文明和地域文化保护传承中的带动作用。

2.整体保护历史文化名城名镇名村和传统村落的格局与风貌,发挥其展示地域文化的节点作用

历史文化名城名镇名村和传统村落因其历史文化资源的整体性和富集性,传统风貌保存较好,地域特色鲜明,具有较强的吸引力,是黄河文化带构建的重要展示节点。在新型城镇化和新农村建设中应注重这类历史文化资源的整体保护,延续历史格局和传统风貌,加强传统民居的保护和有机更新,维护好人文景观和自然环境,体现尊重自然的生态原则,建设人文城市和美丽乡村;综合发挥物质文化和非物质文化方面的优势,探索开展文化体验活动,引导游客进行深度文化体验,使其成为沿黄河区域地域文化的集中展示区,展示黄河文明、黄土风情。

3.活化传承各类非物质文化遗产、激发其内在活力和生命力是黄河文化带构建的重要抓手

各级各类非物质文化遗产是沿黄河区域地域文化特色的重要内容,应该从实际出发,把握地域特色,挖掘黄河文明、黄土风情的深厚积淀,遵循非物质文化发展的内在规律,保护其文化内涵、文化基因、核心工艺,注重整体性保护、活态性保护、生产性保护,在保护中传承,开展展演

活动,使其积极融入当代生活,丰富当地居民的文化生活,推动文化旅游开展,成为展示沿黄河区域传统文化的重要窗口。

4. 注重城市与乡村低等级历史文化资源的挖掘和活化,保护地域文化,修复文化生态环境,夯实黄河文化带构建的土壤

分布在沿黄河区域广阔大地上的各类低等级历史文化资源是黄河文化带构建的根基和土壤,没有广大城乡区域地域文化的有效保护、文化生态环境的修复,只是对高等级历史文化资源进行展示,黄河文化带只能是狭义的文化带,对挖掘区域发展后发优势、推动地方转型发展的作用有限。当今,历史文化资源在地方发展中的作用得到越来越多的重视,甚至成为区域发展的关键要素,挖掘和活化地域历史文化资源成为推动地方发展的重要内容。在黄河文化带构建中,应对沿黄河区域城市和乡村的地域文化进行深入挖掘和整理,开展活化利用工作,积极修复地域文化生态环境,弘扬传统农耕文化,以多种形式使其融入当地的生产生活,促使其成为地方经济发展转型的重要推动因素。

5. 整合各方面力量,尤其注重发挥当地居民、民间组织的作用,构建属于当地人的黄河文化带

沿黄河区域优秀传统文化为当地人所创造、延续,并融合于人们的日常生活、生产劳作中,当地人的参与认可是黄河文化带构建的根本,也是黄河文化带构建的最大动力所在。应引导当地居民参与到地域文化的保护、活化中来,注重发挥当地有知识、道德品质好、热心乡村建设、有威信乡贤的引领作用,吸纳民间智慧;注重发挥相关民间组织的作用,构建政府引导,当地居民主体、民间组织参与,专家学者指导的合作、协作机制,推动文化遗产保护责任的全社会共担。

6. 完善相关制度和配套设施,为黄河文化带构建提供保障

黄河文化带的构建是一项区域性的整体活动,是一项与国家、地区发展战略相配套的基础性工作,涉及若干市县,需要从整体层面提供政策、服务、宣传、资金等方面的支持,并进行统筹谋划、分类指导、整体推进,需要整体包装、宣传。应该加强黄河文化带文化旅游品牌宣传推介工作,打造文化旅游品牌,使其成为黄河文化旅游新的名片。应进一步完善交通、游客服务等配套设施,为黄河文化带构建提供硬件保障。

7. 推动历史文化资源与产业、生态相结合,实现生态、生计和文化三者良性互动,是黄河文化带构建的最终目的

在当今城乡建设、经济发展中,历史文化资源是最重要的资源之一,一方面,它们是当地人共同的记忆,能够增强当地人的认同感和凝聚力;另一方面,历史文化资源的活化利用可以推动相关产业的发展,促进产业融合。沿黄河区域历史文化资源的保护、活化应与当地的经济文化发展进行互动,通过地域文化与相关产业、生态建设的结合,推动文化建设与文化旅游、遗产保护与产业发展、环境整治与民生改善的结合,把握产业融合的趋势,实现地域文化的可持续传承和区域经济社会的转型发展。

第二节　黄河文化的精神内核构建

传承弘扬黄河文化是推动黄河流域生态保护和高质量发展的重要任务之一。习近平总书记强调,要推进黄河文化遗产的系统保护,深入挖掘黄河文化蕴含的时代价值,讲好"黄河故事",延续历史文脉,坚定文化自信,为实现中华民族伟大复兴的中国梦凝聚精神力量。因此,我们要深刻认识黄河是中华民族的母亲河,是中华民族赖以生存和发展的宝贵资源。黄河文化在历史上长期居于母文化的本体地位,是中华民族成长壮大的力量源泉。传承弘扬黄河文化是推进文化建设的使命和担当,要发挥黄河文化根和魂的优势,深入挖掘精神内核和时代价值,打造黄河文化传承创新区,构筑华夏儿女的心灵故乡。

一、弘扬黄河文化的精神内核是国家文化体系建构所需

党的十九大报告指出,中国特色社会主义进入了新时代,这是一个承前启后的关键时期。中华民族从站起来、富强来到强起来,从贫弱疮痍到走近世界舞台的中央,迎来了实现民族伟大复兴的光明前景。科学社会主义在中国焕发强大生命力,中国共产党把马克思主义的普遍真理和中华文明深度结合,将马克思主义中国化,辩证地发展科学社会主义学说。中华人民共和国成立70多年的发展实践,有力阐释了中国特色社会

主义现代化的发展道路充满了中国智慧和中国方案,为全人类提供了一种路径选择。有什么样的文化就会有什么样的制度,科学社会主义旗帜之所以在中国飘扬,是因为中华文明为马克思主义的落地生根提供了丰富的文化土壤,而马克思主义的注入为中华文明的现代转型提供了强有力的动力,中国共产党人的持续探索和创新,使得科学社会主义理论得以丰富发展。进入新时代,中国面临众多外部风险和挑战,我们用正确的理论武装自己,以"四个自信"实现"四个伟大",建设社会主义现代化强国,而其中文化自信具有更基本、更深沉、更持久的力量。在国际舞台上,中国要提升话语权,最大的难点不仅仅是自己如何说的问题,更重要的是要有如何让西方听得懂并理解的话语。任何一个文明的核心都是文化体系,没有一个强大的文化体系,很难说是一个强大的文明,伴随国家经济实力的崛起,我国文化的软实力面临巨大挑战。"中国道路"和"中国选择"需要令人信服的文明话语体系的构建。我们对和平的渴望历史悠久,从文化传统来说,我们的开放性和包容性是其他民族和国家所没有的,在历史上,尤其是黄河文化为主的时期,我们很少主动发动对外战争,一直是以和平商贸方式寻求和平共处。面对当下中美贸易纠纷的现状,我们需要文化的力量,而黄河文化是中华民族的根与魂,是中华民族坚定文化自信的重要根基。讲好"黄河故事",深入挖掘黄河文化蕴含的时代价值,将为中华民族伟大复兴的中国梦凝聚更强大精神力量。①

二、立足黄河文化丰富的思想精神资源,讲好并继续书写"黄河故事"

在对传统黄河文化的挖掘中,在纵向上要特别侧重对黄河文化内涵的萃取,在横向上要注意不能忽视对中原地区以外其他地域文化内涵的发掘。因为一种文明在早期发展阶段,在统治阶级还没有选择并固化某种特定文化模式之前,往往存在各种思想萌芽和发展的可能,这个阶段往往是思想的"富矿",黄河文化也体现得比较明显。黄河包含华夏民族的精神皈依和中华儿女的脊梁,黄河文化对港澳台同胞、海外侨胞和世界华人有强大的吸引力和向心力,其所蕴含的同宗、同源的民族心理可以作为增强民族认同感的精神文化支柱。

---

①牛建强.黄河文化概说[M].郑州:黄河水利出版社,2021:30-33.

黄河文化不要总往后看,而要向前看。旧的范畴可以注入新的内涵,这使得古代思想文化范畴的内涵随历史的发展而发展。从社会主义精神生产高度把握黄河文化的当代价值,需要抓住其仍有生命力、可以弘扬的内涵,为新时代的黄河文化注入马克思主义先进内涵,使之和新的时代条件相结合,创造新的具有崭新生命力的黄河文化。我们要继承和激发黄河文化中的优秀基因,着力打造一批彰显黄河文化精神的品牌性文艺产品和文化活动,推动黄河文化与红色文化、姓氏文化、汉字文化等融合发展,深入发掘其中的元素,以新的手法进行演绎表现。

三、新时代的黄河文化要凸显党性、人民性和科学性的统一,并拓展国际视野

黄河文化的过去、现在和未来,都是一个从经济基础到上层建筑的整体发展过程。黄河文化的弘扬和未来发展要通过凸显党性,发挥先进生产方式代表者和先锋队的引领作用;通过凸显人民性激发历史主体的创造精神;通过凸显科学性使得文化的涵养和建设符合规律性;通过拓展国际视野可以在更大的格局上使黄河文化在和世界其他文化的比较中更加深刻地理解自身文化和其他文化的特质,进一步增强自觉性。从文化的整体功能来看,黄河文化应形成开放的文化系统,应具有兼收并蓄、容纳百家的恢宏气度,以我为主吸收和融汇异质文化养分,不断更新和增强自身,同时输出自身文化能量给世界以积极影响,推动人类命运共同体的构建。

综上所述,黄河从世界屋脊一路向东,奔腾不息,横贯中原大地,流入茫茫大海。随着社会的不断发展,黄河文化也在不断壮大,就像一个自强不息的生命,在不断吸收能量的同时孕育出中华民族伟大的民本精神、创新精神、抗争精神、融合精神和奉献精神。从2019年8月到2020年6月,习近平总书记在不到一年的时间里4次考察黄河,倾力推动黄河流域生态保护和高质量发展,为创作好新时代的黄河大合唱调"音"、定"调"。让我们以习近平新时代中国特色社会主义思想为指导,着力写好新时代保护、传承、弘扬黄河文化这篇大文章!

第三节 黄河文化的多重精神特质及其符号构建

黄河文化是中华文明的重要组成部分,是中华民族的根和魂。中华民族伟大复兴中国梦的实现需要磅礴的精神力量,需要通过新时代先进的社会主义精神生产来造就。社会主义精神生产需要充分挖掘传统文化精华,而黄河文化正是其中非常重要的组成部分。

一、在把握规律性和体现价值引领的结合中讲好"黄河故事",是正确对待黄河文化的首要前提

文化是在历史整体生存性实践土壤中孕育形成的,并产生强大力量反作用于实践,它们之间的互动关系把握得好,可以推进社会进步;处理不当,则会对社会发展产生阻碍作用。关键在于站在正确立场,采用先进范式,形成辩证扬弃性精神生产的平台,对黄河文化进行创造性转化和创新性生产。

从社会主义精神生产高度弘扬黄河文化、讲好"黄河故事",创造属于新时代的黄河文化,首先要有先进的精神生产机制。我们的精神生产要坚持党的领导、坚持以人民为中心的立场,发挥马克思主义先进方法论的指导作用。立场对了,视角才有大格局;方法论先进,才能"一览众山小"。党是引领社会历史发展最先进力量的代表,而人民是历史发展真正的主体。

党性和人民性的结合是社会主义精神生产先进机制的内核。社会主义精神生产包括对黄河文化的挖掘、创新和弘扬,需要立足实践,在党的领导下保证方向性,以对人民精神需要的回应和引导为主要内容来做文章。今天,人民的精神需要层次更高,内容和形式更加丰富多样。社会主义精神生产要深入研究人民精神需要的变化,在把握规律性和体现价值引领的结合中讲好"黄河故事",是正确对待黄河文化的首要前提。

二、治理、开发、保卫黄河的历史是中华民族进步和国家发展的缩影

在新时代挖掘和弘扬黄河文化,需要把握黄河文化的内涵和特质。特定生产生活方式的特点决定了其蕴含的文化特征。中国四大文化板块从北向南依次为草原高原文化板块、黄河文化板块、长江文化板块、海洋文化板块。如果进行更具体的文化区梳理,主要包括关东文化区、燕赵文化区、黄土高原文化区、中原文化区、齐鲁文化区、淮河流域文化区、巴蜀文化区、荆楚文化区、鄱阳文化区、吴越文化区、岭南文化区、海峡文化区、西南少数民族文化区、蒙新草原沙漠游牧文化区、青藏高原游牧文化区。其中黄河文化板块主要包括蒙新草原沙漠游牧文化区、黄土高原文化区、中原文化区和齐鲁文化区,其精神特质主要包括以下几点。

1. 博大精深的原创性精神特质

黄河流域是中国文字起源之地,中华文脉肇兴于此。作为东方文明标志的儒、道、墨、法等诸子思想大多在此发端完善。孔子周游列国的踪迹主要在中原诸国,道家老子在函谷关完成了饱含朴素辩证法的中华哲学宝典《道德经》。

法家韩非子、李斯、商鞅提出了影响深远的法家主张。墨家、杂家、名家等创始人或集大成者的主要活动区域也在黄河文化区,还有佛家的禅宗、天台宗、净土宗、临济宗等,表明黄河文化具有极大的思想丰富性,不仅深刻影响着中国的政治、经济和文化,更塑造了中华民族的集体人格,留下了永恒的国学经典、浩如烟海的人文典籍还有中国古代"四大发明"——造纸术、活字印刷术、指南针、火药。勤劳勇敢的先人在这里创造的绚丽灿烂文化是中华文明的木之根本、水之渊薮。

2. 勇克艰难险阻的磅礴雄伟精神特质

九曲黄河奔腾向前,其勇往直前、百折不挠的磅礴气势熏陶浸染着民族心理,塑造了中华民族自强不息、坚韧不拔、一往无前的民族品格;同时黄河作为一条忧患的河,凝聚了中华民族的苦难和与苦难的奋争。黄河历史上决口泛滥1500余次,较大的改道有20多次,水患范围北到海河,南达江淮。大禹治水、汉武帝"瓠子堵口"、潘季驯"束水攻沙",康熙

帝把"河务、漕运"刻在宫廷柱子上。"黄河宁,天下平",历朝历代都将治理黄河作为兴邦安民的大事。与黄河水患的搏斗造就了中华民族坚强不屈的品性和顽强的生命力,促使中华民族形成了不惧艰险、敢于斗争、无坚不摧、无往不胜、坚韧刚强的主体精神。可以说,艰辛的治理黄河史就是中华民族的苦难史、奋斗史、智慧史、治国史,也成了激励中华民族不断奋勇前进的重要动力。黄河的多变使先民敬神而不依赖神,注重发挥人的能动性。①

在民族危亡之际这种精神就充分迸发出来,《黄河大合唱》在抗战时期从延安窑洞传遍全中国,成为时代的最强音。黄河治理、开发、保卫的历史,就是中华民族进步和国家发展的缩影,黄河成为中华民族的精神图腾。

3. 忧患悲壮的家国情怀和艺术精神特质

在与黄河水患的斗争中,在人力物力的统筹调配中,"大一统"的家国天下情怀、报国为民的理想信念、忧国忧民的忧患意识得以形成和升华,并以雄浑博大、苍凉悠远的艺术形式呈现出来。在黄河流域这片土地上,诞生了我国第一部诗歌总集《诗经》;历代文人创作了《将进酒》《凉州词》《使至塞上》《登鹳雀楼》等流传千古的文学艺术作品。及至现代,"保卫家乡,保卫黄河,保卫华北,保卫全中国"的激昂旋律曾让无数华夏儿女为之热血沸腾。对黄河的依恋与热爱已升华为不可超越、不可替代的永恒艺术之魂,融入中华民族的文化血脉和精神家园。

4. 崇德尚品的伦理精神特质

黄河文化是一种德性文化,带有浓厚的伦理意味,这也使得伦理学成了后来中华文化的主要内容。黄河文化虽然富于智慧,但更强调道高于器、以德驭智。道德评判是黄河文化在处理人与人、人与自然、人与社会乃至人与自身关系时依据的主要标准。黄河文化衍生出中国传统道德的五伦:父子有亲、君臣有义、夫妇有别、长幼有序、朋友有信;五常:仁、义、礼、智、信;五德:忠、孝、节、勇、和;四维:礼、义、廉、耻。这些伦理道德范畴是黄河传统文化秉承的主要标准和精神内核,而体现正义追求的乡土精神又是贯穿其中的红线。黄河文化往往在大是大非的抉择和义

---

① 刘雨,段庆林,牛学智. 黄河文化高质量发展研究[M]. 银川:宁夏人民出版社,2021:51-55.

利关系处理时鲜明地体现出这一特质。

5.浓厚的融合包容性精神特质

"中国川原以百数,莫著于四渎,而河为宗。"黄河被誉为"百川之首""四渎之宗"。黄河是促成中国"大一统"传统的重要自然因素,而生产方式的统一是促进社会统一最根本的决定因素。从远古传说中的大禹治水开始,历朝历代治理黄河水害、开发黄河水利。这种庞大工程需要国家统一组织实施,客观上又同时缔造了"万姓同根,万宗同源"的民族文化认同和"大一统"的主流意识,成为凝结中华民族共同体的精神纽带。黄河流域自古以来就是农耕文明与游牧文明、中原文化与草原文化交流交融交锋的地域。不同族群和生产方式的反复交流碰撞融合逐渐形成了中华民族主体以及"尚和合""求大同"的独特精神标识,彰显了黄河文化兼收并蓄、融合包容、博采众长、多元一体的思想特性。

6.强大的延续性精神生命力特质

黄河是中华民族的基本文化符号,在中华优秀传统文化中具有基础性地位,哺育了中华民族,也孕育了光辉灿烂的华夏文明。放眼世界,各种文化时断时续,而中国黄河文化却一脉相传,从未断流,其不仅形成了系统的原生谱系,而且在几千年间虽经历无数大大小小天灾人祸的考验,却始终保持强大的生命力和修复能力,并一直延续至今。黄河文化能够不断根据条件的变化形成内在的精神矛盾张力,从而推动人的生存实践不断发展。可以说,黄河是维系中华文化脉络的主干,是民族心理认知的坐标。

从经济基础到上层建筑的历史性整体维度,涵养打造新时代黄河文化,搞好黄河经济带,为黄河文化奠定新的先进经济基础。先进的经济基础是特定文化归根结底的决定力量。历史上黄河文化的兴衰从根本上看也取决于此。中华人民共和国成立至今,黄河70多年未曾决口,含沙量近20年累计下降超过八成,水沙治理取得显著成效,生态环境持续明显向好。黄河文化依存的先进经济基础应当贯彻新发展理念,努力实现黄河经济带的社会主义现代化,应当立足黄河流域历史和现实条件,成为引领未来的生产和生活交往方式。类似于长江经济带的发展保护,其关键有两点:生态保护和高质量发展。在国家统一规划下,可以预见黄河流域将会形成一串大小相间、产业功能互补的"珍珠链"般的城市群,贯彻"共抓大保护,不搞大开发"和以生态文明建设为目标的发展战略,走生态优先、绿色发展之路。主要是突出黄河上游的兰州、西宁、银川、呼和浩特城市群的生态环境保护;黄河中游以郑州为中心的中原城市群,黄河下游以济南、青岛为主的山东半岛城市群,突出高质量的发展;打造具有国际影响力的黄河文化旅游带也是黄河流域生态保护和经济发展的重要途径。

挖掘提炼黄河文化的时代精髓,涵养打造新时代黄河文化。以马克思主义为指导的社会主义精神生产机制,立足黄河文化丰富的思想精神资源,讲好并继续书写"黄河故事"。

新时代的黄河文化要凸显党性、人民性和科学性的统一,并拓展国际视野。黄河文化的过去、现在和未来,都是一个从经济基础到上层建筑的整体发展过程。黄河文化的弘扬和未来发展要通过凸显党性,发挥先进生产方式代表者和先锋队的引领作用,从旧的交往关系走向新的交往关系,走出传统人身依附性定式和惯性;通过凸显人民性激发历史主体的创造精神;通过凸显科学性使得文化的涵养和建设符合规律性;通过拓展国际视野可以在更大的格局上使黄河文化在和世界其他文化的比较中更加深刻地理解自身和其他文化的特质,进一步增强自觉性。从文化的整体功能来看,黄河文化应形成开放的文化系统,应具有兼收并蓄、容纳百家的恢宏气度,以我为主吸收和融汇异质文化养分,不断更新和增强自身,同时输出自身文化能量,给世界以积极影响,推动人类命运共同体的构建。

第二章 黄河文明之近代转型研究

第一节 黄河文明形态

一、黄河农耕文明与游牧文明

在中华版图上,与"中华黄河龙"并称并行的是"中华长城龙",这条绵延万里的"长城龙"正是中国古代传统黄河农耕文明与塞北草原游牧文明的分界线。在中华民族生存发展史上,"中华黄河龙"与"中华长城龙"犹如双龙戏珠,共同谱写了中华文明辉煌壮丽的历史篇章。

在中国古代史上,塞北草原文明与中华黄河文明大规模的冲突共有六次。

第一次,五胡乱华。西晋"八王之乱",导致五胡乱中华,匈奴、鲜卑、羯、氐、羌这五大少数民族据乱中原,黄河流域大乱,导致"衣冠南渡",汉民族文化中心南迁至长江流域,造成中国南北长达四五百年的割裂割据。"侯景之乱"重创南朝经济。北齐入侵江陵亡,致使梁元帝焚书,文明典籍大劫。

第二次,安史之乱。北方胡人安禄山联合史思明之叛乱,终结了大唐盛世,大唐王朝从此由盛转衰。

第三次,五代十国。唐末黄巢之乱,后来军阀豪强割据,形成五代十国。五十来年的大乱期间,南方之安南(今越南)脱离中国,北方石敬瑭甘做"儿皇帝",割燕云十六州给辽,中国黄河文明之北方屏障尽失。

第四次,金灭北宋。先是西夏据西北,辽据东北,后女真之金大兴,先灭辽又灭宋,逼迫宋室南渡,汴梁繁华一去不复返,中国经济文化中心从此南移,黄河流域经济文化从此大大落后于南方。

第五次,蒙古灭南宋。逐水草而居的游牧民族蒙古入侵中原,颠覆偏安一隅的南宋王朝,建立全国统一政权元朝,这是中国第一次完全沦为游牧异族统治,汉民族人口锐减,经济文化大倒退。

第六次,清朝灭亡大明。由后金演化而来的清朝,在明末利用李自成张献忠农民起义而导致天下大乱之际,勾结山海关总兵吴三桂,率兵入关,屠杀汉人数千万,霸主中原,定鼎北京,后又平三藩,建立全国政权,这是中国汉民族自元朝之后第二次完全沦为异族统治,人口锐减,经济文化大倒退。

综上所述,从魏晋南北朝五胡乱华到辽、金、夏迫宋南渡,再到蒙古人入主中原,直至清人入关定鼎北京,绿色、动态的塞外游牧文明越过长城入主黄河流域,这不仅使北方游牧文明为黄河农耕文明所同化,而且进一步推动中华黄河文明向南推进。所以黄河文明是多民族融合团结的象征,是黄河文明融合北方游牧文明以及长江文明、珠江文明等多种文明形式共同铸造的。

二、黄河农耕文明与海洋文明

近代以来,西方蓝色海洋工业文明对中华传统农耕文明的大规模入侵共有两次:第一次是近代西方殖民入侵。第二次是日本侵华战争。从1840年开始的近代以来,西方海洋工业文明与清代由农耕文化和游牧文化集合而成的中华传统黄河文明发生了前所未有的大规模的碰撞和冲突。最终,以黄河文明为主体的中华文明不仅没有灭亡,反而在西方文明的刺激下从传统走向了近代,在经历了血与火的洗礼之后实现了中华民族的伟大复兴。所以,中华传统黄河文明近代转型之最大特点是其外源性,西方近代工商文明为传统黄河文明转型提供了动机和样板,也造成了前所未有的障碍和苦难。中华传统黄河文明之近代转型不得不在救亡与富强的双重变奏中曲折前行。

三、黄河文明与中华民族

在上下五千年的中华文明史上,尤其是魏晋南北朝、宋、元、清这几大时期,中原地区的黄河农耕文明屡遭来自塞外的草原游牧文明金戈铁马的冲击,传统黄河农耕文明不得不次第南移,蔓延到淮河、长江、湘江、漓江、珠江流域,并以自身为主体,形成了整个中华文明。所以说,黄河文明是中华文明的主体和核心,黄河是中华民族的母亲河。

(一)黄河文明考古

原始社会旧石器和新石器时代文化遗址在大黄河流域分布广泛,内容丰富,中华文明在黄河流域度过了金色童年。

旧石器时代,中华民族之原始先民们就开始在大黄河流域生息繁衍,打鱼狩猎,为黄河文明之诞生奏响了古老序曲。

大约一百八十万年前之山西"西侯度遗址",出现被火烧过之动物化石和鹿角化石,这是黄河文明之原始火种。大约一百一十五万年至七十万年前之陕西"蓝田猿人",属于早期直立人。大约七十万年至五十万年前之"北京猿人",属于晚期直立人,是现代中国人之直系祖先。大约二十三万年至十八万年前之陕西"大荔遗址"、大约二十万年至十二万年前之河北"许家窑遗址"和大约十万年至五万年前之山西"丁村遗址",证明中华人类正从"北京猿人"向现代人进化。大约三万五千年前内蒙古"萨拉乌苏遗址"之"河套人",属于晚期智人,与现代之蒙古利亚人种相近;大约两万八千年至一万三千年前之"峙峪遗址"与大约两万五千年至两万年之河南"小南海遗址",已出现新石器时代之曙光。大约三万四千年至两万七千年之北京"山顶洞遗址",出现原始宗教色彩之最早殡葬。1923年在宁夏灵武发现大约三万八千年至三万四千年前之"水洞沟遗址",更是终结"中国没有旧石器时代文化"错误论断和中国旧石器文化调研滥觞之标志。大约两万四千年至一万六千年前之山西"下川遗址"与大约两万年前之河北"虎头梁遗址",证明中华民族原始祖先逐渐进化,正在走出以打制石器为特征之旧石器时代。[①]

大约七千年前,中华民族进入新石器时代,黄河流域之中华先民逐渐由打制石器转向磨制石器,由刀耕火种变为耒耜农耕,由采集和狩猎转向畜牧,由游移转向定居,由结绳记事而刻画字符,由仰观天文而发明历法,由母系氏族而父系社会,并出现彩色精致陶器、玉器、骨笛和刻画符号,中华传统农耕文明在大黄河流域诞生了。

新石器时代之文化遗址,在大黄河流域星罗棋布。河南"裴李岗遗址"出现了石磨盘、石磨棒、原始陶器和圆形半地穴房屋。河南"贾湖遗址"出现了稻谷、酒液、骨笛和楔刻形符号。在豫北冀南之"磁山遗址"发现大量稻谷储藏。陕西之"老官台遗址"、山东之"后李遗址"与"北辛遗

---
① 展龙.黄河文明研究[M].开封:河南大学出版社,2020:111-113.

址",均属新石器时代之典型。大约六千八百年至四千八百年前,中华民族先民在黄河流域进入新石器时代晚期。河南"仰韶文化",出土鱼纹符号彩陶。河南"大河村遗址",出土大型排式建筑;山东"大汶口遗址"出土大型墓地、精致玉器和陶器;甘肃"大地湾遗址",出土带有地画之殿堂式建筑;河南"西水坡遗址",出土贝壳组摆之龙虎图案;陕西"半坡遗址"和"姜寨遗址",出土完整聚落和圆形广场;甘肃"马家窑遗址",出土大型彩陶罐;河南"西山遗址",出现中原最早古城。

大约五千年到四千六百年前,中华民族先民已经处于母系氏族社会向父系氏族社会转化阶段。以山东河南和陕西之"龙山文化"以及甘肃之"齐家文化"为代表,以山东"城子崖遗址"最为典型。在龙山文化时代,出现了精致蛋壳黑陶、青铜器、酒器、卜骨、宗庙、宫殿和大型古城邦。黄河儿女创榛辟莽,筚路蓝缕,最先迈出了从新石器时代向青铜器时代过渡之先驱步伐。

(二)黄河文明主体地位之九大例证

1.原始社会旧石器时代和新石器时代的文化遗存广泛分布于黄河流域

距今7000年的旧石器时代,中华民族之原始先民们就开始在大黄河流域生息繁衍,取鱼狩猎,为黄河文明之诞生奏响了古老序曲。

2.中华人文始祖——"三皇""五帝"等主要活动在黄河流域

根据中国古代神话传说,盘古开天辟地之后,黄河文化进入"三皇五帝"时代。"三皇五帝"是上古神话传说时代圣明贤达的部落首领也。"三皇",据《尚书大传》,指燧人氏、伏羲氏与神农氏(炎帝);"五帝",据《大戴礼记》,指黄帝、颛顼、帝喾、唐尧、虞舜。后世中国古史之钻木取火、构木为巢、女娲补天、抟土造人、河图洛书、刀耕火种、驱兽为兵、刀戟大弩、神农尝百草、发明指南、仓颉造字、嫘祖养蚕、岐伯医病、大挠甲子、伶伦制乐、绝地天通、精卫填海、后羿射日、夸父追日、嫦娥奔月与娥皇女英等神话传说,均发生于"三皇五帝"时代。因"三皇五帝"允文允武,乃圣乃灵,丰功伟绩,光被遐荒,胄衍祀绵,百姓宗仰,故后世尊为"中华人文始祖"。中华儿女被称为"炎黄子孙",根源于此。

3. 从夏商周上古三代开始至明清时期,历朝历代的都城和文明中心基本稳定在黄河流域

"中华九大古都"——安阳、郑州、洛阳、开封、西安、大同、南京、杭州、北京,其中绝大多数在大黄河流域。禹传位子启,建立夏朝。夏朝是我国历史上第一个私有制世袭王朝,创中华青铜文明之始。夏定都黄河流域。商发明甲骨文字,青铜文化发达,是黄河文化锤炼成型时期,是中华文明的第一个黄金时代。

4. 中华百家姓大多起源于黄河流域

母系氏族社会时期,姓作为区分氏族的特定标志而产生。传说黄帝住姬水之滨,以姬为姓;炎帝居姜水之旁,以姜为姓。大舜以大禹治水有功,赐姓为姒。进入父系氏族社会之后,阶级和国家产生,赐土以命氏成为治理国家的重要手段,氏作为姓的分支而出现。夏王室为姒姓,另有霸主昆吾为己姓,已姓中有苏、顾、温、董、豢龙等氏。商王室为殷姓,另有霸主大彭、豕韦为彭姓。商代还有条氏、徐氏、萧氏等十三个姓。周代实行宗法制,有大、小宗之别。一个氏的建立表示一个小宗从大宗(氏)分裂出来,另立门户。建立侯国要经周王认可,卿大夫立新家要得到君主允许,称之为"胙之土而命之氏"。

5. 中华汉字衍生于黄河流域

中华汉字最早起源于"刻画符号"。最早的刻画符号出现在河南舞阳贾湖遗址,距今已有8000多年的历史。大约在距今6000年的半坡遗址等仰韶文化遗址的陶器外壁,也已经出现刻画符号,共达50多种。它们整齐规划,并有一定规律性,具备简单文字的特征,可能是我国文字的萌芽。至少在虞夏时期正式的文字开始出现。近年考古工作者曾经在山西襄汾陶寺遗址所出的一件陶壶上,发现有毛笔朱书的"文"字。20世纪80年代初,在河南登封夏文化遗址发掘出的陶器上,发现了更完备的文字,这是被学者们确认的迄今为止我国有确切时代的最早的文字。

6. 儒、道、墨、法、兵、阴阳等中华元典智慧体系诞生于黄河流域

周朝敬天法祖,天下分封,宗法体制确立,礼乐形成系统,文字著于简帛,铁器渐代青铜,是中华黄河文化正式发育成熟时期。东周之春秋战国时期,诸子蜂起,灿若群星,分立门派,各成其宗,形成百家争鸣的局面。

7. 以"四大发明"为主体的中国古代科技发明诞生于黄河流域

"四大发明",是指中国古代对世界人类历史发展具有重大影响的四种科学技术,即造纸术、指南针、火药、活字印刷术。"四大发明"不仅对中国古代的政治、经济、文化的发展产生了巨大的推动作用,这些发明经由各种途径传至西方之后,对世界文明发展史也产生了很大的影响。在西方,印刷术的传入,改变了只有僧侣才能读书和受高等教育的状况,便利了文化的传播;火药和火器的采用,摧毁了欧洲中世纪天主教的思想枷锁。指南针传到欧洲航海家的手里,使他们有可能发现美洲和实现环球航行,为西方奠定了世界贸易和工场手工业发展的基础。这"四大发明"在人类科学文化史上留下了灿烂的一页,影响并造福于全世界,推动了人类历史的前进。火枪、火箭、火炮等武器全部由中国发明,宋朝由于单兵作战素质不高,因此大力发展军事科学技术,以求平衡,影响世界的军事武器由此诞生。明朝期间对各种火药武器都进行了相当多的改造,因此明朝的军事科技达到了世界的巅峰。然而,当西方国家,利用指南针环游世界,积极开发殖民地的时候,中国人却从明朝开始对外实施闭关锁国政策,对西方世界的兴起一无所知,中国开始落后于西方各国。

8. 以二十四节气为主的天文历法体系诞生在黄河流域

二十四节气是中国古代订立的用以指导农事的补充立法。中国的农历是一种"阴阳合历",即历法的制定既考虑了太阳的运行规律,又考虑了月亮的运行规律,因此不能完全反映太阳运行周期。但中国又是一个农业社会,农业生产需要严格了解太阳运行情况,所以在历法中又加入了单独反映太阳运行周期的"二十四节气",用作确定闰月的标准。春秋战国时代,我们的祖先已经有了冬至、夏至、春分、秋分四个节气,到秦汉时期,二十四节气已臻完备。二十四节气能反映季节的变化,指导农事活动,是我国先民的一大创举。

9. 陶瓷、玉石、青铜、丝绸、书画、诗词、中医、武术、戏曲和饮酒等"十大国粹"都集中于黄河流域

陶瓷,是中国黄河先民艺术运用黄土的独特发明,是中华黄河文明最典型的标志性符号之一。中华民族早在约公元前8000—前2000年的黄河流域就发明了陶器,这是中国原始社会新石器时代的一个显著标志。中国青铜时代,起源于黄河流域,始于公元前21世纪,止于公元前5世纪,大体上相当于文献记载的夏、商、西周至春秋时期,经历了1500多年的历史,与中国奴隶制国家的产生、发展及衰亡相始终。玉石文化,是中华国粹之一,也是黄河文明的物化象征符号。中国玉器的历史源远流长。中国的玉文化始于新石器时代,成长于夏、商、周,成熟于春秋战国,兴盛于明清并延续至今。丝绸,是中华黄河文明"男耕女织"的物化特征符号之一。在中外交通史上,"丝绸之路"其实就是自然黄河的文化延伸,即黄河文明向西方输出传导之路。武术是起源于黄河流域的中华民族优秀文化遗产之一。武术的起源可以追溯到原始社会人类用棍棒等原始的工具作武器同野兽进行斗争,一是为了自卫,二是为了猎取生活资料。在商周时期,青铜业发展,以车战为主,出现了一些铜制武器,如矛、戈、戟、斧、钺、刀、剑等。同时,也出现了这类武器的用法,如劈、扎、刺、砍等技术。讲究平仄对仗和音律的诗词,是中国古代文学的代表性题材,是中华国粹之一。中国古代文学包括对联、诗经、汉赋、骈体文、唐诗、宋词、元曲和明清小说等,其发祥地都在黄河流域,是黄河孕育了中国古代文学。在中华黄河文学史上,历朝历代有代表性的作家与作品浩如烟海,汗牛充栋,琳琅满目,不胜枚举。书法与绘画都是产生于黄河流域的中华国粹。书法,是汉字的书写艺术。产生于黄河流域的汉字在漫长的演变发展的历史长河中,一方面起着思想交流、文化继承等重要的社会作用,另一方面它本身又形成了一种独特的造型艺术。音乐,包括歌唱、乐曲、舞蹈和戏曲,是中华国粹之一。中国素号"礼乐之邦"。古代音乐在人格养成、文化生活和国家礼仪方面有着很重要的地位。中医,是黄河流域产生的中华国粹之一,是千百年来黄河流域传承的以阴阳五行和辨证施治为基本理论的研究人体生理、病理以及疾病的诊断和防治等的传统学科,是千百年来中华民族赖以健康生存和发展的健康保证。酒,是诞生于黄河流域的中华国粹之一。饮酒,是中国饮食文化的最高礼仪。我国是酒的故乡,也是酒文化的发源地,是世界上酿酒最早的国家之一。

第二节　黄河水利之近代变迁

一、1840—1912年期间黄河水利机构的变迁

(一)清前期黄河水利机构的沿革

明代已经开始设置官员总理河务,遇有河道修防、堤坝建设的工作,由朝廷派中央官员到地方进行监管,但官员的设置始终未成定制。清初经过连年战火,河务废弛,漕运阻遏,清政府仿明制,设立河道总督总理河务,并在明代的基础上进一步改革完善。到雍正初年,已经形成北河河道总督、南河河道总督、东河河道总督三位一体的河务管理系统。除北河河道总督监管永定河及运河事务,不涉及黄河修治事务外,南河河道总督负责山东、河南两省黄河水利事务,东河河道总督负责江苏、浙江、安徽三省黄河的修治工作。

清朝前期,黄河河务采取文武分治、分级管理的模式。最高为河督,河督为正二品大员。河督以下行政建制分道、厅、汛三级,均设文职和武职两个系统。道设管河道管理。道下设厅,厅级文职长官为同知或通判,武职为守备或协办守备。厅下设汛,汛级文官为主簿和县丞,武官分千总、把总、分防外委和外委四级。据《清会典》记载,到光绪年间,东河河道总督下已设管河道四人。

(二)晚清黄河水利机构的变迁

1. 河督与地方督抚的角色转换

清前期,河督一直是治河保漕的核心,责任重大。到光绪年间,随着河道的日益淤塞和河政的败坏,河道总督在河务问题上越来越疲于奔命。河道总督与其他在朝官员不同,其主理黄运两河事务,职务有很强的技术性和经验积累性。有清一代,在河督任命上也十分慎重,许多治

河能臣都出自治河世家。像嵇曾筠、嵇璜、嵇承志,李宏、李奉翰、李特亨都是祖孙三代都担任过东河河道总督。父传子业的情况更多。任命河道总督之前都要先署理,后才能正式上任,先考察其治河理漕的能力,再决定去留。因此,河道总督一旦任命,绝不轻易更换。顺、康年间,河道总督任职一般都在四年以上,人员比较固定。到道光后期,这种情况发生了很大变化。从公元1840年到公元1902年河东河道总督裁撤止,63年时间里就出现了35位河督,每任河督平均任职仅1.8年。许多任职不足一年,像福济仅三个月余。能力有限、不堪重负者短期内即被革职,精于河务者有幸的或因病免,不幸的往往卒于任上。

治河人才的匮乏与清代重考据轻实学的学风不无关系,但个人能力只是问题的一个方面,不可否认的是,晚清时期黄河河务虽然一分为二,南北分治,但南、北河道总督职责范围内所需应对的形势却比清初河道总督一统天下之时更为复杂。河督的职责除了防洪、修筑、巡查、催攒之外,在战乱时期还要承担军务。1840年以来,河道状况令人担忧,内忧外患又接踵而至,河道修防事务已令河道总督自顾不暇,分身乏术,在这种情况下还要抗夷狄、剿发捻,而且行动稍有不慎,动辄得咎。

南、北河道总督应对河务疲于奔命,这就为地方督抚在治河问题上留下了极大的施展空间。尤其是1855年黄河铜瓦厢改道之后,清政府无力修治,在改道与复道的争论中,漫漫黄流在下游肆意奔流二三十载。清廷不虑民生,地方官只得率领士绅阶层及市井小民修筑民埝保卫家园,地方督抚在处理本地河患的过程中对河务日渐臻熟,在黄河治理问题上发挥的作用愈益突出。事实上,清初总河一统河务之时,由于政务繁重,一时难于统筹应对,山东、河南两地河务曾一度交付地方督抚处理。这样,地方督抚代替河道总督处理河务就有了现实的可能性和传统的参照性。

2. 裁撤河道总督

1855年河决,铜瓦厢改道北流,南河河段及部分东河河段处于无工可守的状态,这就为南、北河道总督尤其是南河总督的裁撤提供了契机。而且,铜瓦厢改道之时,正是清政府财政最为拮据之时。为应对太平天国起义,清廷财政已是捉襟见肘。据统计,太平天国起义之后,清政府户部库存已经开始出现入不敷出的状况。在此背景之下,清廷自然是不愿意靡费重金去维护一个实际上已经失去存在价值的机构。1860年,咸丰帝下诏裁撤。江南河道总督原辖淮扬、淮海二道裁撤,原淮徐道改为淮徐扬海兵备道,仍驻徐州,所有淮扬、淮海两道应管的地方河工事务统归淮徐扬海兵备道管辖。江南河道总督原辖下二十厅全行裁撤,其中中河七厅由于涉及分司潴蓄宣泄事务,另外设员兼管;运河、中河二厅事务改设徐州府同知一员兼管;高堰、山盱二厅设淮安府同知一员兼管;里河厅设改归淮安府督捕通判兼管;扬河、江运二厅改归扬州府清军总捕同治兼管。二十厅原来所设县丞、主簿、管河巡检等文职,除杨庄等闸官十名保留外,其余尽行裁撤。在河兵处理问题上,考虑到当时军务未平,基本得以保留。原河标中营副将改为镇标中军游击,驻蒋坝。淮徐游击一员,驻扎宿迁。所有镇标中营人员以及右营庙湾、洪湖、佃湖等五营游击下设的五十四名官员、两千五百名马步守兵仍旧保留。萧砀等营原属六千九百多名修防兵一律改为操防。另外,在军事重地清江添设淮扬镇总兵一名,驻扎该处,以上改设各营官兵都归其统辖。

《辛丑条约》签订之后,晚清财政全面崩溃。为节省开支,筹措赔款,清廷下令各省海运、河运一律改征折色。这对晚清河运而言无疑是一次毁灭性的打击,也意味着河东河道总督失去了苦苦挣扎下的最后一根救命稻草。对此,时任东河总督锡良也很清楚,其主动上奏请旨裁撤东河总督及其下属机构,并提出了详尽的裁撤计划。1902年,河东河道总督正式裁撤,一切应办事宜都交河南巡抚兼办。[①]

综上所述,晚清时期完成了中央集中统一治河权的逐步下放,河南、山东等地方巡抚取代了河督,总揽地方治河事务。

(三)1912—1949年期间的黄河水利机构

1. 全国水利局与地方治河机构

1912—1949年期间政府并未形成统一的水利管理机构,水利事务分属内务部下的土木司和农商部的农林司。黄河水利事宜也分属两司管辖。1914年,成立了统一的全国水政机构全国水利局,由张謇任总裁,总理全国水政。全国水利局的前身为导淮总局。

1912年之初,继承了清末对黄河水利机构的整改,未设专门的地方

---

① 许强.熊赳赳畅游黄河 黄河文明传承(上)[M].太原:希望出版社,2021:75-79.

黄河水利行政机构,山东、河北、河南等沿河省份的河务改由各省都督兼管。同时,于各省设立河防局、河防分局及河防营。改总办为河防局长,改会办、提调为河防分局长,改都司、守备为河防营长。基本上完整继承了清末的河防体制和河防建制。1917年,于山东省设立山东省黄河河务局。1919年,又改河南、直隶二省河防局为河务局。此后,各省河防局分局设置及河防建制略有变动,但基本稳定下来。

2. 黄河水利委员会与地方治河机构

南京政府成立之初,中央政府仍未设立专门的黄河水利机构。黄河水利事务分属不同部门分类管理。水灾防御属内政部,水利建设属建设委员会,农田水利属实业部,河道疏浚属交通部。1931年4月,建设委员会经办之水利事业又改归内政部主管。1933年,黄河大决,相关政府于仓促之下成立黄河水利委员会。

1935年对组织法进行修正,黄河水利委员会改隶全国经济委员会。1937年公布《修正黄河水利委员会组织法》,较大变动有两处:一是明确了沿河各省主席与黄委会的关系。新修订的组织法明确规定"沿河各省政府主席为当然委员,共负河防修守职责,协助本会办理各该省有关黄河河务事宜"。二是改总务、公务两处为总务、公务、河防三处。新增设河防处负责事项包括,关于堤岸查勘修理及防护事项,关于督察指导所属机关一切修防事项;关于护工及训练兵夫事项;关于沿河电信汽车路等交通运输事项;其他修防事项。

黄河水利委员会是近代以来首个专司黄河水利事务的全国性的中央水利机构,它的设立是黄河开发修防史上的一件大事。黄河水利委员会成立后由曾留学德国熟知现代治河科技的李仪祉任委员长,这使许多希冀用现代科学技术指导黄河的进步人士看到了希望。事实上,李仪祉在任期间,黄委会确实为普及现代治河技术做了大量的准备工作。第一,组织测量队开展勘察测绘工作。1933年9月至11月间,先后成立第一、二、三测量队,重点进行黄河下游河道、地形、堤工和精密水准测量工作。同年11月,派测量队测量黄河下游南北两岸大堤,到次年4月绘制出平汉路、津浦路两黄河铁桥间1:12000黄河大堤纵、横断面图。年底开展黄河下游全部地形及水文测量工作,用1:10000比例尺制成地图,涵盖两堤间之全部河道及堤外5公里之土地,测量区域约9500平方英里。12月又在河南开封成立了"政府黄委会水文测量队"。1934年4月,派队勘察山东济南口以下河口。7月,布置下游三省河务局开展沿河植树造林调查。同月,正式成立精密水准测量队,到1948年完成了从青岛到兰州2586公里的精密水准测量工作。1934年8月,黄委会又组织了我国首次黄河悬移质泥沙颗粒分析。第二,成立水工试验所,开展河工实验。1933年12月,黄委会与河北省立工学院合作成立了"天津第一水工试验所",其正是中古第一水工试验所的前身。第三,制定具体的黄河修防规则。1934年2月,黄委会制定并公布了《黄河水利委员会报汛办法》,规定报汛时间起自夏至日终至霜降日。黄河流域各站开始采用电报拍发流量水文等信息。5月,公布《黄河防护堤坝规则》,详细规定了汛兵招募、防汛岁修、沿河民众责任以及堤防交通等一系列事项。6月,《黄河修防暂行规程》公布实施。10月,出版《黄河水利委员会测量规范》,这是我国水利机构第一本测量规范。

黄河水利委员会为普及现代水利技术做了大量工作,但由于中央及地方守旧势力的阻挠,这些工作仅仅停留在观测、理论和实验层面,实际工程实施很少涉及。中央方面,黄委会因1933年黄河大水而设,设立之后黄河堵口、善后工程及灾民救济工作统归其管理。黄委会工作进行得如火如荼之时,相关政府又设立了黄河水灾救济委员会,规定黄委会要受其指挥监督。不久,又改由保守势力代表孔祥熙任黄河水灾救济委员会委员长。黄委会办理的堵口工程及以工代赈事业都要移交黄河水灾救济委员会办理,黄委会能做的仅仅是黄河的治理及善后工程工作。黄委会内部也矛盾重重。孔祥榕进入黄委会后,黄委会的工作愈发滞碍难行。

在地方,黄河下游河北、河南、山东三省河务局一直掌握着黄河修防的实际话语权。1933年《黄河水利委员会组织法》第十条明确规定"黄河水利委员会对于各地方长官所发布之命令或处分认为有妨碍主管事务之进行者得呈请国民政府停止或撤销之"。也就是说黄委会对三省河务局是一种领导关系。黄委会在随后发布的文件中也反复强调这种关系。1934年公布的《黄河防护堤坝规则》中规定"黄河沿岸堤坝,由黄河水利委员会指挥河南、河北、山东三省河务局负责防护,依本规则执行"。同年颁行的《黄河修防暂行规程》中又指明"各省河务局举办一切工程,应先将计划呈由大会备案""各河务局办理春厢或防汛工程时,本会得随时派员前往指挥监督""各省河务局于每届凌汛、桃汛、伏汛、秋汛安澜之后,应将水势及工程情形报会备查"。但实际上,黄委会对下游三省河防局的领导关系连表面都难以维持。三省河务局提出了明确的分工要求,黄河上的调查、研究、测量归黄委会管,黄河下游的河防工程是几千年的经验积累,黄委会不能过问。同时还对黄委会组织的测绘工作极尽讽刺打击之能事。

3. 全国经济委员会统一黄河修防

黄委会名义上是全国统一的中央黄河水利机构,实际上中央、地方事权并不统一。到1931年,南京政府政权初步稳定之后,开始将主要精力部分转移到经济建设上来,成立了全国经济委员会,主管国家一切经济建设和发展规划事务,水利建设是其中一个重要方向。在全国经济委员会的统筹规划下,黄河水利的中央和地方事权才最终实现了统一。1934年,政府颁行《统一水利行政及事业办法纲要》和《统一水利行政事业进行办法》,将水利行政事权全面打破,系统重组。

根据《统一水利行政及事业办法纲要》,中央水利总机关至少在三方面实现了全国水利行政事权的统一。第一,统一机构。《统一水利行政及事业办法纲要》第二条、第三条和第八条分别将原设各流域水利机关、各省地方水利机关及各地防汛修防机关统归中央水利总机关管辖,作为其下属机构。第二,统筹经费。《统一水利行政及事业办法纲要》第十条将海关水利附加税及英庚款作为中央水利机关建设基金,保证了中央水利机关充足的经费来源。第九条改原由国库直接拨付水利经费的形式为中央水利总机关统一支配。水利经费是国家水利建设的重中之重,由中央水利机关统一拨款可以说从根本上保证了中央和地方水利事权的统一。第三,统领技术。新式治河技术经过初期长时段酝酿发展却始终未成气候,其中一个重要原因就在于中央和地方守旧势力的阻挠。全国水利局和黄河水利委员会就是两个典型例证。《统一水利行政及事业办法纲要》将水利相关调研观测事项及技术人员和仪器设备的支配权收归中央,用国家行政权力保障现代治河技术的渗透和推广,一定程度上缓解了守旧势力的阻力。

《统一水利行政事业进行办法》将《统一水利行政及事业办法纲要》

进一步细化。定全国经济委员会为全国水利总机关；将各省及各流域水利机关改组归并问题交由全国经济委员会下设之水利委员会议定，将地形测量水文测验水利调查事项交由全国经济委员会下设之水利处办理。同时，对中央及地方水利机构的经费问题做了进一步规定。原由国库负担之各水利机关经费按照预算所列总数统由全国经济委员会总领统筹转发；中央总预算内自二十三年度起年列中央水利事业费六百万元，准由全国经济委员会按月请领五十万元统筹支配；各省县水利事业经费应由各省县自筹，各省原有修防费等仍由各省照旧负担。这样，全国经济委员会就将全国水利的财政大权牢牢地握在了自己手中。

黄河水利委员会和河北、山东、河南三省河务局是当时重要的黄河水利机构。黄河水利委员会属黄河流域水利机构，三省河务局属各省水利机构，按照《统一水利行政及事业办法纲要》的规定，两者都归最高水利总机关全国经济委员会管辖。但黄河水利委员会与三省河务局的关系这个从黄河水利委员会诞生之日起就纷争不断的问题却没有给出答复。1936年行政院颁《统一黄河修防办法纲要》，对三省河务局与黄河水利委员会的关系做了明确规定，终结了二者在黄河水利事权上的纷争。《统一黄河修防办法纲要》规定"黄河治本工程及大堤修防事宜，统由黄河水利委员会，秉承全国经济委员会主持办理"。黄河治理及修防事宜归黄河水利委员会办理，这就剥夺了地方水利局在黄河修防事项上的话语权。同时，明确了地方水利局与黄河水利委员会之间的从属关系。现有各省河务局，由黄河水利委员会分别接收，另就黄河形势分三大段，各该修防处每处各设主任一人，负责修守，修防处组织规程另定之。关于各省地方水利，仍然照统一水利办法，由各省建设厅办理。为进一步收回各省河务局的黄河修防大权，对各省河务经费做了严格的限制。要求"黄河修防经费，沿河各省照规定数额，分别担任，按期拨交黄河水利委员会备用，兹将规定沿河各省分担数额列后：河南省每年担任四十万元，河北省每年担任二十五万元，山东省每年担任五十万元，除以上各款外，不敷之数，由中央于水利事业费项下，每年拨助一百万元，交由黄河水利委员会，查勘有关河防各省工段之水势工情，择其紧急重要者，酌量补助之。其各省担任之经费，仍用于各省担任之工段，均须按期拨交，如再有不足，即按上列各数目比例增加，设防守不力，应由防守主管机关负责，倘不按期拨款致滋贻误,则由拨款主管机关负责"。地方每年向中央交纳修防费用,对下游三省河务局而言无异于釜底抽薪。中央和地方的河防经费都要转交到黄河水利委员会手中,从根本上保障了黄河水利委员会在地方黄河修防事务上的话语权。不仅如此,在人员调配问题上也煞费苦心。黄河沿河各省政府主席兼任当然委员,共负河防修守职责,协助黄河水利委员会办理各该省有关黄河河务事宜,黄河沿岸各省建设厅长各专员急各县县长办理修防事宜,应受黄河水利委员会委员长之指导监督,其专员县长有办理不力者,得由该会声叙事实,转请各省政府予以撤惩。综上所述,《统一黄河修防办法纲要》的最核心内容就在于剥夺地方各省河务局,尤其是下游三省在黄河修防问题上的绝对话语权,树立黄河水利委员会在处理黄河水利问题上的绝对权威。《统一黄河修防办法纲要》颁布之后,立即遭到了下游三省的反对。

冀察政务委员会直属行政院,处理河北省、察哈尔省、北平市、天津市的一切政务,有很大的自治权。一旦由黄河水利委员会统一三省修防,会直接影响到冀察政务委员会控制下的河北省的治河自主权,因此极力唆使河北省政府反对。1937年,河北、山东、河南三省河务局正式改为修防处,归黄河水利委员会管辖。自此,自清末就开始的中央和地方在黄河修防问题上的纷争才最终尘埃落定。水利行政统一之后,未及大展拳脚,抗日战争爆发。1938年黄河花园口坝堤决口,黄河北岸大部沦陷,黄河水利委员会被迫西迁,下游三省修防处亦随时局颠沛流离,迁无定所。

二、黄河航运的近代化变迁

(一)漕运衰落

元明清三代运河航运是黄河航运的主流,明清两朝治河均以保漕为先。到近代漕粮逐步改行海运,大运河南北运输功能也渐趋弱化,这是近代黄河航运史上的重大变革。

造成这一重大转变的原因主要有四个方面:第一,清朝施行"借黄济运",黄河河水涌入运河河道在保证运河水量充足的同时,随之而来的大量泥沙也在运河河道中淤积,到1855年铜瓦厢改道之前,漕运已属困难。第二,太平天国运动兴起之后,太平军和捻军长期活动于运河一带,迫使清政府一度施行海运。第三,1855年黄河决口铜瓦厢,清政府忙于应付太平军无暇顾及,致使决口不断扩大,最终酿成改道,山东段运河冲断,为保证京师供给,清政府不得不借助海运。第四,1840年之后,火轮船的逐步引入也为海运的展开提供了技术支持。铜瓦厢改道之后,清政府内部展开长期的复道与改道之争,几度想恢复漕运均告失败,以黄河和运河为主体的漕粮运输最终退出历史舞台。

(二)水陆联运大发展

传统观念认为,黄河航运与铁路运输是一种负相关关系,近代铁路运输的发展是造成近代黄河航运衰落的重要原因。第一,随着近代工商业的发展,黄河流域各地区之间物资交流总量增加,相应的原有航道所承载的运输量增加;第二,铁路运输虽然具有方便快捷的特点,但总体而言,铁路运费比同时期黄河内河民船运输费用要高;第三,铁路运输相较于内河航运缺乏普遍性和灵活性,穷困偏僻之地往往必须依靠内河航运才能覆盖到。

河运铁路运输之间的关系不可一概而论。必须对黄河河道的自身特点及近代黄河流域铁路的兴建状况做细致考察。就黄河而言,黄河上段峡谷众多,水流湍急,不利航运;中段呈"几"字形,南北跨度大,每年都有固定的结冰期,难以摆脱凌汛的困扰;下游虽然水流平缓,但泥沙沉积严重,水患频仍,亦不利于发展水上运输。所以,黄河一线能发展水运的河段是比较有限的。1912—1949年间,黄河上游贵德至兰州372千米河段峡谷、险滩众多,水流迅急,只有在每年6月到9月可以下行载重四百千克的皮筏。上游兰州到河口一段中以横城堡到磴口河段及宁夏平原处河床比较固定,水流平稳,可通行长14米,深1.4米的大船,但这一河段冬季有长达4个月的冰封期。中游托克托河口到龙门一段再度进入峡谷区,河床落差大,河道曲折,水流湍急又多礁石,航行危险系数很高。三门峡到洛口段进入"地上河",河面较宽,水流平稳,可通行大木船,但要受丰水期和枯水期的限制。综上所述,黄河可通航的河段分散,受季节影响大,很难像长江一样成为贯通东西的交通大动脉。

再看近代以来铁路的修建。晚清时期黄河流域修建的与黄河航运密切相关的路线共有四条,分别是京奉铁路、京汉铁路、津浦铁路、京绥铁路及各条铁路的支线。京奉铁路以1881年的唐胥铁路为基础继续南北延伸,1907年定名为京奉铁路,线路自北京起,过大运河,经卢沟桥、天津、山海关、大虎山、新民到奉天。京汉铁路1906年建成通车,北起北京南到汉口玉带门,途经河北、河南、湖北三省中部,以黄河大铁桥南北贯通。京汉铁路建成之后又以其为基础,修建道清铁路、正太铁路、汴洛铁路三条支线。道清铁路起自黄河金堤之上的道口镇,终至太行山南麓博爱县清华镇。正太铁路1907年建成通车,西起山西太原,东到河北石家庄。汴洛铁路1909年竣工,连接开封中牟和郑州巩县。津浦铁路1911年建成,由天津站起,经过沧州、德州、济南、徐州、蚌埠、临潼关到浦口,主要担负大运河淤塞之后南北交通运输任务,有胶济铁路和枣台铁路两条支线。京绥铁路,由北京经张家口到绥远,1914年修至山西大同,1921年通车绥远。北洋政府时期由于政局动荡及铁路建设资金短缺,这一时期铁路建设进程缓慢,对黄河航运影响较大的主要是陇海铁路和京绥铁路张包头段的修建。陇海铁路在清末修建的汴洛铁路的基础上修建,是黄河流域贯通东西的重要铁路干线。1913年开封到徐州段、洛阳到观音堂段、徐州到海州段、观音堂到陕州段、陕州到灵宝段相继开工,后由于北伐战争的影响未能继续向西修建。京绥铁路清末已经修建到山西阳高,1914年继续修到山西大同,1922年从大同到包头段修建完成,到1923年北京丰台到包头段正式通车。京绥铁路建到包头之后直接与黄河航道相连接,极大地带动了黄河航运业的发展。

综上所述,近代黄河流域兴建的铁路数量总体而言并不是很多。干线铁路主要有京奉铁路、京汉铁路、津浦铁路、京绥铁路和陇海铁路,其余皆为小范围内的支线。五条铁路干线中,京奉铁路、京汉铁路、津浦铁路均为南北纵线,东西横向路线只有京绥铁路和陇海铁路。陇海铁路1909年开封到郑州段建成之后直到1913年其他各段才相继开始兴修,其后由于北伐战争的影响未能西进,直到政府建立之后时隔十几年,到1931年才修到潼关,1934年修到西安。由于进程缓慢,这条连通黄河流域东西的铁路大干线对近代黄河航运的影响并不像理论上那么大。相反,为配合纵向铁路干线所兴修的各条横向支线对近代黄河流域交通运输产生了重大影响。这些支线的规划在充分考虑资源分布的同时,多以黄河河岸港口为依托,发挥水陆联运之优势。

陆路、铁路、水运的综合发展,促进了近代黄河航运业的发展,黄河流域出现了众多的水陆联运码头,比较有代表性诸如兰州、中卫、横城堡、石嘴子、磴口等码头。

(三)机动轮船的使用及轮船公司的创建

传统农耕文明与西方工业文明的最显著差别在于机器的使用。农耕文明以人、畜为动力,工业文明则首以蒸汽为动力,动力转变是文明进步的重要表现。轮船公司的创办及机动轮船的引入和使用是近代黄河航运史上的重大变革。

1. 机动轮船使用之前的黄河航运

轮船公司创办之前,黄河流域的轮船运输任务主要由非机动的民船担任。黄河航道所用民船种类繁多、结构各异。龙门以上所用民船主要包括高帮船、七站船、五站船、小划子、牛皮筏、羊皮筏等。潼关以下使用的民船主要是大缸子、行船、元船、魏标船、象鼻船等。河南以下及山东段使用兰封大汴牛、东阿杨木头、泺口大盐划、利津工巧改等。

黄河各段模式完全一致。上游驶向下游时可顺流而下,橹、舵皆不用。遇到水流湍急之处可利用橹舵调整航向,使其不至于偏离正流,风力较大时橹舵也无能为力,只能靠岸停泊。

2. 机动轮船之舆论倡导

1840年以来,随着西方列强的侵略,机动轮船之便捷逐渐为世人所瞩目。洋务运动期间轮船招商局之创办即为推动江海运输、解决漕粮北运问题、增加财政收入。民族危机日深,以自保利权、振兴商业、发展轮运业为核心的社会舆论日甚。康有为在上清帝第二书中将西方富强之法概括有六,机器轮舟即为其一。郑观应在《盛世危言》中力倡开展轮运,他认为"轮船招商一局,实为中国振兴商务之权舆""查泰西各国,轮船通商,只准径到一埠,其余沿海沿江各处乃该国民船自有之利,外人不得侵夺。今各国轮船无处不到,获利厚甚,喧宾夺主,害不胜言。我朝廷宜设法保护商民,并换去关上洋人,庶无偏互"。《中外日报》专门刊布《论内地宜遍行轮船》一文,"通商以来四十年矣,商埠之设至于二十余处,轮船之行,遍于江海。各口利权外溢,何止京垓。而中国尚能抵拒者,赖有一招商轮船局得以自挽利权耳。向使我国士大夫明于时势,早于内地遍行小轮,微特商务日见畅旺,即风气亦何至闭塞"。

3. 黄河流域轮船公司的创建

由于黄河航运状况欠佳,近代外国轮船公司在黄河流域基本不做投资,这为近代民族航运业在黄河流域的发展创造了契机。

1873年以后,在社会舆论的导向下,黄河流域官办、官商合办轮运公司开始出现。1911年,比利时人比尔吉在陕甘总督升允的支持下设计出"飞龙"号轮船,从托克托县河口镇启航经过甘肃靖远五佛寺,航程达1200千米,这是黄河上首次航行机动轮船。

4. 近代黄河航运业发展迟滞的原因分析

近代黄河流域机动轮船的运用及轮船公司的创办取得了一定的成效,但与同时期长江及沿海等地区相比有明显的差距。兴办的轮船公司多运营不久就破产倒闭。1901年,山东巡抚张勤果购买的三艘小火轮由于经理无人,船体朽坏,不得不将全船拆卸。1918年陈润生组织的甘绥轮船公司仅在宁夏河口镇间行驶两次就宣告倒闭。1919年,甘肃都督张广建为运送军需物资购置的两艘小汽船本来就不盈利,张广建离职之后也就废弃了。黄河流域的航运业没有形成诸如长江一带的运价联盟和航路垄断现象,也未对普通民船造成大规模的冲击。

近代黄河航运近代化之所以困难重重,原因众多:一是黄河天然航道欠佳,不利于近代航运业的发展。二是危机意识刺激下仓促投资,准备不足。近代西方国家对沿江及沿海航路的争夺使黄河沿岸商人产生了强烈的危机意识。三是黄河航运虽然西方国家染指不多,但来自苛捐杂税及地方势力的剥削仍然十分沉重。

三、河套地区的近代化开发

河套开发历史由来已久。秦始皇灭六国后,在河套地区建县设障、移民开边,为解决军队给养问题在宁夏平原建秦渠,开渠灌溉,发展农业,宁夏引黄灌溉的历史由此开始。汉武帝在位时,曾几度巡视宁夏,移民数十万开发宁夏平原,汉渠就是那时开挖的。汉渠的开通引发了汉武帝时期以黄河流域为主的全国兴修水利的高潮。唐朝扩建的唐徕渠是如今宁夏平原上最有名的一条渠。宁夏平原成了再造唐朝的一个巨大营养源。近代以来,随着科技的进步和生产力水平的提高,河套垦殖进入大规模开发阶段。

(一)王同春河套开发

王同春,字浚川,乳名进财,河北邢台人。王同春出身微贱,没有受过正规教育,但却天生聪慧过人,在兴修水利方面天赋异禀。十六岁时犯了大案逃到河套地区,投奔当地地主郭有元,后娶郭有元女儿为妻,开始在河套向内蒙古人租地开渠垦殖,势力不断壮大。只从1867年到1903年间,除去与人共开的渠道不算,王同春在河套共开有五渠,分别为义和渠、沙河渠、丰济渠、刚目渠、灶王河。王同春在开发河套农田水利的同时还不断招兵买马,加强社会控制,形成自己独立的势力范围。人员管理上,采用军事化管理。在王同春的开发管理下,河套地区一度出现夜不闭户、路不拾遗的繁荣景象。

(二)贻谷河套放垦

清朝末年,山西、陕西、河北等地的不法土地商人与蒙旗私定租约,私自挖渠开垦土地的现象越来越严重。为控制土地私垦私租现象,1882年,时任山西巡抚的张之洞上奏在绥远地区放垦。由朝廷出面丈量土地,核定地价,垦殖的农户交清地价之后即可合法垦殖。蒙旗可从中抽取部分地价,每年征收地租。由于租种土地的农户常常转租他人,久而久之内蒙古人的地权逐步丧失,满蒙之间常起纠纷。1900年,甘肃布政使岑春煊奏请由政府出面开发河套垦务。

(三)阎锡山河套屯垦

阎锡山,字百川,山西五台人,晋系军阀。在北洋军阀混战后期称霸山西,兼治绥远,直接领导绥区的屯垦事务。1932年8月,阎锡山在包头成立"绥区屯垦督办公署",具体负责绥远地区的屯垦事业。督办阎锡山,会办王靖国、傅作义、张荫梧,实际由阎锡山的亲信王靖国负责。同年9月又在五原设立"驻五办事处",周健吾任处长,吴象山任副处长。负责屯垦的部队主要是王靖国旗下的四〇九团、四一〇团,傅作义旗下的四一九团、四〇七团四个团。屯垦范围包括五原县、临河县的荒地和阎锡山没收匪首王英在五原新公中等处的土地。屯垦队的工作主要包括以下几个方面:一是建立测量队,勘测包、固、安地区,黄河南岸伊克昭盟地区,包宁铁路以及川惠渠、华惠渠等。二是修建陕五公路,连接五原和陕坝,推动了河套地区水陆联运的发展。三是兴修川惠渠和华惠渠,建乌拉壕拦水大坝。四是清剿土匪盗贼,安定民心。

(四)傅作义开发河套水利

傅作义奉阎锡山之命保卫山西失败后,1939年重新回到河套地区。1940年五原大捷之后,日军不敢再进犯河套地区,河套局势逐步稳定下来。为解决军队的粮食供给问题,傅作义开始用兵工在河套大规模兴修水利。

第三节　近代黄河泛滥改道与社会文明生态

一、1840—1855年间黄河泛滥状况

1840年到1855年处于黄河大改道前夕。1128年,东京守将杜充在滑州人为决开黄河堤防,抵御金兵南下,黄河结束北入渤海的局面,开始南行夺淮入海。到1840年止,黄河夺淮入海逾700年。夺淮入海之初,郑州至青口段主河道一度迁徙不定。明末潘季驯治河之后,黄河河道基本稳定下来,行"南河",经河南商丘、虞城,山东曹县、单县,江苏丰县、沛县和砀山至徐州合泗夺淮,经涟水由云梯关入黄海。自潘季驯治河到1840年之间,黄河行"南河"也有200多年的历史。改道前夕,黄河泛滥频仍,水患严重。

1644年至1855年,铜瓦厢决口共计212年,黄河决口50余次,平均每4.2年一次;决口年份有38年,约占总年份的13.2%。1840年至1855年的近十五年时间里,黄河决口5次,平均每三年一决口,决口年份占总年份的三分之一。

二、1855年间铜瓦厢改道

1855年,黄河在河南兰考铜瓦厢出现决口,之后朝东北方向进入山东,过运河,夺大清河入渤海,形成中国历史上黄河的第六次大规模改

道。铜瓦厢决口改道无论从泛滥状况还是从社会影响上看,都是黄河泛滥史上的一件大事。学术界历来对此次决口改道关注较多。就此次决口改道的原因而论,水利史学家关注黄河的水沙关系,社会史及历史地理学家更注重对黄河水患社会应对机制的分析。水利史学家普遍认为黄河泛滥改道的主要原因在于黄河流域特殊的自然环境所形成的复杂的水沙关系,黄河中游来水来沙变化,直接影响到下游河道的堆积及变徙,是决定下游河道淤积和变徙的首要原因。

黄河铜瓦厢改道是自然、人为双重因素综合作用的结果。从改道前期黄河水沙状况及河道状况来看,铜瓦厢改道有其必然性的一面,从决口之后清廷的应对措施来看,也存在着相当大的偶然性因素。

"九曲黄河万里沙,浪淘风簸自天涯"[1]。黄河以"浑河"著称,含沙量大,水沙关系复杂。与长江相比,黄河仅占长江长度的86%,径流量仅有长江径流量的4.7%,输沙量却是长江的2.4倍。密西西比河径流量是黄河的12.3倍,含沙量却仅有黄河的五分之一。水少沙多是黄河区别于世界其他河流的最大特点。复杂的水沙关系镌刻着黄河的自然风貌,左右着黄河的生命历程。黄河的水沙关系与流域内植被覆盖率密切相关。植被的破坏进一步加重了河道的淤积状况,同时也促使世人更清醒地认识到黄河水患与河水含沙量之间的关系。

三、1855—1938年间的黄河泛滥概况

从1855年到1938年间黄河仍然延续铜瓦厢改道后的河道状况,堤身低而单薄,河道上宽下窄,决口泛滥十分频繁。

四、1840—1912年间的治河新气象

1842年以后,在西学东渐的过程中,以黄河文化为主体的中国传统文化与西方文化不断冲突融合。晚清时期,受传统自然观念的影响,对西方治河新技术的接受程度很低,传统的治河经验技术仍然保持着旺盛的影响力。尽管如此,西学的介入还是为传统的治河领域吹进了一股清新之风。

---

[1] 赵传仁.诗词曲名句辞典[M].济南:山东教育出版社,1988:45.

(一)《格致汇编》与西方治河技术的传入

《格致汇编》1876年创刊于上海,由英国人傅兰雅主办,是中国近代最早的以传播科学知识为宗旨的科学杂志。杂志内容以译文为主,栏目内容比较固定,包括译著短文、算学奇题、互相问答、格物杂说等,涉及天文、数学、物理、化学、动植物学、地理学、水利学、医学、生理学、电学等各门学科,于西方近代科学知识无所不包。是当时先进的中国人了解西方科技的便捷窗口,对于近代西方科学技术在中国的传播具有拓荒性意义。作为一份旨在宣传西学的杂志,《格致汇编》对黄河及其治理问题多所关注。1877年第二卷"格物杂说"栏目中收录了艾约瑟《西客谈治黄河法》一文,该文系英国人费耳古孙视察河南、山东段黄河之后所作治河议论中的一部分,对"套堤圈地"的治河方略做了详细论述。

随着西方近代通信技术的不断发展,关注黄河问题的西方学者开始考虑将现代通信技术应用于传统治河领域。《格致汇编》对西方治河技术有所涉猎,但从总体而言,晚清时期近代报刊对治黄新技术的介绍和引入十分有限。一方面,黄河治理问题涉及水利学、水文学等学科知识,专业性很强,一般读者难于接受。另一方面,由于缺乏实地调查和可用的观测数据,西方学者对黄河治理问题的论述本身就不多,有限的论述也多停留在设想层面。

(二)西方学者对黄河的考察

与传统农耕社会经验积累式的知识增长方式不同,现代科学讲究观察和实验。晚清时期许多关心黄河问题的西方国家水利工程界人士和学者,亲赴黄河实地考察,提出治河设想和具体的观测方案。

1889年,荷兰工程师单百克和魏舍首先对黄河下游进行了考察,测量了河南铜瓦厢、山东洛口等处黄河的泥沙含量。晚清时期西方学者对黄河考察最细致、研究最深入的当数卢法尔。1899年,李鸿章奉旨勘察黄河,比利时工程师卢法尔随行,作了详细的勘察报告。卢法尔的治河报告是中国近代治黄史上一次中西会通的伟大尝试。他强调开展黄河勘察和观测工作,收集勘测数据,为近代以来采用西方科学技术治理黄河做了重要的铺垫性工作。他尊重并重视中国传统的治河经验,对中国传统治河方策从治河理念到具体的治理工程措施都提出具体的完善意见。卢法尔的治河意见警示世人,在近代化的黄河勘测数据库建立之前,传统的治河方策必将长期发挥作用。传统治河经验与西方治河科技的完美融合将是近代治河方策的重要出路。①

(三)1912—1949年期间西式治河技术的深入发展

1912年,科学思想作为一种救亡图存的工具性概念已为世人所熟知,到五四运动期间,经过新文化运动的洗礼,其影响进一步扩大,并演化成一场全方位的社会思潮,这就为西式治河技术的传播创造了思想基础和社会条件。1912—1949年期间是现代治河技术与传统治河经验的争斗期,也是黄河治理从传统走向近代的重要积累和过渡阶段。虽然这一时期黄河治理仍循旧制,传统的治河举措仍占绝对优势,但一场治河变革正在悄然酝酿发展。

1.西方治河技术的引入和应用

1912—1949年期间,中西文化交流渠道打开。许多关心黄河问题的西方学者赴华考察,甚至直接在中国水利机构任职。国民政府方面也派遣大量留学生和水利机构官员出国考察。水利学校在全国各地纷纷建立。在此背景之下,西方科学技术被广泛应用于治河领域。

1912—1949年期间对西方治河技术的应用主要集中于勘测和水文测验领域。1933年黄河水利委员会成立之后,黄河勘测和水文测验工作出现高潮。水文测验方面,1934年黄河水利委员会在接收的基础上又陆续增设,先后在干流增设兰州、包头、龙门、潼关、秦厂、高村、陶城铺、利津水文站8处;在支流增设太寅、咸阳、河津、木栾店、黑石关水文站5处。另外,还在干流增设孟津、英峪沟、黑岗口、东坝头、南小堤水位站5处。据统计,到1937年,共建有水文站35处,水位站36处,雨量站300多处。测绘方面,1933年9月,黄委会派副总工程师许心武组织第一测量队,同年11月又组建第二、三测量队以及导渭工程处测量队。为规范测量制度,1934年黄河水利委员会又参照华北水利委员会规范制定了《黄河水利委员会测量规范》。黄河水利委员会的勘测重点是黄河下游河道、堤工和精密水准测量,到1938年共测河道图1.3万平方千米。抗日战争爆发之后,黄河测绘和水文测验工作多陷于停顿。到1949年,测量队只剩

---

①姚自京.弘扬黄河文明 构建和谐家园[M].郑州:黄河水利出版社,2017:55-59.

下百余人,只有水文站16处,水位站4处,而且设备不全,观测质量也不高。

河防工程方面,主体工程仍沿用旧法,在此基础上有所创新。从西方引进一种全新的编篱技术,这种技术所做出来的沉排做坝垛的根基,可以增强坝垛的抗冲刷能力。按照张含英的建议,险工段的埽工多改为石坝,增强其稳定性。

2. 西方学者对黄河的调查研究

在1912—1949年期间,对黄河进行调查研究的西方学者进一步增加。德国的方修斯,美国的费里门、罗德民、雷巴德、葛罗同和萨凡奇等都亲赴黄河考察调研。恩格斯利用河工模型实验研究黄河,他所作的《制驭黄河论》,经郑肇经译成中文,在中国水利界引起巨大反响。此外,还有大批像塔德、安立森、高钧德这样的外籍水利专家直接任职于国内的水利机构。1934年,国际联盟派英、法、荷、意四国水利专家柯德、吉士曼、聂霍夫、奥摩度赴华研究黄河水利问题,作有《视察黄河报告》,对黄河治理开发提出诸多宝贵意见。

3. 会通中西的治河新生代

门户开放以来,我国陆续兴办工科大学,派遣留学生出国留学,培养了一大批水利专业人才。这批年轻人血气方刚、雄心勃勃,意欲冲破传统的藩篱,在国内治河领域大显身手。他们深谙中国传统治河之道,又掌握西方现代治河科技,大都能做到中西兼采、融会贯通。

李仪祉是当时治河新生代的典型代表,一生先后两次赴德国皇家工程大学和旦泽大学学习水利专业。他反对师古信天,主张冲破传统,在治河领域中西法兼采。

张含英一生致力于黄河治理问题研究。1933年出任黄委会秘书长、总工程师,40年代初任黄委会委员长,任职期间发表了《黄河之迷信》《黄河流域之土壤及其冲刷》《治河论丛》《历代治黄方略述要》等多篇文章。1947年发表的《黄河治理纲要》成为中华人民共和国成立后黄河治理规划的重要参照。在治河方策上,张含英的观点与李仪祉一致。他赞同李仪祉上、中下游兼治的主张,并在此基础上提出了上、中游注重泥沙控制,下游以防洪为重点的工程建议。

李仪祉、张含英等一批水利学者是当时治河新生代的典型代表。他们全副武装,学成归国,雄心勃勃地要在国内水利界大展拳脚,却遭遇国内保守势力的强大压力。不难发现,这批水利新秀的全部精力都投注在理论研究、著书立说及水文勘测方面,真正用于实践的水利实体工程少之又少。黄河治理要真正突破传统走向近代,需要冲破守旧思想基因与保守政治体制的双重滞碍。

(四)黄河治理视域下传统向近代的艰难递变

黄河文明是一种典型的农耕文明形态,具有文化上的保守性和政治上的大一统性。近代以来,内忧外患频仍,政治上的一统性难以为继,各种政治势力风起云涌,当权者更多考虑的是如何在争斗中维护和扩大自己的政治经济实力,根本无心治河,再加上黄河漕运功能的丧失,黄河河务被极大地边缘化。西学以坚船利炮为先导,撬开了近代中国坚硬的保守外壳,但西方近代先进的治河技术却始终停留在观测实验、著书立说的理论层面,其最主要的原因就在于得不到当权者的支持,缺乏政治权力上的保障。外遭各方政治势力打压,内受保守势力排挤,李仪祉的遭遇正是西方治河科技在近代中国社会命运的折射和反映。中国传统治河技术要突破传统走向近代需要冲破保守思想和政治体制的双重滞碍。

五、黄河泛滥与灾荒救济

灾后救济是应对黄河泛滥的一项重要举措。近代以来,随着西学的传入以及资本主义经济的产生、发展,应对黄河泛滥的灾后救济工作也展现出由传统向近代过渡的趋势。

(一)救灾主体的多元化

官赈是中国传统社会灾荒救济的主要方式,封建政权是传统救灾活动中的唯一合法主体。晚清以来,各政治实体或忙于应对内忧外患,或醉心于权力争夺,对黄河泛滥过后的救荒力度大大减弱。在此背景之下,民间自办的义赈逐渐发展壮大,救灾主体呈现出多元化的发展趋势。

1. 民间士绅积极奔走

民间士绅参与救荒由来已久。近代之前,由各地士绅组织的善堂林立,灾后救济即为善堂施行善举的一个重要方面。近代以来,经元善、谢家福、盛宣怀、施善昌、郑观应、张謇、熊希龄、沈敦和等大批士绅在吸收各地善堂的基础上成立了协赈公所、筹赈公所、赈捐收解处、协赈处等专门的义赈组织,在黄河泛滥后的灾荒救济工作中发挥了重大作用。

2.西方势力的渗透

19世纪中叶以前,大多数传教士都采用宣讲教义、游行布道以及散发小册子等方式直接传教。在长期的实践过程中,他们逐渐认识到直接的传教方式对于挣扎在现实温饱线上的普通民众而言,缺乏吸引力。他们开始将注意力转移到民生问题上,开办医院、建立学堂、参与灾后救济、关注社会福利和慈善事业,借以传播"福音"。黄河水患发生之后,许多传教士为灾后救济工作积极奔走,挽救了大量灾民的生命,也为传教工作的深入开展打开了门路。

(二)救灾措施的近代化

随着民间义赈的逐渐发展以及西方势力对黄河灾后救济工作的渗透,现代化的救济措施也逐渐在黄河水灾救济工作中的各个层面展开。

1.全新的资金募集手段——黄河水灾救济奖券

1912—1949年期间,赈灾彩票这一全新的筹赈模式也逐渐渗透到黄河水灾救济领域。为赈济黄河水灾,1920年河南省曾发行过"河南救济豫省水灾奖券",1931年又发行过"郑州急赈水灾有奖券"。1934年由河北省黄河水灾救济委员会发行的"黄河水灾救济奖券"是黄河水灾救济彩票中发行规模最大的一次。

2.快捷的宣传手段——近代报刊的报道

近代报刊业的发展打破了中国传统社会闭塞隔绝状态,使诸如黄河水灾这样的重大突发事件能及时传播,在最大范围引起全社会的关注。近代报刊在黄河水灾灾后救济工作中扮演了十分重要的角色,报纸的发行范围很大程度上就是灾情的传播范围。灾情发生之后,为了获得及时有效的报道,许多报纸派专员赶赴灾区采集信息,在第一时间对灾情灾况进行报道;许多爱心人士和慈善团体利用近代报刊的强大辐射力和影响力通过撰文、来函、发表公启等形式呼吁全社会集资募捐赈济灾民;许多海外华侨华人均能通过报刊的报道了解国内灾情,赈款的筹集范围亦随之扩展到海外;不仅如此,许多报刊还扮演赈灾监督者的工作,对官赈及民间义赈进行监督,很大程度上保证了赈灾工作的及时有力。

近代报刊对黄河水灾灾后救济工作的积极参与,为民间义赈创造了宣传平台,为中央政府主持的官赈提供了有效的监督。近代化的报刊在黄河水患的灾后救济过程中逐渐成为脱离官赈和义赈的第三种势力,成了弃恶扬善的社会良心所在。

六、黄河泛滥改道与社会文明生态变迁

黄河的泛滥改道深刻影响着中国近代历史发展格局。1855年黄河铜瓦厢改道,夺大清河入海,"济南市"变成了"河南市"。铜瓦厢改道对近代中国社会的影响可谓牵一发而动全身。

第一,黄河泛滥导致山东段运河阻滞,漕运衰落,海运随之兴起。运河沿岸经济带也随之逐步衰落;第二,改道致使南河河段及部分东河河段无工可守,南河河道总督裁撤,北河河道总督的裁撤也提上了日程;第三,改道之后,黄河在山东漫流,山东农业生产急剧退化,运河经济带衰落,山东省的经济重心逐步向沿海地区转移;第四,漫流期造成山东人口的大规模外迁,深刻影响迁入地和迁出地的经济、社会发展格局;第五,持续不断的黄灾导致山东民众求神拜佛现象愈重,迷信心理愈强,封闭保守、因循守旧的传统观念盛行,制约了民众现代心理的形成,深刻阻滞了山东地区的近代化进程;第六,铜瓦厢改道之后,清政府无力顾及,一方面在抢修民埝的过程中,地方督抚的治河权扩大,民间士绅对基层社会的控制力和影响力进一步增强,深刻影响着晚清国家的权利格局;第七,在灾后救济过程中,由士绅举办的民间义赈兴起,西方教会势力也不断渗透,深刻改变着晚清国家的社会格局;第八,针对改道之后黄河的流向问题,清廷内部展开了一场旷日持久的改道与复道之争,其间国家与地方利益之间、地方与地方利益之间矛盾冲突不断,清廷大员之间因利益整合而分分合合,深刻影响着晚清的国家政坛。

一场铜瓦厢改道,影响断断续续几十年,上至朝廷,下至草莽,从经济结构到社会心理,从机构设置到权力纷争,可谓牵一发而动全身。总之,一部黄河的成长史正是一部中华民族的生存斗争史,黄河的安定繁荣是中华民族长治久安的重要保障。

第四节 传统黄河文明观念的近代演变

一、中国历代政府祭祀黄河

(一)先秦时期的黄河祭拜

黄河祭拜传统可以追溯到史前时期。1923年甘肃省临洮县马家窑村出土的马家窑文化遗址舞蹈纹盆,描绘了一幅盛装女子在黄河岸边跳舞祭祀河神的场景。

五帝时期可能已经有了黄河祭拜的传统。根据《竹书纪年》的记载,黄帝、帝尧、帝禹都曾祭拜过黄河。尧禅位于舜时,就举行了隆重的黄河、洛水祭祀仪式。《竹书纪年》载,"洪水既平,归功于舜,将以天下禅之,乃洁斋修坛场于河、洛,择良日率舜等升首山,遵河渚。""后二年二月仲辛,率群臣东沈璧于洛,礼毕退俟,至于下昃,赤光起,元龟负书而出,背甲赤问成字,止于坛。其书言当禅舜,遂让舜。"尧禅位于舜必须经过黄河的认可,可见当时黄河祭拜在祭祀系统中规格已经很高了。

上古三代,黄河祭拜是国家政治生活中必不可少的重要组成部分。殷商甲骨卜辞中有大量关于黄河祭拜的记载。其指定的国家祭典中已经出现了专门的黄河祭祀日期和祭祀地点。河神的祭日多是辛日,又称言日,祭祀地点有今水、吟、漳、斗等。殷商时期已经形成了一套集沈祭、舞祭、奏祭、酒祭等于一体的黄河祭拜系统。

西周时期并未形成有针对性的专门的黄河祭拜仪式,黄河祭拜散见于望祀、巡守祀等祭祀形式之中。望祀是帝王不亲临现场而采取远眺的方式祭祀五岳、四镇和四渎的一种仪式,西周时期黄河作为四渎之一在望祀过程中受到祭祀。此外,帝王外出经过黄河之时也必须进行祭拜。西周祭祀系统等级分明,只有天子和诸侯才有资格对黄河进行祭拜。

(二)秦汉时期的黄河祭拜

秦横扫六合,建立统一的封建帝国,国家祭祀也渐有定制。根据《史记·封禅书》的记载,秦始皇定祭祀河渎之神于临晋(今陕西大荔县),并于公元前221年命祠官祭祀过河神。这应该是封建社会时期首次大规模的国家级祭河活动。秦以后,黄河决溢次数明显增加,汉代的官方祭拜活动也愈加频繁。西汉神爵元年(公元前61年),五岳四渎的祭祀正式列入国家祀典,建河祠,设祠官,指定专门的祭祀制度。汉武帝元光三年(公元前132年),河决瓠子口。元封二年(公元前109年),汉武帝亲临堵口现场,向黄河水神献祭玉璧、白马,祈求黄河安澜。此后东汉明帝时期王景治河颇有建树,重大治河工程完工之时也多祭河礼神,求保太平。

(三)魏晋隋唐时期的黄河祭拜

魏晋南北朝时期,社会动荡,正规的黄河祭拜极为少见,偶有祭拜也多与战争有关。秦汉时期延续下来的祭河传统多有破坏、衰败之象。隋唐时期,随着大运河的修建,黄河在国家政治、经济生活中的地位进一步凸显,黄河祭拜活动也在魏晋南北朝的基础上逐渐恢复发展。根据《册府元龟》的记载,天宝六年(公元747年)、天宝八年(公元749年)、天宝十年(公元751年)均曾遣使祭拜。这一时期,祭河正式由意识形态上升为国家制度。

(四)宋元时期的黄河祭拜

宋元时期是黄河水患又一高发期,黄河祭拜活动亦随之愈加频繁。北宋时期河祠由中州移至河中府。唐玄宗时期曾册封五岳为王位,四渎为公位,仁宗康定元年,正式册封河渎为"显圣灵源王",由公位晋升为王位。

元朝时期建立起统一的中央政权,为黄河的治理和开发创造了稳定的政治环境。元代不仅继承了历代治河的经验技术,涌现出了一大批像郭守敬、贾鲁这样的治河人才,传统的黄河祭拜文化也得到了延续和传承。元世祖中统二年(公元1261年),开始对岳、镇、海、渎实行代祀。代祀黄河皇帝并不亲自前往,而是"遣使二人,集贤院奏遣汉官,翰林院奏遣蒙古官,出玺书给驿以行"。元世祖曾对中书省言:"五岳四渎祠事,朕宜亲往,道远不可。大臣如卿等又有国务,宜遣重臣代联祠之,汉人选名儒及道士习祀事者。"至元三年(公元1266年),定于立秋日遥祭河渎,并遣使祭祀。至元二十八年(公元1291年)春又加封河渎为"灵源弘济王"。

(五)明清时期的黄河祭拜

明清时期,漕运成了南北交通的大动脉,河运与漕运交织,黄河在国家政治经济生活中的地位日隆,传统的河渎祭祀在祈求安澜的基础上又多了一层保槽的意蕴。据《春明梦余录》载,洪武七年(公元1374年),宋太祖以河渎神"崇名美谥,历代有……渎祀不经,莫此为甚"为由,尽除去河渎神前代所有封号,重封河渎神为"西渎大河之神"。明英宗正统十三年(公元1448年),黄河于寿张沙湾溃决,冲坏运道。有清一代是黄河泛滥较为频繁的一段时期,为保安澜,每有大工告成,大清皇帝多敕建河神庙或加封河神。[1]

二、近代以来黄河祭祀的衰落

(一)官方祭河系统混乱

明清以来,尤其是清代以后,官方河神祭拜开始逐渐受到民间河神信仰的浸染,民间信奉的黄河大王、将军开始得到政府的认可和册封。明清以前,历代政府尊奉黄河水神为河渎神,虽然敕封的名号屡有变动,但河渎神作为官方正统河神的唯一性和正统性从未动摇。清政府对民间河神的大肆册封颠覆了河渎神作为黄河正统水神的地位,是官方河神祭拜系统混乱的开始。

晚清时期备受推崇的金龙四大王原名谢绪,传说因元末助朱元璋退元兵有功而被民间广为传颂。顺治二年(公元1645年)十二月下诏封为"显佑通济金龙四大王",金龙四大王自此得到官方的认可。此后册封民间河神的活动不断。乾隆三年(公元1738年)三月加封明朝治河奇人黄守才为灵佑襄济黄大王;乾隆四十五年(公元1780年)允大学士阿桂请册封民间供奉的朱大王为助顺永宁侯。到乾隆年间官方认可的大王级黄河水神就达到三个。

1842年以后,内忧外患频仍,清政府拿不出一劳永逸的治河举措,又苦于治河经费难筹,只得频繁加封河神安抚民心。光绪元年(公元1875年)和光绪五年(公元1879年)分别加封了栗大王和宋大王。同治六年(公元1867年)又册封了白大王。这期间敕封的河神将军更多。据朱寿

---

[1] 肖东发,张灵芝.母亲之河 黄河文明与历史渊源[M].北京:现代出版社,2014:81-85.

镛在《敕封大王将军纪略·序》中的说法,到光绪十五年(公元1889年),敕封的将军已经达到了64位。在沉重的治河压力和民间河神信仰的浸染下,官方河渎神的正统地位已经难以为继。

(二)民间河神信仰空间萎缩

1. 国家祀典的摒弃

在当时历届政府将河神祭拜排斥于国家祀典之外,各地河神庙也列于废止之列。本于官民互动中建立起来的河神信仰不仅失去了官方政治权力的庇护,甚至被作为一种封建迷信明令加以废止,这对盛行千年的民间河神信仰无疑是一种沉重的打击。

2. 新兴知识分子阶层的批判

1842年以后,在向西方学习的呐喊声中蹒跚前行,却屡屡受挫。许多精英阶层的知识分子都倾向于将中国的落后归结于中国传统文化,归结于传统文化熏陶下愚昧的国民素质。受西方启蒙思想的影响,新式知识分子以"新民德"为着眼点,以倡导科学精神、培养现代国民为己任,在社会上掀起了一场反迷信运动的狂飙。1912年唐绍仪、蔡元培、宋教仁等发起成立社会改良会,倡导以科学知识去神权之迷信,戒除迷信鬼神之习。

3. 传统无神论思想的进一步发展

中国传统无神论思想萌芽于先秦时期,历经秦汉、魏晋南北朝、宋、元、明、清的发展,到1840年之前已经形成了比较完备的思想体系。近代以来,传统无神论思想在中西学会通的背景下又获得了进一步发展,成为提倡科学、反对迷信的重要武器。传统无神论思想的发展进一步批判了传统的鬼神观念,揭示了黄河祭拜的真相,对传统黄河祭拜造成一定冲击。

总体而言,近代以来,在诸多因素的作用下,传统河神民间信仰有所回落,但也不可一概而论。在个别地区和个别行业,河神信仰仍然盛行,甚至更胜以前。1855年铜瓦厢决口之后,山东地区各地广建河神庙,河神信仰风行。在与黄河航运相关的行业中,河神作为行业之神仍然具有广泛的影响力。

第三章 黄河文化的国际传播策略

第一节 黄河文化的国际传播现状及传播路径

交流使文明多彩,互鉴使文明丰富,文明的独特价值因交流和互鉴而彰显。黄河流域5000多年的发展历程孕育了丰富的物质文化与精神文化,习近平总书记在2019年9月考察河南时强调,要"深入挖掘黄河文化蕴含的时代价值,讲好'黄河故事',延续历史文脉,坚定文化自信,为实现中华民族伟大复兴的中国梦凝聚精神力量"。黄河文明起源于黄河,这与世界上其他三大古老文明趋同,古埃及文明源于尼罗河,古印度文明源于印度河,古巴比伦文明源于两河流域,但这四大古文明只有黄河文明延续至今。从夏商周到汉唐北宋,以"长安—洛阳—开封"为东西轴线的中国大古都的"黄河时代"是中华文化的顶级辉煌。在长达3000年的时间里,黄河流域是中国历代重要王朝的政治中心,黄河流域孕育了闻名于世界的科技发明,汇聚了历史上各领域的顶尖人才,融合了诸多民族文化,生成了多元化思想理念,产生了独具特色的黄河文化。黄河文化因其古老性、延续性、内涵丰富性、典型性成为中国传统文化不可或缺的一部分,成为国家国际形象的重要名片和独特标识,在国际交流中扮演着重要的角色。新时代,黄河文化需要赋予新的内涵,注入新的价值观,也亟待传承、发展和弘扬,因此对黄河文化国际传播进行研究和探索具有重要的现实意义。

一、黄河文化国际传播现状

黄河沿线文化资源优势明显,名胜古文化遗址、人文景观数不胜数。仅以河南省为例,河南省地上和馆藏文物在全国居于首位,有国家历史文化名城8个,自然、人文景点2万多处,国家级重点文物保护单位300多个,省级的重点文物保护单位超过1000个。新郑黄帝故里拜祖大典和太昊伏羲祭典等在国际上享有盛名。黄河文化已初步形成了政府与民间相结合、传统媒体与新媒体并进的立体传播格局,但传播深度方面仍然存在诸多问题。

(一)缺乏传播受众差异化

不同区域、不同阶层的文化传播,受众经济背景、价值观念与思维方式相异,受众对信息的态度也相异,因此传播主体可对受众进行细分,如重点、次重点和一般受众的分类,或顺意、逆意和中立受众的分类等。但目前,黄河文化的国际传播缺乏对受众群体的细化,缺乏对受众价值观的充分考虑,未能充分采用当地受众乐意接受的方式进行传播,未能充分激起受众共鸣,传播效果大打折扣。

(二)缺乏特色鲜明的创新推广模式

黄河文化资源丰富,类型多样,然而现阶段黄河文化推广模式单一,仍然以传统媒体传播为主,运营方式缺乏创新,产业融合下的黄河文化推广仍然局限于黄河沿线景区建设及旅游纪念品的开发。黄河文化推广特色不明显,静态展览多,互动体验少,缺乏先进技术手段的运用。

(三)缺乏复合型的国际传播人才

在大数据智慧时代,黄河文化的国际传播模式需要创新,需要推广智慧型模式,需要创造性地运用新技术、新方法。因此,黄河文化国际传播人员既要具备娴熟的外语能力,又要具备深厚的传播专业功底,还要有良好的综合素质和较强的创新能力。然而,目前黄河文化传播人才储备严重不足,黄河沿线省份缺乏培养此类高层次人才的高校及科研机构,严重限制了黄河文化的深层次推广,亟待系统考虑及统筹规划。

二、黄河文化国际传播实现路径

(一)受众差异化传播路径

跨文化传播中较为重要的一项原则是文化接近性原则,当受众对所传播文化、语言、习俗等较为熟悉时,更易于接受该文化、语言、风俗等。因此,黄河文化的国际传播要考虑国际受众的复杂性和多元性,要基于不同的文化背景、价值观念和行为方式区分传播对象,进行针对性、精准化传播,要以受众为导向,改变单向传播思维模式,充分了解受众特点及偏好,消除文化隔阂,"入乡随俗",通过更开放、更包容的思维方式,以双向传播模式进行黄河文化的国际传播,保证国际传播的有效性、稳定性和持续性,保证黄河文化价值观在传递过程中的亲和力和感召力,增强黄河文化的吸引力和认同力。

(二)多元主体合作推广路径

黄河文化国际传播必须充分调动各类传播主体,包括政府、企业、社会团体、高校研究机构及媒体。政府层面可提供政策支持,比如,河南省文化旅游厅发布的《2021年河南省文化和旅游工作要点》提出"提升文化市场管理水平和执法能力,努力提升河南文旅影响力"。企业层面,可基于黄河流域高质量发展战略,打造一批实力雄厚的外向型文化企业,培育知名黄河文化品牌参与全球文化产品市场竞争,提升产品国际贸易份额及市场占有率。社会群团层面,可利用其特色优势进行产业拓展,推动黄河文化更好地实现国际传播。高校与研究机构是黄河文化的研究主体,承担着探索黄河文化精神内涵,传播黄河文化的重要责任。媒体扮演着推动黄河文化国际传播的重要角色,要充分融合利用传统媒体和新媒体,打造融媒体立体、多元传播渠道,全面展开黄河文化的国际传播。以上每个主体各司其职,形成多元合作体系,以政府机构和官媒为主,积极培育市场化文化企业、海外传播公司等,充分发挥高校与研究机构的智力支持作用,将黄河文化推向国内受众和世界舞台。[①]

(三)多产业融合产品培育路径

黄河文化国际传播须将黄河文化与其他产业,尤其是与旅游产业融合发展。旅游产业所产生的环境污染和能源消耗较低,但能带来较多的就业机会和较高的综合效益。旅游产业发展规模较大,后劲儿十足,对国民经济有突出贡献。因此,要将黄河文化旅游业打造为支柱产业,坚持改革创新,坚持结构调整;要深入挖掘黄河文化内涵,建造一批文化底蕴深厚、特色鲜明的黄河文化景观;要基于文化独特性原则,利用各方资源,启动精品名牌打造工程,在黄河沿线建设一批国际影响力强、知名度

---

① 郭林涛. 传承弘扬黄河文化 打造全国重要的文化高地[J]. 决策探索(中),2021(03):5-8.

高的名城、名镇、名景;要打造黄河文化产业链条,利用现代技术及创新思维将资源优势转化为产业优势,使文化精神资源物化于商品价值中;要充分挖掘黄河文化资源,打造结构合理、优势突出、特色鲜明的文化产业品牌;要利用现代技术,打造旅游智慧服务、管理及营销模式,提高旅游产品及产业的综合竞争力,同时还可以发展旅游配套相关产业,提高经济效益。

(四)线上线下双渠道传播路径

黄河文化国际传播需要关注手段多样性。互联网数字技术的快速发展和新媒体资源的迅速扩张为黄河文化国际传播渠道多元化提供保障。与传统媒体相比,新媒体具有渠道广泛性、形式多样性、强互动性、强时效性、强亲和力等显著特点,同时因算法技术的精准推荐,新媒体传播的裂变传播效应显著。因此,黄河文化国际传播需要借助影视、网络、微信、微博、自媒体视频等进行线上线下互动推介,提高国际传播的深度和广度。例如,为宣传推广洛阳牡丹文化节,2019年洛阳市有关部门与两大社交媒体平台,抖音和今日头条共同推出"跟着抖音逛洛阳"和"抖音达人在洛阳"等活动,推介洛阳美景、美食。后经统计,抖音APP"跟着抖音逛洛阳"话题发布视频总数1300余条,总播放量超过4300万次,点赞和评论超过400万。积极开展线上线下国际文化合作与交流,搭建国际交流服务平台,通过持续沟通交流,提高不同文明的相互认可度。

(五)多方位统筹保障路径

黄河文化国际传播需要提供政策、资金、法律、人才等多重保障机制。政府具有主导作用,可通过交流活动将黄河文化推向全世界。如2017年河南省文化和旅游厅与斐济中国文化中心共建合作项目,进行非物质文化遗产展演、艺术培训、文物、图书等方面的交流合作,产生了较好的国际影响。积极探索建立面向海外、适应不同国情的数字化武术文化中心、太极文化中心、中医药文化中心等。资金是基础保障。

法律层面的支持为黄河文化国际传播提供安全保障,提高对国外政策法律的熟悉度和认知度是有效防控和规避法律风险的重要前提,是增强知识产权保护意识的重要基础。人才层面的保障主要涉及加强文化产业和国际传播人才队伍的建设,以高校、科研机构及各类教育机构为主体,培养文化产业智能型人才和国际传播人才,促进黄河文化的国际传播。

黄河文化彰显着自强不息、拼搏向上、乐于奉献、团结友爱的民族精神。新时代的黄河文化焕发着勃勃生机,其传播主体应基于国家政策保障和新媒体技术对黄河文化进行多层次、多元化国际传播,积极开发相关产品,创新内涵精神,促进文化产品的国际推介及传播,让黄河文化走向世界,让黄河文化精髓深入人心。

第二节　从自媒体看黄河文化国际传播策略

一、自媒体视阈下的黄河文化传播现状

文明因交流而多彩,文明因互鉴而丰富。在相互交流、碰撞中,文明的独特价值更加凸显。黄河流域是中华文明的核心发源地,在长达五千多年的发展史中,产生了丰富的物质文化与精神文化,诸子百家诞生于此,至今仍闪烁着思想的光芒,四大发明的传播深刻影响着世界文明的发展进程。博大精深的黄河文化恒久延续,其思想精髓值得深入挖掘,以在广泛传播中重新被认识。在新的时代,如何塑造新的黄河文化国际传播格局是一个现实的社会课题。

跨文化传播是指来自不同文化背景的个体、群体或组织之间进行的交流活动,是各种文化信息在时间和空间中的流动、共享和互动的过程,主要涉及人类文化要素的扩散、渗透和迁移。加强国际文化交流传播是弘扬中华优秀传统文化,增进世界各国人民对当代中国全面了解的重要路径。作为中华传统文化的重要组成部分,黄河文化是国家对外形象的重要名片和独特标识,在国际交流中扮演着重要的角色。积极开展国际文化传播,讲好黄河故事、展现中华传统文化魅力,不仅符合中华传统文化复兴的需要,也是树立中国形象、参与国际互动的有效途径。

文化的国际传播有其内在规律性,须深入探寻国外民众的心理特点、兴趣及习惯,掌握其对中国文化的认识水平,运用其熟悉的语言及表达方式,从而提高文化对外传播影响力。在国际传播上,一是应坚持客观、

公正原则,确保文化传播的真实性,既要接地气,又要有一定的思想性。二是应坚持平等交流,尊重文化差异,多了解国外民众的现实需求,提高文化传播的针对性和实效性,做到春风化雨,润物无声。三是应建立全方位的传播格局。随着新媒体尤其是社交媒体的快速发展,人们获得国际文化的渠道大大拓宽。与传统媒体相比,新媒体的互动性强、亲和力足,加上算法技术的精准推荐,裂变传播效应显著。越来越多的自媒体加入文化国际传播的阵营中来,因此应高度重视,完善传播策略,善于利用自媒体的力量为文化传播注入新的活力。

黄河流经9个省、区,沿线文化遗址、名胜古迹和人文景观数不胜数。在传播格局上,各地已初步形成了传统媒体与新媒体并进的立体传播格局。但与时代需求相比,仍存在保护性开发不够,静态展览多,互动体验少,先进技术手段没有得到充分运用的现象。在新媒体的运用上还有一定欠缺,在传播黄河文化等方面,缺乏有效手段和载体,没有实现大的突破。沿线省区在文化交流推广上各自为战,缺少协调机制,从长期来看也不利于黄河文化的整体传播。

二、自媒体国际传播的特点及类型

自媒体的传播有着鲜明特点:一是个性化。不同于传统媒体的一板一眼,自媒体的叙事、评论充满了个性风格,在表达上更加自由。这也是自媒体的魅力所在。二是实时性。随着手机软件的发展,发布文字视频变得简单易行,自媒体突破传统媒体时间、地域等限制,实时发布内容,让信息发布边界变得模糊,也更符合传播规律。三是群体性。自媒体往往拥有一定数量的订户群和粉丝群体,订户群或粉丝群基于共同爱好而在虚拟空间聚在一起,拉近了人与人之间的距离,从而增加了对自媒体的使用和依赖。四是交互性。社交媒体中,点赞、收藏、推荐、评论等交流互动行为频繁,发布人可以在点赞中获得认同感、满足感,重新认识自身价值。精彩评论是自媒体扩大影响力不可或缺的条件。五是去中心化。自媒体发布的内容一旦引起共鸣,用户接力转发,会迅速扩散成为热点。

利用自媒体进行跨文化传播,就要熟悉自媒体传播的特点与内在规律。在运用自媒体进行跨文化传播上,各地都处于探索阶段,尚未形成清晰的发展规划,但已涌现出一些相对成功的典型案例。自媒体传播参与者非常广泛,从身份来看,既有文旅企业,也有个人视频博主、小型创作团队;从地域范围来看,既有境内自媒体作者,也有专注中国文化的外国"网红"。

(一)借用自媒体集中推介文旅活动

文化是旅游的第一资源,旅游是文化的有效载体,文化与旅游有机相融,可促进传统文化进一步发扬光大。近年来,沿黄各省市精心打造诸多文旅品牌,如洛阳牡丹文化节、开封"大宋·东京梦华"等,受到国内外游客的热捧。在宣传推广文旅品牌上,自媒体具有互动性、实时性等优势,借助自媒体的力量,有助于扩大文化的影响力传播力。

在大型节庆活动期间,组织自媒体集中推广传统文化,具有提升城市形象等多重效应。一是节庆活动是传统文化、特色民俗的集中展示期,这段时期邀请自媒体作者前往,有利于创作出丰富多样、创意十足的作品。二是自媒体达人往往拥有上万乃至百万的粉丝群体,可以充分利用其在粉丝群中的影响力,扩大节庆活动的影响力。三是提前设置话题,使用统一标签,有助于在社交媒体上形成现象级的话题,加深外界印象,形成推介高潮。

(二)用创意让沉睡文化资源"活"起来

黄河流经9个省、区,留下无数的历史遗存。但历史建筑、文化遗址多数为静态展示,难以长时间吸引人们的关注,不利于传统文化的发扬光大。推广传统文化,关键是要通过创意,让文化"活"起来、"动"起来。自媒体的传播推广,尤其需要创意。2019年7月,西安市大唐不夜城景区推出两款不倒翁街头行为艺术表演,23岁的沈佳晨是扮演者,她根据游客的反应灵活互动,其表演视频迅速火了起来,带动大唐不夜城景区在抖音、Youtube等社交媒体上话题热度居高不下。在抖音上搜索"不倒翁小姐姐",话题浏览量已经超过26亿,沈佳晨的抖音账号"皮卡晨"粉丝数量涨至200多万,获赞上千万次。[①]

大唐不夜城不倒翁之所以能在社交媒体上形成现象级产品,原因在

---

① 陈文泰,康秀丽,张蘩元.黄河文化的对外传播:价值取向、现实困境与路径创新[J]. 新闻爱好者,2022(02):60-62.

于:一是表演的独特性。不倒翁的形式新颖独特,让人过目难忘。表演过程中,游客与表演者的牵手互动,继而在抖音等平台上发布视频,共同促成了传播裂变效应的产生。二是运营的专业性。不倒翁项目对女性表演者要求极高,需要其有舞蹈功底,体重不能超过50公斤,还需掌握一定的技巧。编创团队根据扮演者个人风格加入了个性化的设计,表演风格定位于"传统、娇羞、柔美",最终获得游客认同。在传播上,其团队每天在社交媒体上更新表演片段,与网友积极互动,将其打造为对外形象传播的代言人。三是与周边环境的相融性。不倒翁项目所在地大唐不夜城景区整体为仿唐建筑,与周边古建筑大雁塔等融为一体,形成了以盛唐文化为主线,兼有现代文化、世界各国文化互通交流的多样化集合形态。表演者的舞蹈动作、服装妆容都与盛唐文化紧密相连,符合人们的心理预期,提高了游客对历史文化的沉浸感、认同感。

(三)传统媒体转型自媒体宣介文化

自媒体很多是由传统媒体转型而来,其中一些已成长为文化传播领域的佼佼者。比如,"豫记"是2014年由几个曾在传统媒体工作过的记者发起成立,依靠400多名在全国各地的河南籍媒体人,于当年6月开通名为"豫记"的微信公众号,开始创业历程。"豫记"关注的领域为河南历史文化和风土人情,在传播中原文化、黄河文化中独树一帜,成立至今影响力不断扩大。近年来,"豫记"通过签约作家等形式,形成了稳定的优质内容生产机制。

"豫记"团队成长之路有着诸多启示。一是传统媒体记者转型自媒体,有着天生的优势,即熟悉媒体传播的特点,具有专业的报道采访经验。这是他们在短时间内获得影响力的关键。二是"豫记"通过自采签约作家等多种形式,在内容生产上实现了可持续性。三是介绍传统民俗、文化的优质文章往往有着较高的阅读量,这说明传统文化有着深厚的群众基础,自媒体传播还有巨大潜力可挖掘。自媒体有其传播优势,但短板亦十分明显,部分自媒体作者公信力不强,作品质量参差不齐,一定程度上影响了传播效果。在吃喝玩乐市民文化传播上,自媒体有着天生的优势,但在严肃的历史文化题材上,自媒体与传统媒体相比劣势明显。利用自媒体进行跨文化传播,既要分清其优势与短板,又不能一哄而上,以自媒体完全代替传统媒体,而是要形成传统媒体与自媒体相互补充、共同促进的良好格局。

三、加强黄河文化国际传播的策略

在媒体融合的背景下提高黄河文化国际传播力,要形成多元化、循环良好的创作机制,充分发挥新媒体传播的优势,吸引越来越多的自媒体作者加入,塑造全方位的传播格局。笔者认为,需要从以下几个方面提升自媒体的黄河文化国际传播能力。

(一)出台自媒体作者激励计划

激励计划,是一种新媒体平台吸引流量、培育创作者的常用操作手段。它有多种益处,一是有助于提升议题设置能力,引导自媒体作者在一定时期围绕某一主题创作内容,有利于掌握传播的导向。二是有助于制造热点,激励计划往往采用统一的标识、标签,可在多次分发传播中深化文化传播形象。三是有助于培养发现优秀的自媒体创作者。激励计划目标的完成有一定的难度,创作者需要开动脑筋,拿出创意作品。完成奖励的过程往往也是创作者水平提升的过程。鉴于自媒体的黄河文化国际传播仍处于起步阶段,需要吸引更多的优秀创作者投身其中。通过出台激励计划,既让创作者在晋级的过程中吸引粉丝,扩大影响,又可在潜移默化中促进跨文化传播,一举多得。

(二)建立联盟协调机制

传播力量过于分散,不利于统一的黄河文化品牌的塑造。黄河文化具有多样化、多层次等特点,建立联盟协调机制,树立统一的品牌,更有利于黄河文化的国际传播。建立联盟协调机制,错位发展,可有效避免同质竞争、文化品牌重复建设。比如,处于黄河上游的青海、宁夏等地可侧重于生态保护,黄河中游的陕西、山西河南,可着重推介厚重的历史文化,黄河下游的山东等地可突出弘扬儒家文化传承等。在渠道分发上,可以采用短视频、播客、音频、文字等多种形式,在国内外社交媒体上广泛分发。

(三)鼓励社会资本参与文化传播

文化国际传播,离不开社会资本的广泛参与。鼓励社会资本以多种形式投资文化产业,对工业遗产、文化景观、考古遗址公园进行综合开发利用,促进文化遗产资源在与市场的结合中实现传承和可持续发展。依托特色文化资源,发展特色文化服务,打造特色民族文化活动品牌。加大政策支持力度,在土地使用、税收优惠、投资融资和申请专项资金等方面给予支持,营造公平参与市场竞争的环境。有序引导文化企业对外投资和跨国经营,鼓励具有竞争优势和经营管理能力的文化企业对外投资,经营文化品牌等。

(四)加强专业人才培训

从事文化国际传播的自媒体从业人员既要熟悉文化差异,又要掌握文化传播的规律。人才需求层次也极为广泛,涵盖营销、摄影、主播、视频编辑等多个专业。在新媒体快速发展的当下,仅仅依靠高等院校培养,难以满足市场的需求,因此需要建立多层次的人才培养渠道。对专业人员的培养,必须吸纳文化企业、互联网媒体平台的参与,制订注重实践、适应市场竞争的人才培养计划。

(五)强化科技支撑

科技的发展深刻影响着文化生活,文化力量也在不断丰富科技的应用,两者的深度融合,成为文化产业加快转型升级的重要推动力。推动文化传播,同样离不开现代科技的强大支撑。黄河文化资源丰富,但多存在于文化遗址博物馆中,静态演示多,互动性差,一定程度上影响了文化传播效果。让黄河文化资源"活起来""动起来",就要用最新科技为文化赋能。把大数据、人工智能等现代科技用于文化传播,有助于实现文化资源的数字化、可视化,也必将进一步拓展文化影响范围。

(六)建立科学传播结果评估反馈机制

在新媒体的传播格局中,文化传播的效果非常直观,要通过播放量、点赞量、转发量、评论等,建立一套科学、客观的新媒体传播评估机制。通过效果评估机制,可以对文化国际传播项目进行全面评估,对于一些传播效果差的项目及时调整创作方向,对传播效果好的项目总结其经验。另外,也可以与专业的市场调查公司开展合作,进行市场调查,了解目标受众的媒体使用偏好,研判潜在受众群体,开展传播效果评估。

第三节　跨文化视角下黄河生态文明建设与国际传播策略

历史上,黄河曾是一条桀骜不驯、多灾多难的河流,被称为"中国之忧患",是世界上最难治理的河流之一。中华人民共和国成立70多年来,在党中央和各级政府的领导下,沿黄军民和黄河建设者开展了大规模的黄河治理保护工作,取得了举世瞩目的成就。水沙治理取得显著成效,防洪减灾体系基本建成,河道萎缩态势得到初步遏制,生态环境持续明显向好,水土流失综合防治成效显著,上游水源涵养能力稳步提升,中游黄土高原蓄水保土能力显著增强,实现了"人进沙退"的治沙奇迹,生物多样性明显增加。2012年,党的十八大又将生态文明建设摆到中国特色社会主义事业"五位一体"总体布局的位置。2018年,中国将生态文明建设写入宪法,"绿水青山就是金山银山"已成为全民共识。

2019年9月17日,习近平总书记专门考察了黄河国家地质公园,了解沿黄地区生态保护等情况,随后主持召开黄河流域生态保护和高质量发展座谈会,并发表重要讲话。他强调,要坚持绿水青山就是金山银山的理念,坚持生态优先、绿色发展,以水而定、量水而行,因地制宜、分类施策,上下游、干支流、左右岸统筹谋划,共同抓好大保护,协同推进大治理,着力加强生态保护治理、保障黄河长治久安、促进全流域高质量发展、改善人民群众生活、保护传承弘扬黄河文化,让黄河成为造福人民的幸福河。

纵观西方媒体对中国的报道,但凡涉及社会议题时,总是免不了重点渲染我国的环境破坏与污染问题。黄河生态文明建设成就刚好是一个反例,具有较高的新闻价值,国际社会普遍存在着这样的信息需求:发达国家的人民需要了解我国的环境、生态真相,发展中国家特别是缺水或水患严重的国家渴望了解、借鉴我国的治黄经验。同时,在国际社会宣传推广我国治黄经验是展示我国负责任大国形象的良好途径。然而,通过检索外文版的学术期刊和新闻报道,发现对我国黄河生态文明建设的探讨和传播,还处于零星、散乱的状态,系统的探讨和对外传播还没有真正开始。这个领域有望成为一片大有可为的国际传播新天地。如何开展和推进黄河生态文明建设的对外传播呢？如何传播才能取得理想的效果呢？传播学跨文化交际学的一些经典理论以及前沿研究成果可以给我们一些启示和参考。

一、相关文献回顾

传播学的主要奠基者之一拉斯韦尔首先提出构成传播需要五个要素（即5W传播模式），即who（谁）、what（说了什么）、what channel（通过什么渠道）、to whom（对谁说）、what effect（达到什么效果），这是传播学的经典理论，它虽然历经70余载，仍对我国的对外宣传和国家形象构建具有指导意义。中国传媒大学教授张毓强、黄珊、赵永华等学者认为，当前在全球信息传播主渠道中，中国的信息在场比例得到了有效提升，然而，在沟通的有效性方面，似乎难得见到突破性成果。究其原因，根本在于对外传播的内容不合适，与受众的信息需求和价值观不十分吻合，因此往往成为"舆论场"中的冗余信息，遑论好的传播效果。

美国人类学家爱德华·霍尔将世界的主要语言区域划分为高语境和低语境语言区域，其中汉语属于典型的高语境语言，英语属于典型的低语境语言。高语境语言追求委婉、含蓄，传达出去的信息需要听者或读者反复加以揣摩，篇章方面，往往将观点隐藏于尾部或中部某处；低语境语言则相反，追求简单、直白，生怕听者或读者不明白自己的意图，篇章结构方面，喜欢开门见山，在开篇处亮明观点。要想达到理想的沟通、传播效果，除了上述因素外，还要考虑对外传播的时机问题。

二、跨文化视角下对外传播黄河生态文明的时机问题

近些年，西方学界、政界、媒体长期唱衰中国，"中国崩溃论"盛行，然而，中国不仅没有崩溃，反而持续向好发展。2017年11月13日，美国《时代》周刊封面上用中英双语惊呼"中国赢了"。

中国为什么能赢？这是盘旋在世界许多国家政府和人民心中的一个未解心结。我国开展的各项中华人民共和国成立70周年庆祝活动，展示了中华人民共和国的军事、经济、社会、文化各领域的发展成果，更是激起了国际社会对我国的浓厚兴趣，世界更加希望了解中国。然而，长期以来，西方媒体对中国社会新闻的选题之一便是环境污染与破坏，其中之一便是黄河的负面新闻：水土流失、改道环境恶化等。事实上，经过几

十年的治理,黄河生态已发生了较大的改观。然而,检索一下我国对外宣传报道,对过去几十年我国的黄河治理成就、沿黄生态文明成就的探讨和报道并不多见,基本处于失语状态。习近平总书记考察黄河国家地质公园时,对黄河生态文明提出了高要求,我国正在谋划更高水平、更高层次的黄河生态文明建设方略。因此,现在开始对黄河生态文明成就进行国际传播恰逢其时;将来持续对外传播我国如何将曾经的"害河"治理成为一条沿河两岸经济、社会、环境协调发展的"福河",不仅有利于国际社会对我国的深入了解,更有利于发展中国家借鉴和参考我国的治水经验,有利于提升我国的软实力和世界影响力。

三、跨文化视角下对外传播黄河生态文明的议题设置与传播平台

当前和今后一段时间是我国向海外传播黄河生态文明建设的大好时机,然而,要产生理想的传播效果,还需要设置议题。2013年,联合国环境规划署理事会会议通过了推广中国生态文明理念的决定草案。2019年3月,在第四届联合国环境大会上,联合国人居署报告认为,中国治理污染河道的成功经验为其他发展中国家提供了范例。我国环境治理得到了世界权威机构的认可,这是一个好的开始。基于此,我们可以把更具典型意义的黄河由一条水土流失严重、生态严重失衡的河流治理成为一条多种生态和谐共生的河流呈献给联合国环境署,并积极推动该组织发起专题讨论黄河生态建设经验的论坛,邀请发展中国家的政府、学术界、企业界等人士参与讨论,并邀请我国媒体以及国外友好媒体进行深度报道。此类对外传播的方法,也同样适用于具有全球影响力的世界水论坛。《中国日报》、央视国际频道的水利类、环境类英文版期刊都可以借黄河生态文明建设上升为国家重大战略为契机,增设生态文明建设专栏或专刊,或拍摄纪录片,或刊载纪实文学作品等。[1]

四、跨文化视角下对外传播黄河生态文明的内容与叙事风格

由于世界各国对我国黄河生态文明建设的了解程度不同,各国河流

---

[1] 曹德春.跨文化视角下黄河生态文明建设与国际传播策略[J].新闻爱好者,2020(03):32-34.

所处的自然环境不同,流域内经济社会发展程度不同,对外传播黄河文明生态的内容不仅要与国内传播的内容有所不同,而且面对各语种国家区域传播,内容也应有所不同。为了达到更理想的传播效果,可以分语种进行传播。

(一)英文版本的内容与叙事风格

近两百年以来,英语是世界上政治、经济、科技、学术、新闻等几乎所有国际性行业的主导性语言,面向世界传播黄河生态文明,无疑首先要使用英语。英语版在内容方面,就应该全面介绍黄河的治理情况,但基于国外受众对黄河生态建设了解相对较少,英语版的对外宣传资料应比汉语版要粗线条一些,比如,上游的植被培育、水源涵养等情况,中游下游的人进沙退、盐碱地治理等情况,下游的湿地保护、经济作物与景观植物和谐共生等情况,都是国外受众希望了解的信息。对外宣传的形式不要采用政论片,而要采用纪录片,因为政论片由于受意识形态、政治立场等影响,不容易被国际受众所接受,甚至会引起其反感,而纪录片比较客观,容易被人接受。

纪录片的叙事风格要采用国际上通行的大主题、小视角的风格,比如:以纪实的手法拍摄兰考盐碱地治理中的几个典型家庭或个人的工作、生活变迁,并以此折射出盐碱地治理的宏大主题。兰考的泡桐种植以及它的固沙作用和经济价值,更值得拍摄和对外传播。在语言风格方面,要采用英语的低语境风格,简单、直白、朴实,少用华丽辞藻,多用数据说话。

(二)其他语种版本的内容与叙事风格

对其他语种的对外宣传,一方面是为提升我国的国际形象,另一方面也是为了给"一带一路"国家提供生态建设方面的借鉴参考。限于篇幅和知识结构的不足,本文仅探讨"一带一路"主要沿线国家中英语不太通用国家的语言版本:俄语国家、阿拉伯语、东南亚国家。

1. 俄语版本

俄罗斯、哈萨克斯坦、乌兹别克斯坦、塔吉克斯坦等十多个俄语国家流淌着乌拉尔河、伏尔加河等大中型河流,由于20世纪八九十年代苏联解体等政治动荡以及后来经济增长停滞或增长乏力,一些河流疏于治理,生态环境堪忧。我国黄河生态文明建设中寒带生态植被培育、经济作物培育,上、中、下游水资源调配与生态保护等内容,可能对该地区有一定的借鉴价值。我国黄河治理中不屈不挠的斗争精神、抗洪抢险的故事能够引起"战斗民族"的情感共鸣。

俄语本质上是低语境语言,与英语接近,叙事风格和语言风格借鉴英语的模板,简单、直白,让数据说话,效果会很不错。

2.阿拉伯语版本

北非、中非地区流淌着尼罗河,该河流域与黄河流域有些相似,穿越沙漠地区,生态环境相似,因此对该地区的传播内容,重点是水源涵养和沙漠化、水土流失、水污染治理。该地区的官方语言为阿拉伯语,阿拉伯语的语言风格更加高语境,强调以情动人,因此,使用的阿拉伯语要更多采用文学的、煽情的表达方式。同时,阿拉伯人喜欢神话故事,因此,黄河水患治理中的传说故事在中东地区会有较强的吸引力。

3.东南亚各语种版本

东南亚地区与我国接壤,湄公河贯穿这一地区,它源自我国境内的澜沧江。湄公河流经老挝、缅甸、泰国、柬埔寨和越南,然后入海。它虽然泥沙少,但是污染严重,水患严重,多次出现生态危机,又由于流经多个国家,治理难度很大。我国黄河生态文明建设,对该河流治理也许具有启示意义。对该地区的对外宣传方面,可以重点突出洪水防控、水资源调配、生态破坏与修复、粮食作物与经济作物互生共长等内容,宣传的形式最好是纪录片,可以采用泰语、缅甸语、柬埔寨语、越南语,这些语言都是高语境语言,与汉语差不多,遣词造句和篇章结构布局与汉语相近即可。

黄河曾是中华民族的心腹忧患,中华人民共和国成立70多年以来,不仅解决了决堤、改道、水土流失、盐碱地等刚性问题,生态文明建设也取得了可观成效。近期,习近平总书记考察黄河国家地质公园,提出要加强黄河生态文明建设和高质量发展,这是我国生态文明建设的重大部署。这些成就和战略部署都可以成为我国构建良好国际形象的重要因素。

第四节　文旅融合背景下黄河文化国际传播效果提升策略

保护、弘扬黄河文化,使之传承延续,是当下最迫切的要求,也是沿岸黄河子女的共同愿望。黄河文化建设,对完善现代化建设,维持黄河健康生态,建立和谐社会,促进人类文明等都具有非常重要的意义。因此,保护、传承、弘扬黄河文化已经上升至国家战略,这为黄河流域实现经济社会高质量协调发展提供了战略机遇。深入了解黄河文化的价值,发扬黄河文化精神,对我国经济社会发展,增强文化自信,具有非常重要的现实意义。

一、文旅融合背景下黄河文化传播存在的问题

(一)文化旅游资源的规划开发不合理

我国的黄河文化旅游资源非常丰富,但这些资源尚未得到充分利用,还存在一些开发不合理的问题。例如,小浪底风景区的旅游资源开发中出现产权不清、规划不当的问题。过度的资源开发,破坏了当地的生态,使得其商业化和人工化现象严重,消弭了原有的自然气息。

(二)基础设施建设的不完善

文化旅游中,基础设施的建设不仅仅包括传统意义上的交通、酒店等元素,而且还融入了一些现代科学技术的旅游信息基础设施。一些黄河文化旅游地区在基础设施建设方面还存在着交通不便、酒店服务不到位等诸多问题,特别是在一些经济落后地区,即使拥有丰富的文旅资源,但由于缺乏相应的配套基础设施,文化旅游的发展受到限制,经济发展动力不强。

(三)资金来源单一,发展资金不足

文化旅游以地区所具有的文化资源为基础,以历史文物景观和当地特色的文化活动的浏览参观服务为核心,涉及多个方面。文化旅游是一种密集型产业,其发展需要大量的经济投入,目前我国文旅资源建设的主要经济来源是政府投资,企业私人的资金投入较少,金融等其他资本

投资不充足,经济来源较为单一,政府能提供的资金支持与当地的文旅发展需求不成正比。

二、文旅融合背景下推进黄河文化旅游业发展的措施

(一)建设弘扬黄河文化需要承担历史责任和义务

黄河文化是中华民族优秀传统文化中的一个重要的分支。传承发展黄河文化是每一个中华儿女必须肩负的历史责任和义务。

"黄河文化是中华文明的重要组成部分,是中华民族的根和魂。"这是习近平总书记在黄河流域生态保护和高质量发展座谈会上,对黄河文化和炎黄文化的高度肯定。从对考古历史的发现、文献资料的记载、民间的传说来看,黄河文化主要形成于几千年之前的黄河流域。黄河流域被称为中华民族的主要诞生地。黄河流域物产丰富、温度适宜、草木丰盛,非常适宜人类生存,这是炎黄祖先们最早聚集生活的地方。祖先们在这里不仅创造了丰富的物质财富,同时也创造了大量精神财富。在随后的历史发展过程中,黄河文化作为一种主体文化,最终形成了以黄河文化为核心、多元一体的文化体系——中华文明。中华文明历史证明,黄河流域在中华民族形成过程中起到了关键性的凝聚作用,黄河文化是中华文明最重要的根系。

由此可见,黄河地区的文化建设具有非常重要和深远的意义。重视和推进黄河文化建设是每一个中华儿女的责任和义务,必须充分发挥黄河文化的建设性作用,探索治理黄河的新思路,为黄河的发展创造新思路,努力开创黄河开发治理的新局面。

(二)深入挖掘黄河文化旅游内涵

随着物质生活水平的提高,人们对精神文化生活的需求也日益增长。越来越多的旅游者在游览过程中更注重对文化底蕴的探究,因此,在当地文旅资源的建设中,文化输出也成为提升当地经济和文旅知名度的重要依仗。

旅游不仅是为了放松身心和增长见识,在旅游中了解传统文化,提升自身的文化内涵也是非常重要的。目前,通过旅游活动进行文化输出的文旅产业呈现出积极的趋势和充足的活力。世界旅游发展的大方向以

及旅游业发展中的成功经验都将文旅融合发展作为一条建设主线。改革开放至今,黄河流域的经济得到快速发展。从发展历程来看,黄河文化发展的源头,代表了华夏文明的发展源头;黄河文化发展的高潮,也代表着华夏文明的发展高潮;黄河文化的复兴,也代表着中华民族伟大中国梦的复兴。长安大学暑期实践队来到陕西省渭南韩城市和大荔县,开展了以"挖掘黄河文化内涵,讲好黄河文化故事"为主题的社会实践活动。团队通过走访调研与问卷发放,实地考察了黄河沿岸城市文化故事和风土人情,搜集了黄河文化背后的故事,梳理了黄河文化的形成、发展与传承脉络,积累了丰富的素材。

黄河文化不仅是中华文明的重要组成,更是中华民族的起源和依托。见微知著,酌古准今。而今透过黄河沿岸城市风土人情这层薄纱,可以管窥波澜壮阔的黄河文化,通过对黄河文化中的精神价值和时代价值的挖掘,可以更好地弘扬黄河文化,延续中华优秀历史文化,从而坚定文化自信,使中华民族伟大复兴的中国梦得到基础的精神力量支持。

(三)把握黄河文化与中华文明的关系

黄河沿岸是中华文明的发祥地,华夏儿女的先祖大多数是从黄河流域逐渐迁移到祖国各地乃至世界各地,中华文化也是随着中华儿女的迁移发散到华夏大地及世界各地,华夏子孙都能在黄河流域寻到根,并把黄河称为"中华民族的母亲河"。黄河是孕育华夏儿女成长的母亲,中华文明的发祥地。在黄河的中游区域,存在着以陕西西安为核心的关中文化,以河南洛阳为核心的中原文化。

中国最早的新石器文明就存在于黄河流域,如在黄河支流渭河流域出现的蓝田文明和半坡文明,在山东半岛出现的龙山文明等。黄河流域可以出现这么多文明,是由黄河流域优渥的气候特征和水土条件决定的。黄河流域跨越度非常大,幅员非常辽阔。而黄河流域地处中纬度地带,气候舒适、光照非常充足,这也就为当时黄河流域文明的发展奠定了坚实的物质基础。黄河流域土地肥沃、物产丰富、交通便利、战略地位非常重要,因此,在历朝历代都得到了统治者的关注和重视,从而使得黄河流域在中国发展史中成为很多朝代的政治、经济、文化中心。保护传承黄河文化,要把握好与中华文明的关系,并以此为基础教学统筹规划。

(四)提升黄河文化旅游高度

历史文化资源是一块金字招牌。黄河文化作为一种历史文化,应该打造黄河旅游的文化品牌,以迅速扩大其在国内外市场的知名度和吸引力。以黄河文化提升旅游品位,要加强对黄河文化资源的创新性利用和多样化开发,培育壮大文化观光、文化展演、文化体验、文化物产、文化创意、民俗游艺等产业,使其成为具有全国优势地位的重点产业。

黄河文化具有丰富多彩的文化事象,也必定有纷繁复杂的文化称谓。一方面,要沿袭、保留、再现一些黄河文化事象的称谓,彰显其历史价值和文化内涵,如黄河渡口、黄河埽工、黄河号子等。另一方面,要结合时尚元素、流行话语、审美需求等,将一些文化资源的原有称谓进行创意修改,形成文化作品和文化产品的新称谓,如反映黄河文化的漫画作品、演艺作品、短视频作品、文创商品的新称谓等。[①]

要加强对黄河文化资源的高端化和精细化开发,把文化优势转化为产业优势,让黄河文化看得见、摸得着。要通过"强点—组团—串线—连带",形成乐谱式的文化产业布局。要加强对黄河文化资源的个性化开发、国际化改造,形成具有国际影响力的文化地标。要加大对具有链式联系或集聚特征的黄河文化资源的多源梳理、空间整合,通过空间串联和区域联动,构建特色文化组团或文化产业集群。

(五)发展黄河流域文化旅游产业链

为更好地传播黄河旅游文化,对黄河文化的大力培育以及对黄河流域旅游业的发展,要根据我国旅游资源的特点,突出黄河文化的优势,做好中国国家公园重点项目的规划、开发、建设、管理和开发。要突出产品特色,建设具备自身优势的文化产业。

要加强对黄河文化资源的创新性利用和多样化开发,培育壮大文化观光、文化展演、文化体验、文化物产、文化创意、民俗游艺等产业,使其成为具有全国优势地位的重点产业。在文化观光旅游方面,加强文化产业与其他产业的深度融合,开发新的旅游主题、项目和线路,提供个性化、多样化的消费方式,满足年轻消费者和中高端消费者的消费期待。

---

① 贾文山,石俊.黄河文明的理论思考与战略构想[J].西北大学学报(哲学社会科学版),2022,52(01):57-66.

在文化展示与演出方面,加强非物质文化与时尚文化、现代元素、民俗文化的结合,打造高水平实景和剧场演艺产品。在文化体验方面,依托名镇、名村、非物质文化遗产、传统名品工艺等资源,还原原生态的生产生活方式,向消费者提供真实真切的生活体验和文化享受。在文化物产方面,注重传统文化与现代表达的强强结合,提高传统优势文化产品的科技含量和现代时尚韵味,加强对非物质文化遗产的研究与开发利用,结合史实或文献传说,提取有重大文化价值的资源进行创意设计和产品开发。

(六)坚持可持续发展和依法治旅原则

建立健全的旅游法律法规是旅游资源开发与旅游产业建立并良性发展的法治前提和保障。加快旅游法律法规的建设,可以为旅游市场的市场规范以及行业秩序提供一个切实的规则依据,进一步规范我国旅游行业的发展方向。许多旅游业较为完善和发达的国家,旅游法律已经比较完善,旅游行业的法律法规已经成为国家法律体系的重要组成部分。

我国虽然已经建立基本的较为完整的法律框架体系,但是从部门法的角度看,我国的旅游法律还存在着滞后性和不完善性的特点。而这种空白给我国旅游业的发展带来了许多不利影响,甚至出现了部分个体为了赚钱,在开发旅游资源的过程中对环境造成破坏,扰乱旅游经营市场秩序,侵害游客的合法权益,使我国旅游业的可持续发展和旅游大环境的建立面临严峻的挑战。

旅游文化的发展必须坚持可持续发展的原则。保护环境,保护生态,走可持续发展之路,是世界各国的共同任务。从保护生态环境和坚持可持续发展的原则出发,旅游业对自然环境和人文环境的依赖程度高于其他任何产业,保护生态环境就是保护旅游业本身。同时,必须坚持依法治旅的原则。依法治国是党领导人民治理国家的基本方式,依法治旅也是管理和治理旅游业的基本方略,是促进我国旅游业健康发展的根本保证。

第四章　黄河文化外译研究

第一节　文化自信视阈下的黄河文化译介与对外传播

随着全球化进程的不断推进,各国的综合国力竞争逐渐演变为文化领域的竞争,在西方文化渗透日益严重的背景下,必须大力弘扬中华传统文化,增强其影响力,坚定国人的文化自觉、文化自信。黄河文化作为中华民族的代表性文化之一,应进行广泛的对外传播,实现文化的繁荣复兴。本文基于文化自信视角对黄河文化的时代价值进行深入阐述,使人们认识到黄河文化的重要性,并通过其文化传播现状梳理出目前存在的主要问题,经过深入的探析,提出相应的优化策略,为黄河文化的弘扬及传播提供理论支撑。

一、文化自信视阈下黄河文化的时代价值

(一)黄河文化是凝聚中华民族的力量源泉

文化是一个民族的灵魂,孕育着民族的生命力、凝聚力和创造力。作为中华民族的母亲河,黄河流域历经几千年的发展形成具有深厚底蕴的黄河文化,这是无数劳动人民辛勤耕耘的智慧结晶,是宝贵的精神文化遗产。历史上,人们治理黄河流域自然灾害时可利用的工具不多,所处的环境十分恶劣,但正因为这样的历史条件使得黄河儿女形成团结协作、攻坚克难、顽强拼搏的良好精神品质,最终在他们的共同抗争下取得了治理黄河的胜利。这些可贵的精神经过代代流传已经演变成中华民族的精神风貌,每当面临巨大的困难时,黄河精神就会成为激励人们不断向前的动力,给予人们无限的勇气和力量。

(二)黄河文化是弘扬中华文明的重要载体

面对灿若星河的世界精神文明宝库,许多熠熠生辉的人类文明照亮

我们的道路并指引我们前进,很多古老文明在时间长河的冲刷下逐渐中断或者消逝,只有少数文明流传至今,屹立不倒。黄河文明作为中华文明的代表性文化,历经数千年,仍然焕发出强大的生机与活力。在黄河文化形成初期,黄河流域存在一些少数民族的文化脉络,零散分布在各个区域,这些文化受到黄河文化的熏陶和感染,逐渐被其同化并成为其重要组成部分。正是黄河文化这种强大的能量使得中华文明不断发展壮大,形成繁茂的文化根脉。黄河文化是在不同的文化碰撞中逐步形成的,其将草原文化、游牧文化、中原文化融为一体,体现出强大的包容性。无论处于怎样的危急时刻,黄河文化始终绵延不断,经久不衰。

(三)黄河文化是构建人类命运共同体的历史基础

人类命运共同体的提出,表明中国人民凝聚世界各国的思想智慧,彰显出中国的大国风范。这不仅是中国时代智慧的体现,更是中华传统文化中蕴含的宝贵文化基因。在封建社会时期,黄河文化凭借其优越的地理位置、优良的气候环境在经济社会发展中占据重要的地位,成为中华文化的核心发展地区。汉朝时期,张骞出使西域各国,开辟了中华民族大型对外贸易通道——丝绸之路;到了唐朝,经济文化高度繁荣,中华民族借助丝绸之路加强与其他国家的交流往来,吸收各个民族、地区的文化精髓,唐朝文化对世界文化产生了深远影响。这条贸易通道的主要途经地就是黄河流域,直到今天,它仍对国际经济文化交流发挥着重要的作用。

二、文化自信视域下黄河文化译介和对外传播面临的困境

(一)少数人文化认知模糊,对外传播理念出现偏差

在黄河文化译介与对外传播中,由于认知理念不清晰,缺乏对黄河文化的深入挖掘和理性看待,使得传播的整体方向和目标出现较大偏差。随着对外开放力度的不断加大,文化交流融合、文化多元化发展得到国家的大力倡导,但是在网络技术高度发展和西方文化的影响下,部分人对主流民族文化的重视程度不足,尤其是对以黄河文化为代表的民族文化认识不足。受此影响,部分民众对黄河文化产生错误认知,一味尊崇西方文化,降低了黄河文化传播效果,也是对黄河文化内在底蕴的一种

消耗。

(二)运作模式单一,文化现代性的诠释不足

文化传承与弘扬是一个守正创新、推陈出新的过程,既需要保留文化内涵,凸显文化底蕴,又必须结合时代背景进行创造性转化,赋予其新的时代价值。然而,黄河文化的译介和对外传播只是借助特定的传播渠道将固有的文化内容全盘对外输出,不经过任何修饰与改造,内容与载体的适配度较低,文化传统与现实的文化形态未进行良好结合。尽管媒体技术的广泛应用催生出多样化的传播渠道,但是并不代表传播内容可以同质化或者生搬硬套。另外,传播内容的挖掘出现碎片化解读的现象。黄河文化是一个具有内在构造与发展逻辑的完整文化体系,而不是多种文化元素的集合。但是,当前的黄河文化译介多针对某一部分进行诠释和解读,文化语境的丧失导致原有的文化内涵出现偏差,受众无法对其形成系统性认知,文化传播效果大打折扣。[1]

(三)传播机制有待健全,传播形式应多样化

文化对外传播是一项系统性的长期工程,涉及方方面面,只有形成一套完善清晰的文化传播机制,保证内部运行的协调一致,才能真正提升文化传播的效率与质量。当前黄河文化对外传播相关的配套机制有待健全,文化传播缺乏足够的人力、物力资源,传播的内生动力不足,文化传播存在矛盾与冲突。文化传播内在矛盾集中体现在黄河文化的特殊性与普遍性矛盾上。从外部来看,黄河文化是一个有机整体,在传播过程中需要保持传播理念和内在资源之间的一致性;从内部来看,黄河流域的不同区域文化作为黄河文化的重要组成部分,各具特色,在传播时必须根据不同的特点采取多样化的传播形式。

三、文化自信视域下黄河文化对外传播的优化路径

(一)转变思维模式,建立科学传播理念

第一,必须转变传统的思维理念,树立正确的认知。民众要认识到黄河文化对中华民族的重要性,从宏观角度看待黄河文化的对外传播,这

---

[1]姜国峰.保护传承弘扬黄河文化的价值、困境与路径[J].哈尔滨工业大学学报(社会科学版),2022,24(04):119-123.

不仅关系到中华文明的发扬光大,更关系到中华民族的文化自信以及文化强国的建立,已经上升到国家战略高度。为此,必须充分重视黄河文化的对外传播,从区域与整体、内部与外部、个人与国家等多个维度来开展文化对外传播工作。第二,增强保护意识,对黄河流域的文化遗产进行重点保护。不论是物质性还是非物质性遗产,都需要进行系统性梳理,提前预防与监控其中可能存在的风险,树立法治思维,确保黄河文化资源的永续传承。

(二)深挖文化内涵,增强现代化价值

第一,深入研究黄河文化的主要内容。对黄河文化中的优质文化进行传承,再结合传播渠道、形式等进行创新转化。例如,通过新颖的形式来传播黄河故事,对其中蕴含的黄河精神与优秀品德进行深入挖掘,借助媒体渠道提升传播效果;开发相关文创产品,用文化创意激发黄河文化的现代化活力。第二,采取多样化传播方式。考虑到当前大众多样化的文化需求,可以采取分层传播方式,也就是将受众分层,针对各个层面受众采取个性化的传播手段提升文化传播的精准性。例如,针对渴望深入探究黄河文化的人群,可以加大黄河文化知识、商业价值等内容的传播力度;针对普通大众,可以通过文化表演、动漫、视频等创意形式传播黄河文化,提升黄河文化的吸引力。

(三)建立传播体系,提升文化传播格局

第一,为促进黄河文化的有序传播,必须在制度层面出台相关政策文件,为黄河文化传播提供坚实的保障。将不同地域的文化传播规范和指导意见列入其中,注重区域文化与黄河文化整体,加强区域间文化的交流协作,共同推进黄河文化的对外传播。在制度的具体落地上,各地应以中央的指导性文件为根本,结合当地具体情况制定系统的实施计划。第二,黄河文化传播必须引进专业的团队和人才,增强文化传播的专业性与科学性。在文化译介过程中,只有具备深厚的文化功底和足够的知识储备,才能够找到真正有效的传播内容,挖掘内在的文化底蕴。为此,可以通过政策优惠、设立专项基金等形式吸引黄河文化相关专家、学者加入文化传播研究队伍中。

第二节　传播学视角下文化品牌的外宣翻译及媒体融合路径研究
——以黄河三角洲地方文化品牌外宣为例

地方文化品牌的对外翻译和传播不仅是"中国文化走出去"的重要力量,也是联结中国文化与世界其他国家和地区文化的纽带。黄河三角洲地区拥有丰富和深厚的黄河流域文化资源,通过各级媒体的宣传和山东省文博会的召开,具有地域文化特色的"柳编""布老虎""海瓷"等物质文化品牌和"吕剧""沾化渔鼓戏""孙子兵法"等精神文化品牌受到了省内外的广泛关注和好评。然而,目前黄河三角洲文化资源和品牌的外宣效果与黄河文化资源自身的内涵与厚度相比仍然有很大的差距。

一、黄河三角洲文化品牌外宣翻译现状

最近十多年间中国文化外译研究成果不断涌现。但是,研究关注的重点都是全国性的文化现象和作品,对于独具地方色彩的文化如何外译,关注得并不多。黄河三角洲地区由于经济发展水平的制约,地方特色的文化现象和品牌的外译没有得到应有的重视,区域性文化品牌、文化标志的外宣翻译质量和与新媒体的融合传播中还存在不少问题。

（一）译介内容和质量有待提升

通过相关调查发现,目前黄河三角洲区域文化品牌和地方文化资源对外宣传途径单一,宣传册和文化产品资料翻译的质量参差不齐,尤其是外译中还存在着较多的错译、误译和漏译问题,在很大程度上影响了区域文化资源对外传播的效果。

第一,地方文化品牌译介存在内容缺损、失误、组织不当等问题。对外译介属于外宣领域,但实际翻译和宣传工作中,外宣在形式和内容上与内宣并无差别。以英译为例,通过对部分地方网站上文化品牌和文化博览会展品的英语译介进行分析,从目标语受众角度看,文化品牌外译文本内容往往空洞、虚化和夸张,并不符合外译受众的群体需求。企业和文化宣传部门往往重视内宣,而对品牌的外宣目标受众的群体定位和

受众需求没有进行关注,外宣翻译文本从内容、结构和语言照搬内宣,没有清晰的受众层次的文化内容,从而使对外传播有效性大打折扣,没有达到应有的文化交流效果和品牌宣传效应。

第二,译介语言失误较多,语言表达不够规范。语言准确是译介效果得以保障的基本条件。许多文化宣传部门和企业对译本语言的规范性缺乏了解和关注,在文化品牌对外宣传的地方英文网页和展览板上存在不少语言失误,出现了很多硬译死译和错译现象,很多文化品牌的英译属于网上机器翻译内容,没有进行语言把关,语法、修辞、语句表达不够规范和准确等问题层出不穷,不仅增加了跨文化传播中的人为障碍,而且干扰了海外受众对文化信息的理解。例如,在国家级非物质文化遗产黄河三角洲知名文化品牌"渔鼓戏"的译介中,就直接把"渔鼓戏"译为"Fishdrum Opera",不但令人费解,而且还使人对这一地方戏曲形式造成误会。

(二)外宣与新媒体的融合度有限

从长远来看,地方文化的对外传播是由"内宣"逐渐向"外宣"延伸的动态过程,但地方文化品牌和现象的外宣媒介较为单一,主要依靠传统的纸质媒介或展板进行报道和宣传。近年来,虽然省级和地方政府加大了地方文化网络宣传的力度,但是在外宣内容选择和外宣媒体融合等方面仍然存在很大的局限性。当前信息科技高速发展和移动终端技术及自媒体高度普及,但是这些更具有普适性的新媒介手段还没有被充分利用起来,从而导致地方特色文化的传播效果并不明显。因此,如何跨越国际文化间交流的障碍,全面、准确地推介地方特色的文化品牌和丰厚的地域文化,已经成为一个重要研究课题。

二、传播学视角下地方文化品牌译介原则

从传播学视角看,作为一种跨文化的信息交流与交换活动,翻译可以被看成是传播学的一个特殊领域。针对我国外宣翻译的特点,黄友义曾提出"外宣三贴近原则"。这些原则同样也适用于地方文化品牌的外译。地方文化品牌的旅游功能日益突出,逐渐成为展示城市独特历史文化、提升城市文化旅游吸引力的重要载体,因此,地方文化品牌的对外译介和传播兼具文化国际交流和品牌营销的双重功能,与一般文体翻译有较

大的差异。因此,笔者结合外宣文献研究和翻译实践,提出以下地方文化品牌译介传播需要遵循的两个主要原则:受众需求和接受度导向原则和异化与同化翻译动态把控原则。[1]

(一)受众需求和接受度导向原则

从传播学的角度看,传受双方的信息符号系统尽量一致才能使传播活动取得良好的传播效果,一致性程度越高,传播的信息接受度才越高。对外传播是以其他国家受众为传播对象的一种跨越地域、民族、文化的信息交流。对地方文化品牌的外译不仅要追求文化品牌带来的旅游经济利益,而且要重视文化交流等社会效益。外宣和内宣的不同在于信息交流与沟通双方具有诸多差异性,如文化差异、语言差异、民族风俗差异、接受方式差异等。对外翻译是对外传播的关键,都有特定的目标受众,翻译活动应当调查和明确外译受众的需要和语言文化层次及接受程度,做到有的放矢。由于译语受众对异质文化的认知和接受层面及接受程度直接影响传播效果,地方文化对外宣受众来说也更具有在文化认知和理解上的难度,因此,外宣译介中"译者"坚持的原则对传播效果的达成可谓举足轻重。译者首先要坚持以受众为导向,处理因语言、文化差异等产生的理解问题,以确保传播渠道通畅。地方文化外译也要充分认识传播媒介的功能定位以及受众对传播效果的影响。比如,在信息和数字时代,互联网的传播优势明显,对地方文化外宣网站页面布局的调整、互动式内容的加入,会给不同层面的受众带来不同的认识。无论传统媒介还是新媒介,它们所呈现的信息都需要准确而生动,贴合受众的需求。因此,传播受众群体需求研究和传播效果研究为地方文化外译实践提供有效反馈,外译过程随反馈而调节,进而实现受众接受度的提高和传播效果的优化。

(二)异化与同化翻译动态把控原则

因为语言是文化的载体,地方文化的传播离不开文化的外译,对文化或文化负载词的翻译,国内外学者和翻译研究者提出了各自的主张。奈达以他的"动态功能对等"理论为基础提出了归化翻译。采用归化翻译

---

[1]高煜唱,杨盛翔.立足河洛地区探析黄河文化的创新传播[J].新闻爱好者,2022(06):68-70.

时,译文应为读者着想,尽量适应并照顾目的语的文化习惯,放弃译入语中不存在的源语文化形象或者语言形式,替读者扫除文化认知上的障碍。纽马克也曾指出对文化负载词进行直译很可能会导致目标读者的理解困难,采用归化翻译通常会更容易被目标读者所接受。但也有不少学者和翻译家对此持反对意见。早在1935年,鲁迅就提出对国外作品的翻译应以异化翻译为主,尽量将源语文本中所描述的情景真实地展现给译作读者,异化翻译在他的很多翻译作品中均有体现。韦努蒂也在他的《译者的隐身》一书中批判了归化翻译,认为异化翻译能保留原文语言和文化特征,还可以有效地帮助目标读者建立起源语的文化意象,使译文读者能欣赏原文的异域美。尽管翻译研究领域一直存在归化和异化之争,但笔者认为,地方文化中存在较多译文读者不熟悉的文化现象,应采用归化翻译为主,把译入语读者难以理解和容易误解的文化内容转化为译文读者熟悉、和原文对等的译入语中的文化现象;对地方文化中国外受众已经较为熟悉的内容可以采用异化翻译,保留源语中特有的文化形象或者语言形式以达到中国文化外宣传播的目标。

可见,地方文化品牌的译介并非单纯进行语言对等,需要根据受众主体的接受度和理解度,对译介内容的异化翻译和同化翻译做动态性把控,才能实现传播效果的最大化。

三、文化品牌外宣翻译及其媒体融合传播的路径选择

在国际经济和文化交流越来越密切的时代,地方文化品牌作为中国文化"软实力"和地方旅游文化经济的载体,应当被国外更多的民众所熟悉和了解。本文针对黄河三角洲文化品牌译介内容不当、新媒介优势发挥不足问题提出了以下外宣翻译传播的实施路径。

(一)以外宣受众为导向,进行适应性选择翻译

作为一个文明古国,黄河流域文化源远流长。但蕴含着许多民族传统文化的地方品牌和现象,虽在当地妇孺皆知,但在翻译成英文时,就需要译者根据外宣受众的需求和接受度对译本做出适应性选择翻译,以帮助外宣受众更好地理解和接受译文,从而达到理解和传播的效果。

(二)保持中华文化自信,实现异化翻译与归化翻译的动态把控

为了实现中华文化外译和对外传播的目的,译者除了在语言结构上对译文做出"适应性选择",使译文语言结构上更符合译文受众的理解和表达习惯外,还应该保持中华文化的自信心,在中华特色文化品牌的翻译上应该采取更为灵活的策略。随着"中国文化走出去"倡议的大力实施,具有中华传统文化特色的文化品牌准确翻译在地方文化的对外传播方面起到了举足轻重的作用。如果译者一味迁就译文接受者的文化背景和文化意象,就会导致中华传统文化意象的缺省,造成对中国文化的曲解或误解。

随着中国文化软实力在全球逐渐增强,中国传统文化在世界范围内得到了更为广泛的传播,也得到世界各地人民的接纳和喜爱。因此,地方文化外宣翻译应当做到信息与文化内容传递并重,跳出地方文化品牌的"商品"定位局限,译者在翻译具有中国文化特色的地方文化品牌时,应保持中华文化自信,能灵活而动态地采用"归化"和"异化"翻译策略,努力把中国文化原汁原味地传播出去。

(三)文化外宣与新媒体相融合,拓宽文化对外传播路径

在完成了地方文化外译的"文本转换"之后,如何才能借助媒体传播实现"译本存活"?广播、电视报刊、文博会等传统宣传媒介也发挥过重要作用,但面对新一代外宣受众,探索与新媒体相融合,构建一个传统与现代、现实与虚拟相结合的立体传播体系是我国优秀地方文化的传承发展需要解决的重要问题之一。

第一,与知名旅游网站合作,建立精准旅游外宣传播渠道,特别是文化旅游不但能带动地方经济的发展,同时也是地方文化输出的重要渠道。为了提高旅游质量和降低旅行风险,世界各地的旅游者往往会更多地依赖互联网上的知名旅游网站获取旅游目的地的相关资讯。知名旅游网站不但提供旅游景点的门票、住宿和餐饮等预订服务,而且也会对当地文化资源进行一定的推介。黄河流域文化源远流长,地方文化品牌更是绚丽多彩,但是地方文化宣传部门往往忽视了与知名旅游网站进行深度合作的重要性,使国外游客丧失了一个重要的地方文化信息来源渠道。旅游文化资源中除了自然景色、景区景点,当地的民风民俗、

文化产品也是地方文化的重要文化符号和旅游资源。地方宣传部门应该积极与旅游网站合作，利用知名旅游网站这一重要外宣窗口和宣传渠道，积极拓展网站宣传功能，使地方文化品牌成为文化旅游的金字招牌。

第二，建立虚拟电子博物馆，多模态助力地方文化品牌的传播。相比于投资巨大的实体博物馆，虚拟电子博物馆有着无法比拟的优势。虚拟电子博物馆利用三维VR（Virtual Reality）技术能够实景展现地方文化特色。将地方文化品牌整合成数字化数据库，在虚拟场景中利用视频、音频、图片等多模态的综合展示技术，使网络用户可以随时随地自由出入虚拟电子博物馆，对地方文化产生身临其境的感受。虚拟电子博物馆还能实现强大的互动功能，提升受众的参与热情。黄河流域地方文化品牌中蕴含许多传统工艺和操作技艺，例如，在展示布老虎的制作技艺和黄河黑陶的制作工艺时，电子博物馆的参观者可以模拟动手制作布老虎和黑陶，也可以根据工艺流程进行实际操作，大大提高了参观者的参与性，使地方文化品牌不再是一个个单调的文化符号，而成了有生命力和延续性的文化产品。

第三，打造以移动网络终端为主的立体化传播体系地方文化传播的受众，可以是希望学习了解异域文化的普通受众，也可以是地方文化产品的经销者、爱好者和研究人员。依据传播效果理论，外宣应当扩大与新媒介的融合度，以受众为导向，结合APP、流媒体平台和社交媒体等新媒介传播优势，建立大众传播媒介、社交传播媒介和应用程序传播媒介等多层次、宽领域的立体化地方文化传播体系，拓宽以文本图像、音频等为内容的与新媒体融合的全媒体传播路径。地方文化域外传播已经进入数字传播时代，其中抖音、微博已成为海内外受众感知、接受中国文化以及地方文化的重要渠道。微传播带有很强的互动性，传播的内容呈现出即时性、简短性和碎片化特征，适合于海内外文化受众的"快餐式"和"碎片式"阅读习惯。因此，今后要进一步加大对外传播的平台和载体建设，更好地利用各类新媒介，加强数字化新媒体外宣平台的建设，扩大地方文化品牌的传播影响范围，提升地方文化的影响力。

总之，地方文化与中国文化是部分与整体的关系，从长远来看，中国文化形象要更丰满，更真实，更有吸引力，就必须发掘外译丰富的地方文化现象和作品。我们有必要积极探讨地方文化,从而形成中国文化外译和对外传播的立体图卷。只有通过建设一支高素质的外宣队伍,提高翻译质量和创新媒体融合传播,才能更好地讲好"中国故事",使博大精深的中华文化和地方文化在全球语言文化生态系统中立于不败之地。

第三节 淮河流域历史文化对外传播及外译策略

文化、经济与政治三者之间一直是社会发展的关键要素,相互促进,且密不可分。经过40余年的改革开放,我国的国际竞争力得到了大幅度的提高,特别是我国的经济实力已经位于世界前列。虽然经济发展为人民群众提供了物质生活保障,但也需要通过文化发展来丰富人民群众的精神生活。中共十八大强调了提升文化竞争力与整体实力的重要性,民族振兴、国家富强是其主要标志,不断提高国家文化软实力,全面发展社会主义精神文明,建设面向大众、社会、现代化以及世界的社会主义文化。所以,对外传播我国优秀的历史文化是非常有必要的,只有在与西方文化保持相互交流的过程中,才能不断加强我国自身的国际影响力。

一、淮河流域的历史文化

(一)淮河流域地理特征和生存环境

淮河流域的发源地与长江、黄河的发源地青藏高原有所不同,桐柏山面积大并且较高,有充足的水源以及大量的积雪。淮河流域的南面是大别山系,西面是伏牛山系,但我国的地貌特征是北高南低、西高东低,所以,淮河流域就覆盖了伏牛山以东、大别山以北、黄河中下游以南的地区。淮河流域是山地与平原并存,但多数以平原为主。淮河流域的主要支流都在黄河中下游以南的黄淮平原。黄淮平原的形成是由于淮河干支流的洗濯滋养及黄河的泛滥冲刷淤积,正因如此,地形地貌也较为一致。这里阡陌纵横、土地肥沃、交通便利,适合种植稻谷类的植物,并且有助于各种经营和生产的开展。与黄淮平原相比,淮河上游和以南区域是大别山和桐柏山,多为沟壑和山脉峰岭,有着十分显著的区别,在种植物上也由于地理特征产生了较大的区别,该地区更加适合养殖水产品。

(二)淮河流域生民的生产方式和生活方式

淮河流域的生产方式及农业耕作由于气候条件与地理地貌造成与长江流域、黄河流域有着明显的区别。从原始社会到后来的传统农业文明,淮河流域的农业种植既包括水田耕作,也包括旱地作物;既包括山地种植特色,也包括平原耕作方式;还包括长江流域、黄河流域以及河塘水域的生产方式,充分体现出黄河文明向长江文明过渡的阶段。由于多元化的生民来源也造成淮河流域人民群众生活方式及生产方式的多样化。此外,由于淮河水系的庞大,降雨量十分充沛,淮河流域的生活方式与生产方式还体现出与水密不可分的情况,所以,淮河流域的历史文化具有一定的"水文化"性质。通过近些年考古,淮河流域历史文化的本来面目开始被逐渐揭晓。通过分析淮河中下游的文化遗址,得知了当时淮河流域的生存方式和生存特色,形成了浓郁的当地土著特色,成为淮河流域历史文化中不可或缺的重要组成部分。

二、淮河流域历史文化的对外传播

一个流域的文化影响力,一方面来自其具有魅力与特色的内容,另一方面来自是否具备强大的传播能力与有效的传播途径。历史文化的对外传播应是政府和政府中的机构来引导进行国家之间的文化合作与交流。不断强化淮河流域在国际上的影响力,提高淮河流域在国际上的美誉度及知名度,促使淮河流域的历史文化走出国门,向世界展现淮河流域的特色与魅力,就必须加强淮河流域历史文化对外传播的工作。近些年,各省委、省政府对外宣工作十分重视,并且付出了一定的努力。淮河流域历史文化在国际上的知名度逐渐提高,在世界上树立了独具魅力的淮河流域文化形象,同时也向文化强流域的目标不断前进。

第一,处于淮河流域中的各省都举办了频繁的对外文化交流活动,并运用多样化的文化传播途径。各省都以文化为载体、以对外为空间、以交流为手段,通过社会科学、艺术、文化、科学、卫生、教育、旅游、出版、新闻、体育等领域的交流活动,有效地扩大了各省的对外文化交流。重点构建知名的主打品牌,并且在各个国家举行淮河流域历史文化周,大量地展示民间艺术、图片展览等,将淮河流域的文化资源魅力更好地展现给世界各国人民,淮河流域的历史文化获得了许多海外观众的喜爱和赞赏。第二,处于淮河流域的各省的外宣品制作水平及设计都在不断加强,并且种类别致新颖、丰富多样,是淮河流域历史文化对外传播的一大亮点。外宣品主要是以光盘、影视片、画册以及图书等形式为主,大量各领域、各行业、各种对外交流的外事交往及外事出访等活动,在淮河流域历史文化对外传播中占有越来越重要的地位。外宣品能真实地展现淮河流域历史文化的悠久、自然景观的优美,充分激发国外对其的关注和兴趣,同时,还能最大化地展现淮河流域历史文化的特色与魅力,促进对外宣传的工作,成为对外传播淮河流域历史文化的重要途径。[①]

经过长时间的努力,淮河流域历史文化的对外传播已经取得了较好的成绩,但是在传播效果上依旧存在一定的问题,不足之处还较为明显。所以,需要通过加强外译工作质量与效率来有效提高淮河流域历史文化对外传播的成果。

三、淮河流域历史文化的外译策略

加大淮河流域历史文化的国际影响力,必须构建行之有效、覆盖广泛及传输快捷的对外传播文化体系。淮河流域历史文化的外译主要目的在于通过语言转换促使淮河流域历史文化走入异域,让他国人民感受并接触到淮河流域历史文化的独特风采和深厚内涵。外译工作对于淮河流域历史文化的对外传播有着十分重要的作用。淮河流域中的安徽省、江苏省、湖北省以及河南省必须将淮河流域历史文化的对外传播工作作为重中之重来对待。淮河流域历史文化的外译是符合构建文化强流域的大背景,以及对外传播文化的有效途径。淮河流域历史文化的外译无疑能推进淮河流域历史文化与世界文化的交流、互动以及共同发展。淮河流域历史文化以其浓厚内涵及独特色彩成为中华文化中的伟大瑰宝之一,同时也构成了世界文化多样性、多元化不可缺少的要素。翻译属于跨文化的交流活动,对于文化繁荣与构建具有无法取代的积极作用。淮河流域历史文化的翻译不仅能宣传各省的特色文化,增加淮河流域的知名度和影响力,还能让外国人更加了解、探究、欣赏淮河流域的历史文

---

① 张文博,刘禹尧.文化资本视角下黄河文化传承与发展路径探析[J].河南科技大学学报(社会科学版),2022,40(03):98-104.

化,有效促进淮河流域历史文化宣传的深度和广度。

根据淮河流域历史文化的对外传播以及外译工作需要,可采取以下措施。第一,淮河流域历史文化的外译活动需要以专业理论作为指导,同时由专家学者积极研究和探讨。现阶段,对于淮河流域历史文化外译的研究和实践依旧较少,根据已有的研究结果,可以看出关于淮河流域历史文化翻译活动的研究较为零散,并没有构建一定的体系。第二,注重培养我国中译外人才队伍,提升队伍的综合素养,解决淮河流域历史文化外译人才稀缺的主要问题。近些年,处于淮河流域各省的高校都相继开设了翻译专业的硕士教育,并且将淮河流域历史文化的外译课程引入其中,进一步为淮河流域历史文化外译人才培养打下坚实的人才基础。第三,为了更好地将博大精深的淮河流域历史文化传出国门,政府力量是必不可少的,相关部门应在资金以及法律方面给予大力支持,帮助对外传播以及外译工作的开展。与此同时,从提高文化软实力的角度出发,不断推进和关注淮河流域历史文化的对外翻译工作,进一步强化国内外的合作与交流,有效提升淮河流域历史文化对外传播与外译工作的国际化。

淮河流域历史文化的对外传播对于扩展淮河流域在国际上的影响,促使淮河流域历史文化走出国门,向世界展现淮河流域独特的魅力,具有深远的现实意义。相信能在各级领导及相关部门的认真工作和努力配合下,促使淮河流域历史文化的对外传播及外译工作进入到一个崭新的阶段,尽早实现我国文化建设的最终目标,传播淮河流域历史文化的伟大精神。

第四节 从跨文化交际角度谈构建黄河文化对外话语体系中的外宣翻译策略

外宣翻译作为我国对外宣传的重要手段,其根本目的是要帮助世界了解中国,让海外受众接受和认同一个真实的中国,进而在国际上树立我国良好的国家形象,营造有利于我国发展的国际舆论环境。由此看来,外宣翻译在构建中国对外话语体系中扮演着十分重要的角色。同时,外宣翻译与跨文化交际密不可分,涉及许多跨文化因素,并在一定程度上受这些因素的制约。本文拟从跨文化交际角度,探讨外宣翻译策略在推动构建中国对外话语体系中的应用。

一、外宣翻译与对外话语体系

语言作为传播的第一手段,也是国家的软实力之一。"让中国走向国际,让世界了解中国"的对外宣传活动无法离开翻译这一工具,外宣翻译则必然地成为新时代对外宣传的主渠道。党的十九大报告和《习近平谈治国理政》的英译本在海外大获好评,反响热烈,海外受众接受度高。我国政治类报告和书籍在海外能够有如此之大的影响力和传播度,外宣翻译功不可没。从中可以看出外宣翻译是推动中国文化走出去,构建中国对外话语体系的一个关键环节。中国对外话语体系构建的基本路径是讲好中国故事,传播好中国声音,阐释好中国特色。这里的"好"指的是"有效的表达方式",是衡量外宣翻译质量的标准之一。新时代的外宣翻译是增强文化软实力、提升国家形象和掌握国际话语主动权的重要手段,在构建中国对外话语体系中起着至关重要的作用。

二、跨文化交际视域下的外宣翻译策略

(一)中西方文化冲突

跨文化交际可以被视为一种信息的编码和解码活动,即一个人将其思想和想法以口头或非口头的形式进行编码,通过口头表达,书面形式或是信号等渠道传递给另一个人进行解码、阐释并予以回应。在该过程中,参与交流的人们不得不对各自原有的文化认知进行过滤,从而引发文化冲突。在跨文化交际背景下,文化冲突是外宣翻译的一大挑战。

目前我国外宣翻译存在的一大问题是缺乏内外有别意识,在翻译时仍然保留对内宣传的形式和口号,这样的外宣翻译过于生硬、意识形态的植入过于明显,既不符合实际也不符合海外受众的心理。内外有别涉及文化冲突的问题,而文化冲突又是跨文化交际中一种不可避免的现象。这就要求具备跨文化意识,遵循内外有别原则,寻求文化认同。

(二)中西方思维方式差异

思维方式是一种用以解决社会普遍问题的推理形式和方法,是文化的另一个主要组成部分。对于大多数人而言,尤其是单语者,他们会认为每个人都以大致相同的方式思考和解决问题,除非他们与来自其他文化的、拥有不同思维方式的人有过接触。很显然,一种文化的思维模式会对该文化环境下的个体交流方式产生影响,进而影响该个体给予来自另一种文化的个体的反应方式。因此,东西方文化思维模式差异会影响来自不同背景的人们之间的跨文化交流。中西方思维方式的差异可以简要划分为线性思维与曲线思维、分析性思维与整体性思维和归纳性思维与演绎性思维。

中西方思维方式的差异不仅对跨文化交际产生影响,而且对外宣翻译也造成了不小的障碍,使得源语信息不能够进行有效传递。而外宣翻译不仅仅是一种跨文化的语言转换,更是一种以西方听众或者读者为对象的修辞劝说活动。因此,从跨文化交际角度,外宣翻译必须充分考虑中西方思维方式差异,要根据对外宣传的需要对原文结构和信息量做出调整,使用符合海外受众思维习惯和他们能够接受的表达方式。[①]

(三)中西方修辞传统差异

中国修辞传统重言语和达意,西方修辞传统重听众和劝说。中西方截然不同的修辞传统,对各自的语言表达方式和文化传播有着根深蒂固的影响。如果不考虑中西修辞传统的差异,仅仅按照本国的修辞习惯自说自话,不深入了解海外受众的思维方式、信息需求、心理和表达习惯,则会导致在海外受众中造成沈苏儒先生所说的"你们想说的都说了,我们想知道的还是不知道"情况的发生。

如典型的中国式表达法,四字格词语"登高望远""居安思危"和"永不僵化"等都是具有中国特色的文化负载词,在英文中无法找到与之对等的表达方式,如果按照字面直译,无法符合海外受众的心理和表达习惯,达不到外宣翻译的预期效果。因此,要准确地将原文负载的信息内容传递给海外受众,意译无疑能够更好地解释这些中国特色词语,符合

[①]董建霞.济南市黄河文化的丰富内蕴与弘扬路径[J].中共济南市委党校学报,2022(02):61-65.

西方修辞传统中的"受众中心"原则。

　　在跨文化交际背景下,围绕增强文化软实力、提升国家形象和掌握国际话语主动权三方面构建中国对外话语体系,要采取灵活变通的外宣翻译策略,根据原文综合运用意译、直译加注释、增译、删减等策略,否则,就无法成功跨越语言和文化的障碍,就无法让海外受众欣然接受,最终也就无法达到有效的外宣效果,真正做到讲好中国故事、传播好中国声音,推动构建中国对外话语体系。

第五章　黄河三角洲文化产业可持续发展研究

第一节　替代产业：黄河三角洲文化产业发展研究背景

一、黄河三角洲范围的界定

(一)河道变迁：黄河三角洲范围界定的地理依据

黄河三角洲是由黄河冲积而形成的冲积平原。历史上黄河流向的不断变化,有记载的计一千五六百次,其中较大改道26次。目前,一般根据河道变迁影响因素,将该区域界定为"古代黄河三角洲""近代黄河三角洲""现代黄河三角洲"。

第一,"古代黄河三角洲":其形成的时间为自远古1万年前至1855年黄河夺道山东大清河入海,其地理范围是以河南省巩县为顶点,北至天津,南至黄淮的黄河冲泛地区。

第二,"近代黄河三角洲":其形成的时间为1856年至1933年,其地理范围是以垦利县宁海为顶点,北起套儿河口,南至支脉河的淤积地区,包括现在滨州和东营各一部分。

第三,"现代黄河三角洲":其形成的时间为1934年以来,指1934年黄河尾同分流点下移26公里以垦利渔洼为顶点开始形成的现代三角洲体系,其地理范围是西起挑河,南达宋春荣沟,主要以甜水河为中轴的亚三角洲体、神仙沟为中轴的亚三角洲体、习口河为中轴的亚三角洲体和现在正在形成中的清水沟为中轴的亚三角洲体组成。

上述分类方式揭示了黄河河道变迁及其引起的地貌变化,不仅有助于加深对黄河三角洲区域范围的了解,而且对黄河三角洲区域文化的形成和发展也产生重要影响。

(二)区域开发:黄河三角洲范围界定的现实依据

张金路、孙才顺、田家怡等学者认为,用生产生活类型、社会结构模式、风俗习惯特征、文化心理心态等来考量和定义,认为黄河三角洲范围为"滨州和东营及其周边地区"。这一观点从开发的角度界定了黄河三角洲的范围。其确定的范围,应是黄河三角洲文化产业发展的核心区域。2008年6月,山东省政府编制了《山东省黄河三角洲高效生态经济区发展规划》,划定开发范围包括东营、滨州两市以及毗邻的德州乐陵市、庆云县、淄博高青县、潍坊寒亭区、寿光市和昌邑市,烟台莱州市,共19个县(市、区),陆地面积2.65万平方公里,可谓体量巨大,关涉全局。2010年11月23日国务院批复的《黄河三角洲高效生态经济区发展规划》,则采用了上述范围。本文论述着眼于促进黄河三角洲文化产业可持续发展,而黄河三角洲文化产业发展应是黄河三角洲高效生态经济区建设的重要内容。所以,本文以国务院批复的《黄河三角洲高效生态经济区发展规划》所采用的范围来研究该区域文化产业发展的相关问题。

二、黄河三角洲开发建设促进了当地经济社会发展

黄河三角洲地区土地广阔,资源丰富,生态与环境独特。该区域的土地开发利用、石油开采、综合开发建设等都不同程度上影响了该区域经济社会发展。

(一)土地开垦:黄河三角洲早期开发阶段

第一,以小范围的屯垦为特点的开发:现指的黄河三角洲西北部为古代黄河三角洲。该区域在西汉时就因黄河淤积退海形成,以后随着时间推移不断淤积出新的大片土地。该处元明清时出现了住户和村落。1855年黄河改道由利津铁门关入海。此后,先后改道多次,在古代黄河三角洲的基础上造地2600多平方公里,形成了近代黄河三角洲。近代黄河三角洲的开垦始于20世纪的移民开垦。至30年代,相关政府在此相继设立"新安县筹备处""垦区筹备处",组织军队"屯垦"和4000多名鲁西灾民"垦荒"。该处东部逐渐出现了八人组等移民新村。1936年6月,八大组改称为"永安镇"。1941年1月,八路军山东纵队解放了永安镇及其周围地区。随后,创建了以永安镇为中心的垦区抗日根据地,建立垦区建设委员会(县级),明确"地权",对垦荒进行奖励。1942年1月,垦区建设委

员会改称垦区行政委员会。1942年6月,清河行署在八大组召开了垦区土地工作会议,全面分析了垦区土地问题的历史和现状、新区老区的不同特点,提出了垦区土地分配政策和组织安垦办法。从1942年至1945年,全垦区共安置垦户23617户109985人,安置土地448155亩,并全部废除了旧契,换发了新契。由于耕地面积大量增加,人民生产热情空前高涨,1941年秋取得了抗战以来前所未有的大丰收。从此以后,不仅垦区人民大部分达到了丰衣足食,还为清河区党政机关及军队提供了军需及抗战经费,并生产了大量粮食,有力地支援了胶东、鲁南等抗日根据地。1943年4月,又改称垦利县抗日民主政府,隶属于清河区行政公署。至1943年,垦区人口已有7.9万户,年收粮食800万公斤,成为解放区的"粮仓",有力支援了抗日战争和解放战争,并为该地区开发建设做出了积极的贡献。

第二,以统一规划为特点的有序开发:中华人民共和国成立后,加快了开发步伐。1949年,在垦利安置移民5500多人,开垦新淤地9万多亩。后又兴建了"利津县綦家嘴引黄涵洞"和"打渔张引黄灌溉设施",并开挖引河等,兴修水利,促进了当地开发。自20世纪50年代起,在该地区先后兴起了一些农场。其中的"国营广北农场"(1950年,华东军政委员会),面积80平方公里,职工6000多人;"五一"农场,(1952年,解放军农业建设兵团第二师),面积20平方公里,职工2000多人;"孤岛农场"(1956年),面积85平方公里,职工近4000人;此外,还有"孤岛军马场""徒骇河农场"以及大量的畜禽场和林场,促进了该地区农业、盐业、林业和畜牧业等的发展。黄河三角洲土地资源的开发,不仅促进了当地经济社会发展,而且形成了具有区域特色的农垦文化,成为黄河三角洲文化资源的重要组成部分。

(二)石油开采:黄河三角洲矿产资源开发阶段

20世纪60年代,该区域进入以石油开采为特征的开发阶段。1961年4月16日,当时的"石油工业部华北石油勘探处32120钻井队"在广饶县东营村北,打出了"华8井"(日产量8.1吨),标志该油田的发现。此后,又通过"石油会战",先后又打出了当时全国日产量最高的"营2井"(1962年,日产量达555吨)、"胜驼油田"(1964年,"坨11井""坨9井"成为千吨级油井)等,出现了胜驼、东辛、孤岛等亿吨级大油田,形成了中国第二大油田——胜利油田,至1986年,该油田年产油量已达到2951吨,并垦荒2万多亩,生产粮食45.5万公斤,促进了当地的开发建设。同时,1988年发现了极浅海油田——埕岛油田,实现了由陆地到海洋的跨越。经过大规模的石油开采,石油产业成为在当地经济社会占据主导地位的产业。同时,石油文化遗址、油井、油田开采史和石油工人精神等也逐渐形成了该区域的石油特色文化。①

(三)综合开发:黄河三角洲开发的全面推进阶段

20世纪80年代,为进一步加强该地区的开发,并以石油工业带动地方工业和农业发展,山东省委省政府研究在该地区建立城市。1982年,东营市正式成立,加快了该地区的开发步伐。同年,在北镇(析滨县)、小营(博兴县)、朱全镇(蔡寨公社)的基础上建立了县级滨州市,后成为地级市。东营市成立后,黄河三角洲开发建设被逐步摆上了山东省和国家战略位置,并进行探索实践。1984年,召开的"开发黄河三角洲规划工作会议",对该区综合开发提出了指导性的意见。1986年1月,召开的"黄河三角洲国土规划评审会",对该区国土规划进行评审,并上报国务院审批。1988年6月30日,山东省政府、民盟中央在东营市召开了"黄河三角洲经济技术和社会发展战略研讨会",费孝通、钱伟长等100多位著名专家、学者等参加会议,确定了该区域地区性建设的基本战略,即"从石油勘探开发起步,充分发挥资源优势,大力发展石油化工,逐步建立合理的产业结构以及面向国外市场的新型产业体系",将其建设成为"能源、化工、农牧渔业基地和现代化、外向型、生态型的新经济区"。1988年,召开的"黄河三角洲经济技术和社会发展战略研讨会",提出应把该区建成为以石油化工为先导,综合开发农业资源,第二、三产业同时发展的现代化、外向型经济区。1991年7月5日,中共惠民地委成立黄河三角洲综合开发领导小组,下设办公室,为常设机构。1992年6月,惠民地委编写《黄河三角洲滨州地区开发建设综合规划》。

1992年中共山东省委五届九次全体会议,将建设"海上山东"和黄河三角洲开发列为全省两个最重要的跨世纪工程,并上报党中央、国务院,

---

① 李硕雅.黄河三角洲文化资源特质与文化产业发展[J].中共青岛市委党校.青岛行政学院学报,2014(06):114-117.

全面开启黄河三角洲综合开发。同年,国务院正式批复同意将东营列入沿海经济开放区,把黄河入海流路治理纳入黄河整体治理规划。同年5月7日至12日,黄河三角洲经济社会发展研究会第一次理事会议在滨州、东营召开。1994年,"黄河三角洲资源开发与环境保护"列入"中国21世纪议程优先项目计划",联合国开发计划署实施了"支持黄河三角洲可持续发展"项目。同年9月25日,黄河三角洲滨州跨世纪发展战略研讨会在滨州召开。1995年6月5日,滨州地区全部列入黄河三角洲开发区,中共滨州地委决定成立滨州地区黄河三角洲开发建设协调委员会。6月底,山东省黄河三角洲1000万亩商品粮棉基地工程建设总体规划会议在邹平县召开,研究部署三角洲地区开发建设的水利工程规划。同年,联合国开发计划署实施了"支持黄河三角洲可持续发展"项目,成为国内第一个区域可持续发展规划项目。1996年5月2日至4日,山东省黄河三角洲开发建设协调会议第一次会议在滨州、东营召开。同年,黄河三角洲开发被列入山东省"九五"计划及2010年远景目标纲要。1997年3月14日至15日,山东黄河三角洲开发建设协调委员会第二次会议在东营、滨州召开。同年,山东省八届人大五次会议审议通过了《黄河三角洲开发跨世纪工程实施意见》,进一步确定黄河三角洲开发为省跨世纪工程。1998年,山东省委、省政府和民盟中央共同召开"黄河三角洲经济技术和社会发展战略研讨会",确立建设能源、化工和农牧渔业三大基地战略目标。同年11月28日,山东省政府举行小开河引黄工程通水典礼,五期工程共投入1.2亿元。2000年11月16日,山东省社科院、社科联、省委党校、省委讲师团和山东大学的10位专家教授到滨州地区考察黄河三角洲文化。

上述黄河三角洲综合开发进程主要有以下特点:一是突出了石油工业的地位,提出"以石油工业为先导""从石油工业起步,大力发展石油化工"等措施。这表明了石油工作在该区域发展中的重要地位,并对当地经济社会发展起到关键性支撑作用,产生重要的影响。二是联合国开发计划署实施的"支持黄河三角洲可持续发展"项目,成为国内第一个区域可持续发展规划项目,表明黄河三角洲开发已经重视可持续发展问题,可持续发展理念已成为黄河三角洲开发建设中的重要理念。三是开发的范围由东营市扩大到了包括滨州市在内的广大地区。

(四)高效生态:从正式进入国家决策到上升为国家战略阶段

2001年3月,在九届全国人大四次会议上,发展黄河三角洲高效生态经济被正式列入国家"十五"计划纲要,标志着黄河三角洲发展高效生态经济的定位,得到国家确认,并正式进入国家决策。

2002年6月3日,时任省委书记吴官正在中国共产党山东省第八次代表大会上所作的《全面贯彻"三个代表"重要思想为建设"大而强、富而美"的新山东而努力奋斗》报告中提出:继续加大力度,抓好黄河三角洲开发和"海上山东"建设。2003年12月6日,滨州市委、市政府在滨州港召开黄河三角洲沿海生态科技产业开发带建设暨防潮大堤开工动员大会。同年9月30日,中共滨州市委召开党委扩大会议,确定在沾化、无棣、阳信、滨城4县区,建设黄河三角洲沿海生态科技产业开发带。2004年11月13日,中国黄河三角洲合作国际城市经济博览会在济南国际会展中心开幕,黄河三角洲地区各城市在内部合作、携手融入环渤海经济圈的一系列动作次第展开。2005年12月10日至11日,山东省沿海防潮堤建设现场会议在滨州召开。2006年4月17日,东营等黄河三角洲区域内的32个环渤海城市在天津共同签署了《推进环渤海区域合作天津倡议》,确立了构建一体化市场体系、统筹区域发展规划等8个方面的区域合作框架。2006年7月10日,由山东魏桥创业集团有限公司投资兴建的环渤海最大海化项目在沾化县开工。此举标志着滨州的黄河三角洲开发建设进入了新阶段。2007年,山东省把黄河三角洲开发建设作为"一体两翼"战略中的实施重点,决定省财政每年安排500万元,专项用于资助区内引进发展急需人才,并在引智项目申请、立项、资助等环节予以倾斜。同年6月24日,时任山东省委书记李建国在山东省第九次党代会上所作的《科学发展和谐发展率先发展在新起点上实现富民强省新跨越》报告提出:大力推进山东环渤海地区综合开发,加强黄河三角洲高效生态经济区规划建设,促使资源优势尽快转化为发展优势,在环渤海经济圈的合作与发展中发挥更大作用。2007年7月19日至21日,山东省政协调研组到滨州市调研黄河三角洲高效生态经济建设工作。7月24日至26日,山东省委调研组到滨州就积极参与环渤海经济圈发展以及搞好黄河三角洲高效生态经济区规划建设问题进行调研。8月5日至7日,时任省委书记李建国到东营市就黄河三角洲开发建设进行调查研究,实地考察了黄河三角洲的开发建设情况,召开了3市10县参加的座谈会,强调要进一步解放思想,抢抓机遇,加快建设黄河三角洲高效生态经济区。10月16日至19日,第三届"黄河国际论坛"在东营市召开,近50个国家的300余名外宾参加会议。

2008年9月,山东省政府出台《关于支持黄河三角洲高效生态区又好又快发展的意见》,将其作为"一体两翼"战略中"北翼"产业聚集带的建设重点,进一步加大了对黄河三角洲地区开发建设的支持力度。2009年1月,山东省政府在北京组织召开《黄河三角洲高效生态经济区发展规划》专家论证会,为将规划上升国家战略层面做准备。《中共山东省委常委会2009年工作要点》中指出:要按照"一体两翼"和海洋经济发展战略,搞好区域产业布局和衔接,以加强省会建设、打造胶东半岛高端产业集聚区、推进黄河三角洲高效生态经济区规划建设、加快日照精品钢基地等为重点,实施重点带动战略。

2009年3月24日,国家发展改革委会同国务院25个有关部门和单位共同组成联合调研组,由国家发改委副主任杜鹰带队,在山东省专题调研黄河三角洲高效生态经济区发展规划完善提升问题。同年3月26日,山东省委、省政府与国家部委联合调研组举行见面会。省委书记、省人大常委会主任姜异康在见面会上指出,黄河三角洲是目前我国最后一块待开发的大河三角洲,区位优势明显,自然资源丰富,发展前景广阔。加快黄河三角洲开发,对于推动山东经济文化强省建设、促进区域经济协调发展,具有十分重要的战略意义。

2009年5月,国家发展改革委会同山东省人民政府对国办转去的"规划"文本进行了修改完善,形成《关于黄河三角洲高效生态经济区发展规划(征求意见稿)》。12月2日,国家发改委根据《国务院关于黄河三角洲高效生态经济区发展规划的批复》精神,印发了《黄河三角洲高效生态经济区发展规划》。国家战略层面上的黄河三角洲定位是:立足山东半岛城市群,依托环渤海,面向东北亚,大力发展循环经济,建设全国重要的高效生态经济示范区、特色产业基地和后备土地资源开发区,成为环渤海地区重要的增长区域。再次将"发展黄河三角洲高效生态经济"列入国家"十一五"规划纲要。此后,制定的《山东省国民经济和社会发展第十二个五年规划纲要(2011—2015年)》,积极推进实施国家批复的《黄河三角洲高效生态经济区发展规划》,提出加快黄河三角洲高效生态经济区建设,按照高效、生态、创新的原则,以资源高效利用和改善生态环境为主线,加快构筑现代产业体系和生态保护体系,扩大对内对外开放,提高核心竞争力和综合实力,建设"全国重要的高效生态经济示范区""全国重要的特色产业基地""全国重要的后备土地资源开发区"和"环渤海重要的增长区域"。

该地区开发建设上升为国家战略,不仅为黄河三角洲区域经济社会发展带来了重大的机遇,而且对包括文化产业在内的该区域经济社会发展的理念、指导思想和发展重点、发展方式等都产生重要的影响,并提出了新的更高要求。

三、文化产业:促进黄河三角洲经济社会发展的重要途径

(一)石油及相关产业对黄河三角洲经济社会发展的支撑作用

在各方面的共同努力下,黄河三角洲地区开发建设取得了巨大的成就。但该市是因油而生、由油而建的石油城市,石油及相关产业在该区域占有重要地位。该区域石油开采和石油相关工业的发展,对该区域经济社会发展结构产生了深远影响。到目前,作为全国第二大油田的胜利油田在该地区开采范围已扩大到山东省东营、滨州、德州、济南、潍坊、淄博、聊城、烟台等8个市的28个县(区)内,主体位于黄河下游的东营市。石油及相关产业已成为黄河三角洲区域经济结构中的重要组成部分,并对当地经济社会发展产生重要影响。

由于石油、天然气为不可再生资源,不可能无限期地开采下去。所以,对于石油产业的过度依赖,也在一定程度上影响着该区域经济社会的长远发展。如何在该区域石油资源尚未枯竭时,充分发挥该区域的资源优势、区位优势和生态优势,逐步培育相关替代产业,已成为该区域经济发展中迫切需要解决的重要课题。

(二)文化产业是一项较为理想的替代产业

文化产业是具有竞争力、创新力和影响力的朝阳产业,有的国家和地区还发展为支柱产业。由于其生产清洁,资源消耗少,对环境污染小,特别是黄河三角洲具有发展文化产业的良好条件和基础,所以,选择文化

产业作为石油产业的替代产业,是实现该区域经济社会长远发展、稳步发展的一项重要战略选择。

1. 发展文化产业是该区域建成小康社会的一项重要指标

作为我国和山东省的一个重要发展区域,黄河三角洲的发展,不仅需要提升人们的物质生活,还要满足人民日益增长的精神文化生活需求,为实现人的全面发展创造条件。近年来,该地区经济增长较快,文化消费需求日益增长。一般来讲,满足人的文化消费需求,主要有两个途径:一个是充分发挥政府作用,加大财政投入力度,大力繁荣文化事业,建立和完善公共文化服务体系,以保障人们最基础的文化需求。另一方面,由于在当前经济发展阶段,政府的财力有限,不可能采用计划经济下大包大揽的做法,必须依靠市场机制发挥对资源的基础性配置作用,大力发展多种形式的文化产业,以满足人们的多层次、多方面的需求。而党的十八大报告也对发展文化产业提出了明确要求,这就需要包括黄河三角洲在内的具有资源优势和良好条件的区域,必须发挥区域优势,培育优势产业,使之成为满足人们文化消费需求的重要途径,成为当地经济社会发展重要增长点。文化产业需要以良好的经济条件为依托,为其培育和发展提供资金等方面的有力支持。近年来,黄河三角洲经济取得较快发展,为文化产业发展提供了较好的基础。相关数据表明该地区主要城市的居民生活水平达到富裕程度,支持其文化需求的财力在一定程度上能够得到有效保障。同时,随着节假日调整,人们拥有的休假时间也不断延长。休闲是有计划地暂时停止日常工作、劳动所带来的各种精神压力,并利用这些活动与日常工作之间的极大差异来恢复消耗的体力和精神,能够弥补智力磨损,获得新的知识和新的灵感,增强创造力。从而增加了人们对于文化消费的需求,客观上为文化产业发展创造了良好的条件。

2. 该区域文化产业较快发展打下了良好的基础

近年来,该区域文化产业经历了由自发培育到自觉发展、再到加速发展的阶段。1985年以前,该区域的文化产业开始起步。1985年到1992年,该区域文化产业进入自发培育和成长时期。此时,文化产业的发展主要表现为娱乐业、文化服务业和文化制造业的逐步发展。1992年以来,该区域文化产业进入到自觉发展和加速发展阶段。特别是近年来,东营、滨州等市高度重视文化产业,始终把推动文化事业和文化产业发展摆在十分重要的位置,制定出台了《关于推动文化大发展大繁荣的意见》和《关于推动文化大发展大繁荣的若干政策》,不断改善文化发展环境,组织实施一批重大文化项目,培育扶持一批骨干文化企业。

第一,文化产业多元投资机制基本形成。滨州市通过政府引导、政策扶持和公开招标、项目推介、文企联姻、招商引资等市场化运作方式,积极发展文化产业,初步形成了以政府投入为主导、企业投入为基础、民间投资为主体,以外来资金等为补充的多元化投融资机制。

第二,文化企业主体培育加快。滨州通过文化体制改革塑造文化市场主体,整合市电影公司、影剧院、人民剧院、文物店、演出公司,成功组建滨州北方文化有限公司。整合新闻媒体资源,成功组建全省首家跨媒体"滨州传媒集团有限公司",业务涉足新闻传媒、现代物流及文化旅游等产业;按照中央和省文化体制改革的要求,该市京剧团、吕剧团、歌舞团三家国有文艺院团转企改制。

第三,特色文化产业品牌初显优势。滨州市重点打造黄河三角洲文化、生态文化、名人名胜文化、红色文化及民俗文化等五大文化品牌,以品牌的影响力提升滨州市文化的生产力和影响力。

第四,文化产业发展平台逐步完善。滨州市通过广泛开展文化活动交流,逐渐形成了"黄河文化创意产业博览会""滨州孙子文化旅游节""国际家纺文化节""农民文化艺术节"以及"沾化冬枣节""博兴小戏艺术暨董永文化旅游节""邹平读书文化节""阳信梨花节""惠民胡集书会"等40多个品牌性节庆活动,每年参与节会文化活动的人数达130多万。该区域还多次组织文化企业参加山东省和我国的主要文化博览会交易活动。

第五,产业升级、新兴产业发展迈出步伐。全面整合文化资源,调整文化产业结构,充分发挥财政税收的杠杆作用,鼓励民营资本和外资向文化产业领域流动。滨州市积极支持现有文化企业做大做强,促进优势传统产业提档升级,扩建"滨州市印刷工业园"、支持"瀚海书业物流配套项目",深入挖掘企业发展潜力。

3. 各类资源较为丰富

黄河三角洲拥有较为丰富的自然和文化资源。该地区还具有丰富的土地资源、优越的地理区位,自然资源丰富,生态系统较为独特,产业发展基础良好。黄河冲积年均造地1.5万亩,随着沿海风暴潮防护体系的建设和完善,土地后备资源还将逐步增加。该区域土地多为国家鼓励开发的盐碱地、荒草地,适宜大规模开发建设,适宜大力发展生态农业等,能够为农业观光、休闲产业等提供良好的生态环境。同时,该地区文化资源较为丰富,并且特色鲜明,形成良好的资源禀赋。同时应看到,虽然该地区自然和文化资源非常丰富,但是自然环境和文化环境也十分脆弱,容易受到破坏,且恢复难度较大,需要保护、开发和利用兼顾,走可持续发展之路。

4.面临重要的发展机遇

黄河三角洲是全球最年轻的三角洲和新生陆地之一,也是最年轻的湿地生态系统,河—海—陆交互形成了独特的地理环境。黄河三角洲地处黄河的最末端,具备农业开发的良好条件:黄河三角洲土地资源丰富。目前区内拥有未利用地近800万亩,人均未利用地0.81亩,比我国东部沿海地区平均水平高45%。其中,未利用地中盐碱地270万亩、荒草地148万亩、滩涂212万亩,另有浅海面积近1500万亩。该地区水、热条件相对较好。黄河三角洲地区属温带季风气候,光照充足,雨热同季,气温适中,四季分明;年均温12.2℃,无霜期211天,每年≥0℃积温4713.5℃,≥10℃积温4245℃,年平均日照时数2629h,基本上可满足农作物二年三熟的需要;且该地区水资源供需平衡基本满足,客水(黄河水)资源供水量为21.7亿立方米,占供水总量的53.4%,是该地区淡水资源的重要来源。该地区生物资源丰富。该区域具有丰富的盐生植物资源、动物资源(特别是水生动物)可供开发利用。东营河口湿地保护区是我国典型的河口滨海湿地,也是鸟类迁飞重要的中转站,具有重要的生态功能。该地区已成为生态保护、农业开发、资源利用和可持续发展的重要科研基地,也是生态经济协同发展的实验区,受到了国家的高度关注。

5.文化事业发展有利于文化产业发展

近年来,该区域各市、县大力建设"文化强市""文化强县",进一步加大了对文化事业和相关产业的扶持力度,促进了公共文化服务体系建设。例如,在文化艺术行业,"十一五"期间文化艺术业投资总量中,山东、江苏、河南、内蒙古和广东居前五位,分别完成投资388亿元、184亿元、169亿元、165亿元和138亿元。与"十五"时期相比,占全国比重提高最多的五个地区是山东、内蒙古、河南、河北和福建。这表明,该区域主要市文化事业费数额位居山东前列。正是对文化事业的投资力度加大,为该地区文化事业繁荣打下了良好的基础。

总之,该区域开发建设实践表明,该区域具有良好的生态条件和石油文化条件,石油工业在经济结构中占有的比例较大,带来了经济发展和城市发展中的转型问题。而该区域文化产业发展具有良好的经济、文化、政治、生态和社会等方面条件,能够将资源优势转化为发展优势,形成优势产业,成为该区域中未来石油产业的替代产业,并具有良好的发展前景。同时,该区域文化产业发展还面临着许多问题和挑战。

第二节 坚持可持续发展:黄河三角洲文化产业发展的战略选择

一、可持续发展:黄河三角洲文化产业发展的指导思想

如何促进文化产业可持续发展,对于黄河三角洲来讲是一个全新课题。而不可持续发展问题由来已久,经济发展中的不可持续问题产生以及国内外解决文化产业不可持续发展问题的经验对策,特别是国内外提出的可持续发展思想、可持续发展战略、可持续发展做法,等等,对于促进黄河三角洲文化产业发展都具有一定指导意义。

(一)可持续发展思想的形成

1. 产业革命对经济社会发展产生了较大的影响

不可持续发展问题是随着产业革命发生和发展而逐渐显现的,其产生和发展可分为以下三个阶段。

第一,从18世纪60年代起到19世纪70年代,是问题的产生阶段。该时期从发明和使用机器开始,英国首先兴起并完成了工业革命,实现了由手工生产到大机器生产的过渡,引起了社会关系的根本性变化,导致了自然经济为商品经济所取代,极大地促进了社会生产力发展,其所产生的丰富物质财富和资本主义生产方式以及全球性的市场,为推动资本

主义进一步发展奠定了坚实的基础。同时,由于资本主义生产方式的本质决定了其生产的唯一目的就是不计后果地追逐利润,而千方百计地攫取各种资源和财富,从而导致了其缺乏对自然环境和生活环境的重视保护,产生了环境污染、人口集中、交通拥挤等一系列问题,并影响到经济的可持续发展。

第二,从19世纪70年代到20世纪初,是问题的积累阶段。19世纪70年代开始的第二次工业革命使人类从蒸汽时代逐步进入电气时代,极大地促进了资本主义经济的发展。19世纪末20世纪初,各主要资本主义国家开始向帝国主义阶段过渡。随着资本主义生产规模的扩大,其对资源与环境的破坏扩展到更广泛的领域,由城市扩展到农村,由国内扩展到国外,影响也越来越大,积累了越来越多的人口、资源和环境问题。

第三,20世纪初以后,是问题的突出阶段。在这一阶段中,特别是20世纪80年代以来,全世界经济迅速发展和财富增加,导致人口急剧膨胀、资源滥采和生态受到严重破坏,并发展为全球性问题。一些发展较快国家的可持续发展问题较为突出。而众多发展中国家不仅面临着本国经济社会迫切需要发展问题,而且由于历史上资本主义国家的疯狂掠夺,产生了人口增长过快、资源枯竭以及生存环境恶化的问题。这些问题受到国际社会的密切关注和高度重视,使人们逐渐认识到只有把经济、社会和环境结合起来考虑,才能谋求人类社会稳定、长久和持续发展。

2. 可持续发展思想的提出经历了一个思想孕育和逐步规范定义的过程

经济增长与发展的问题引起了各方面的关注。在1972年6月16日联合国人类环境会议上,从鼓舞和指导全世界保持和改善人类环境的角度,达成了广泛共识,通过了《联合国人类环境会议宣言》。该文件从自然生态的角度提出了造成环境问题的主要原因,认为由于人类改造世界的能力"使用不当或轻率地使用",给人类和人类环境造成无法估量的损害,如严重的水、空气、土壤以及生物污染,生态平衡的严重失衡,部分不可再生资源的破坏和枯竭,以及人们生活和工作环境的恶化等现象。该文件还指出了不同发展水平国家环境问题产生的原因。发展中国家主要是发展不足造成了环境问题,由于其发展水平较低而无法取得可靠、优越的衣食住行以及卫生保健等方面的保障,所以优先发展是第一位任务,但同时要重视环境问题,汲取重复发展后再治理的教训。发达国家的环境问题主要是因为工业化引起的污染。人口自然增长过快因素也带来了环境问题。由此可以看出,人们已经认识到了环境问题的严重性以及克服环境问题、实现可持续发展的重要性和紧迫性,并提出了解决问题的思路。该文件明确了保护和改善人类环境的目标,体现了保护环境不仅是为了这一代发展,而且是为了将来世世代代"在自然界里取得自由",从而阐述了既满足当代发展需要,又满足未来发展需要的可持续发展思想。同时提出了解决环境问题是人类的权利和保护环境的责任,必须对再生资源、野生生物、不可再生资源、海洋资源和人们的生活、工作环境等进行保护。而对于因自然灾害不发达的国家,必须进行大量财政和技术援助,保持初级产品和原料的价格水平,并且所有国家的环境政策不能损害发展中国家的利益。此外,还提出了筹集资金、统一各国发展计划、规划人的定居和城市化工作、采取适当人口政策、规划资源环境、运用科学技术、加强教育和各国进行合作解决环境问题的责任等措施。从上述内容来看,该文件虽然没有提出可持续发展的概念,但指出了可持续发展的目标和推进可持续发展的方法和途径,并明确了各国在保护环境、促进可持续发展中的责任和义务,提出了针对不同环境问题的解决方式以及相关措施,为在实践中贯彻可持续发展思想奠定了基础,对于研究黄河三角洲文化产业可持续发展具有借鉴意义。[1]

(二)可持续发展思想逐步被国内外认可并付诸行动

世界环境发展大会于1992年召开,会议发表了《里约环境与发展宣言》,从而使可持续发展作为准则得到各国承认。该文件指出了环境保护的重要性,强调人类与发展处于受到普遍关注的可持续发展问题的中心,他们应享有与自然和谐相处的健康而富有生产成果的生活权利,同时为了公平地满足今后世代在环境与发展方面的需要,必须求取发展的权利。这无疑也是黄河三角洲文化产业可持续发展的目的所在。该文件还提出为了实现可持续发展,环境保护工作应是发展进程的一种整体组成部分,不能脱离这一进程来考虑,这对于研究文化资源、文化环境保护问题具有借鉴意义。文件还从可持续发展的角度提出了解决问题途

---

[1] 笪胜锋,李娇来. 黄河三角洲高效生态经济区文化产业发展战略构建[J]. 黄河文明与可持续发展,2013(03):120-125.

径,指出各国应当减少和消除不可持续的生产和消费方式,并推行适当的人口政策,并指出不当的生产方式和不当的消费方式都会造成不可持续发展问题的产生,应该引起足够的重视。它提出各国应当合作加强可持续发展的能力建设,做法是通过开展经济和技术交流,包括新的和创造性的技术交流来提高对科学的认识,强调了合作和技术创新、交流的重要意义。宣言提出了环境立法、促进国际经济制度、加强预防、强化环境评价等措施。此外,宣言还强调了妇女、青年等的参与。该文件的发表表明了可持续发展作为准则得到各国承认,并成为解决环境问题的重要方法,不仅把可持续发展作为解决世界环境与发展问题的指导思想,而且在实践中加以应用,其中的技术创新、立法和社会力量参与等措施以及不当消费会产生不可持续发展问题等观点,都对黄河三角洲文化产业的发展具有借鉴意义。

1992年6月在巴西里约热内卢召开的联合国环境与发展大会通过了《21世纪议程》,标志着全球实现可持续发展战略行动纲领的形成。该文件论述了经济与社会发展的问题、资源保护与管理、加强主要群体的作用、实现可持续发展的手段,成为新世纪在全球实现可持续发展战略的行动纲领,对于指导和推动全球可持续发展具有一定参考价值。

2002年在南非召开的可持续发展世界首脑会,将国际社会可持续发展行动推进到一个新的阶段。该文件回顾了《21世纪议程》的执行情况、取得进展和存在问题,并制定一项新的可持续发展行动计划。会议通过了《关于可持续发展的约翰内斯堡宣言》以及《可持续发展世界首脑会议实施计划》,使国际社会推进可持续发展的行动进入到一个新的阶段,对于研究黄河三角洲文化产业可持续发展问题具有重要的参考价值。

在我国可持续发展战略很早就引起了党和政府的重视。特别是党的十三届四中全会以来,以江泽民同志为核心的第三代中央领导集体把实施可持续发展战略,推动经济发展和人口、资源、环境相协调摆在现代化建设全局的战略地位,制定了一系列重大政策措施,推动人口、资源、环境工作取得了显著成效,积累了十分宝贵的经验。

二、理论架构:黄河三角洲文化产业可持续发展体系分析

对黄河三角洲文化产业发展进行深入细致的研究,不仅需要借鉴实

践经验,更新发展理念,还要构建科学的理论研究框架,结合区域实际,对该区域文化产业发展的资源条件、文化产业布局、文化产业结构以及文化产业市场、文化产业政策等一系列问题进行深入研究,找出存在问题,提出实现可持续发展的建议。而这一理论研究框架的构建,既需要借鉴产业经济理论,也需要研究文化产业发展理论。

(一)文化产业发展理论:黄河三角洲文化产业可持续发展研究的理论基础

1. 文化产业产生的条件

现代文化产业产生和发展是与资本主义生产方式的出现密切相关的。随着资本主义萌芽出现的资本主义方式,产生了资本家和工人,资本家对利润的疯狂追求,为整合文化产业资源、开拓文化市场提供了原始动力,成为资本迅速扩张的内在动力。由于财富的积累、教育水平的提高、生产效率提高所带来的闲暇时间增加以及崇尚消费观念的改变,为文化产业的兴起和发展提供了有利的条件。同时,城市的出现也为文化市场形成和文化产业发展提供了条件。

现代文化产业产生和发展是与科学技术进步紧密联系的。由于印刷术的广泛应用和一些先进技术的先后出现,不断推动文化产品生产方式和传播手段实现革命性的变化,为文化产业的产生和发展提供了技术支撑。

正是在这种情况下,文化产业作为一种新的文化生产方式出现,并显示出强大的生命力。文化产品的生产不再像以往仅凭艺术家的思维、双手和手工作坊来生产,而更多地以机器大生产这种生产方式出现,对以往生产模式产生了较大影响。同时,文化产品大量生产,使文化不再为少数人垄断,文化生产和传播的渠道更加多样化,一些新的文化消费方式纷纷出现,大众文化消费日益增长,形成了不同的文化企业和以受众、听众、观众等形式出现的文化消费群。文化产业产生后,其发展也迫切需要有相应理论进行引导,文化产业的概念、特点、发展规律以及影响等一系列问题都需要回答。但是作为一个新事物,当时以"文化工业"形式出现的文化产业的特点还没有被世人所认识,文化产业的存在和发展还受到质疑。

2. 文化产业理论发展概况

文化产业理论的研究经历了一个曲折的过程,而各阶段的理论研究对于当时的文化产业发展都产生了较为深刻的影响。

20世纪初产生的法兰克福学派,对文化工业出现进行了批判,这也是历史上对文化产业发展问题的首次理论探索。以阿多诺和霍克海默为代表,法兰克福学派在《启蒙的辩证法》和《文化工业再思考》等著作中提出文化产业产品为了满足大众的同样需求,导致其类型、内容和风格日趋单调和雷同。认为文化产业产品的特征首先表现在文化产品生产的直接目的是追求利润的最大化,文化产业为此失去了艺术的超越性精神,立足于世俗基础。强调了文化工业中的作品都是以完善的技术为后盾的,文化工作的创作必然走向程式化,又必然带来语言的限制,并首先表现在个人在大众传播媒介的包围、改造下,日益失去自己的头脑和判断能力,成为纯粹被动的文化受众和消费者,从而扼杀了文化消费者判断力。

在文化产业发展的过程中,针对市场和消费者的文化产品研发、创意、产销以及相关方面的理论研究也在不断发展,涌现出了以麦耶斯考夫、尼古拉斯—迦纳姆、查尔斯兰蒂等为代表的经验操作性理论。他们认为文化产业主要是指艺术部门的文化活动,后来又提出了"文化产业创意"的特征。他们认为文化产品采用特有方式进行符号的生产和传播,这些符号表现形式是"文化商品"和"文化服务",对于界定文化产业的范围具有重要意义。强调文化产业包括"创意、生产、流通、发送、消费"等五个环节,对于研究文化产业中的"生产",奠定了基础。文化产业应用学派对文化产业进行分析,对于研究黄河三角洲文化产业可持续发展具有重要的参考价值。

3. 相关成果对黄河三角洲文化产业发展的参考价值

国内学者对于文化产业学进行了多方面研究。特别是近几年,国内学者利用产业学、社会学、管理学等理论对文化产业进行分析,并着手构建文化产业学的理论体系架构。有关研究学者认为,相关学科和理论的发展不仅为文化产业理论研究与理论建设提供了认识论与方法论的工具,而且也为文化产业学理论体系的形成准备了条件,并提出了以文化产业与经济关系理论,文化产业与文化生产力、文化生产关系理论,文化产业与现代社会关系理论,文化产业与现代科技进步关系理论,文化产业与现代产业结构理论,文化产业组织与市场关系理论,文化产业运行机制理论,文化产业创新与文化产业战略理论以及文化产业政策与文化产业管理理论为内容的文化产业学理论体系架构。特别是文化产业与现代产业结构理论,综合运用现代产业经济学关于产业结构理论和现代社会学关于社会结构的理论,阐述了文化产业结构运动变化以产业关联关系的运动变化规律。文化产业组织与市场关系理论,以现代产业组织理论为工具,研究了现代产业组织理论与文化产业组织运动之间的关系,阐述了文化产业组织实现有效竞争合理化等问题。文化产业政策与文化产业管理理论探讨了文化产业政策的性质、作用以及相关政策手段的设计和选择。上述观点对于系统研究黄河三角洲文化产业可持续发展问题具有重要借鉴意义。

(二)黄河三角洲文化产业可持续发展概念和基本原则

1.黄河三角洲文化产业可持续发展概念

《世界自然保护大纲》首次提出了"可持续发展"这一术语。世界环境与发展委员会提交的《我们共同的未来》将可持续发展定义为"既满足当代人的需要,又不对后代人满足其需要能力构成危害的发展"。联合国环境署理事会《关于可持续发展的声明》将其定义为"满足当前需要而又不削弱子孙后代满足其需要能力的发展,而且绝不包含侵犯国家主权的含义"。科学发展观提出的可持续发展要求是指"发展要有持久性、连续性,不仅当前要发展,而且要保证长远发展"。可持续发展理念和可持续发展战略对于经济社会发展起到积极的指导和促进作用,并已经被运用到各相关领域。文化产业可持续发展是可持续发展这一理念和战略在文化产业领域中的具体应用。文化产业可持续发展具有自身特点,又不是孤立存在的,必须在与政治、经济、文化、社会、生态相互促进和协调发展的前提下才能实现。根据可持续发展定义、国内外文化产业发展实践以及文化产业发展理论,可将黄河三角洲文化产业可持续发展的概念概括为:该区域文化产业建立在与政治、经济、文化、社会、生态之间和谐发展基础之上的,既满足当代人的文化需要,又不对后代人满足其文化需要能力构成危害的持久性及连续性发展。

2.促进黄河三角洲文化产业可持续发展的基本原则

促进黄河三角洲文化产业可持续发展,要坚持以下原则。

(1)坚持公平的原则

世界环境与发展委员会于1987年向联合国大会提交的《我们共同的未来》列举了全球"共同关切"的问题,并提出了环境发展的新方法、新思维——可持续发展。它提出可持续发展的核心理念就是公平与共同的利益,强调既关心各代人内部的公正,又关注各代人之间的社会公平。其目的是"让全球人口皆能达到基本的生活要求,进而追求更理想的生活境界"。所以,在促进文化产业可持续发展中必须坚持公平的原则,既保障代际公平(当代人与后代人之间的公平),决不能以损害后代人满足其需要的能力换取当代公平,又保障代内公平(当代人之间的公平)。也就是说,黄河三角洲文化产业可持续发展既要满足当代人的文化需求、文化生产和文化消费,又要满足后代人的文化需求、文化生产和文化消费,保障各代人都应有平等的选择机会。

(2)要坚持持续的原则

持续性原则源于人类社会发展对可持续性的要求。黄河三角洲文化产业发展不仅要求保持文化生态的持续性、文化产业发展的持续性,还包括保持满足社会文化需求能力的持续性,从某一个侧面反映了可持续发展的公平性原则。它要求保持文化产业发展的持续性,还包括对文化资源利用、文化环境保护以及文化本身发展的持续性。

(3)坚持系统的原则

这里将区域文化产业发展作为一个系统来研究、推进,文化产业发展必须依靠文化资源的承载力、文化环境的缓冲力、文化企业的创新力、社会文化需求能力、文化管理的调控能力以及各种能力间的相互协调。黄河三角洲文化产业可持续发展应以整个系统的整体利益和长远利益来评价,以保证短期利益与长远利益、局部利益与整体利益、合理发展目标与适当的文化环境目标相统一。

(4)坚持和谐的原则

黄河三角洲文化产业发展必须遵循自然规律、经济规律和文化规律,通过利用、调节和适应文化环境,达到黄河三角洲文化产业可持续发展与文化环境互惠共生的和谐状态,实现与文化、政治、经济、社会、生态的相互作用、相互促进,为黄河三角洲经济社会发展做出应有贡献。

(5)坚持创新的原则

黄河三角洲文化产业可持续发展以满足当代人和未来各代人多方面的文化需求为目标。而随着该地区经济社会发展和科技进步,人们的文化需求不断增长,黄河三角洲文化产业必然呈现从较低层次向较高层次跨越的发展趋势。虽然某一区域、某一时间会出现影响黄河三角洲文化产业发展停滞的问题,但必须坚持促进黄河三角洲文化产业质量、水平和效益的不断提高,逐步实现从量变到质变的转化。而这一切必须通过创新来实现,所以,坚持黄河三角洲文化产业创新是促进黄河三角洲文化产业发展的一个重要途径。

(6)要坚持开放的原则

坚持黄河三角洲文化产业发展的开放性,有助于充分发挥市场机制作用,为黄河三角洲文化产业发展提供广阔的市场空间。

(三)黄河三角洲文化产业可持续发展体系的构成和特征

1.黄河三角洲文化产业可持续发展体系的构成

有学者提出,文化产业生态由三个子系统构成:一、要素系统,如资金、人才和项目及相关技术等;二、流程系统,包括文化遗存的存量开发、文化机构的资源配置和文化产品在消费市场上的价值实现等;三、支持系统,包括商业性服务机构、政府机构和社会服务机构,决定了产业运作成本和发展水平,这三种资源、三种系统构成了文化产业生态模型。这一观点中提出的"支持系统",对研究黄河三角洲文化产业可持续发展系统具有借鉴意义。如果将黄河三角洲文化产业可持续发展作为一个体系来对待,它应该是由该区域文化产业发展内部系统及其外部支持系统共同构成的动态体系。通过这一方式建立对黄河三角洲文化产业进行研究的理论框架,不仅有助于从产业的角度考察该区域文化产业的发展规律,又便于分析文化产业与外部系统的关系,对该区域文化产业发展进行综合的研究,并提出相应对策和建议,更好地促进区域文化产业发展,对于一般区域文化产业发展也具有指导意义。

2.黄河三角洲文化产业可持续发展体系特征分析

(1)黄河三角洲文化产业可持续发展体系整体性分析

黄河三角洲文化产业可持续发展系统是由相互制约、相互影响的各部分(子系统)组成的,具有一定功能的整体。其整体性表现在,它是由文化企业、文化市场、文化资源、文化环境、文化消费、文化政策以及产业结构、产业布局等子系统组成,各子系统因自身发展要求和共同目的集结在一起,这是该体系整体性形成的原因。

(2)黄河三角洲文化产业可持续发展体系层次性分析

由于系统中层次是从元素质到系统质的根本转变过程中呈现出来的部分质变序列中的各个阶梯,是一定的部分质变所对应的组织形态,黄河三角洲文化产业系统也有高低、上下、内外之分,并且高层次包括且支配低层次,低层次服务并支撑和归属于高层次。黄河三角洲产业可持续发展系统的层次性表现在它是由文化组织系统、文化资源系统、文化环境系统等不同层次的子系统组成。而这些系统又由更小的子系统构成,从而形成了该区域文化产业可持续发展体系的层次性。

(3)黄河三角洲文化产业可持续发展体系相关性分析

由于体系内各子系统不是孤立存在的,因此它们是相互依赖、相互作用和相互影响的。例如,文化产业系统发展依赖文化资源系统、文化环境系统提供资源基础。反过来,文化产业系统的发展又满足文化需求,推动文化发展,进一步促进文化资源的积累和文化环境的改善。

(4)黄河三角洲文化产业可持续发展体系演化分析

由于促进该体系演化有内部因素和外部因素。具体到黄河三角洲文化产业系统,其内部元素、子系统和层次之间相互作用是体系演化的内在动因。系统与外在环境之间相互作用,是体系演化的外在动因。一般内因是主要因素,起决定性作用。在内因和外因的共同作用下,黄河三角洲文化产业可持续发展体系演化机制通过区域文化市场配置机制、区域文化产业空间集散机制、区域文化传承机制、区域文化创新机制及区域文化传播机制等体现出来。要根据黄河三角洲文化产业发展条件和当前文化产业发展趋势,努力促进黄河三角洲文化产业可持续发展体系实现向前和向上演化,向高序和高组织水平、向多层次和较多层次的方向演化。

此外,该系统还具有开放性的特点,是文化产业可持续发展开放性原则的具体体现。坚持系统的开放性,对于促进黄河三角洲文化产业可持续发展具有重要意义。实际上,黄河三角洲文化产业系统的整体性、层次性、相关性和开放性反映了系统内部的不同联系和运动发展规律。

第三节 资源禀赋:黄河三角洲文化产业可持续发展的资源条件

一、特色鲜明:黄河三角洲文化资源状况分析

(一)黄河三角洲各文化发展阶段的文化遗址、遗物

黄河三角洲地区历史悠久,文化光辉灿烂。关于黄河三角洲文化的发展阶段,有学者认为黄河三角洲地区文化发展大致可以分为三个阶段:先秦时期、秦汉至清末、近现代时期。有学者认为黄河三角洲文化的发展经过孕育形成时期(西周之前)、交流融会时期(西周、秦至宋元)和开发兴盛时期(明清以后)。还有学者认为黄河三角洲文化属于当地的土著居民东夷人创造的,经历从远古到商周之际、西周及春秋战国、秦汉至唐宋、元明清时期四个阶段。本文认为黄河三角洲地区文化发展大致可以分为三个阶段:孕育形成时期(自远古到商周)、融合发展和开发兴盛时期(商周以后至元明清)、奋力抗争和发展时期(1840年以来)。

1.孕育形成时期(自远古到商周)

该时期在黄河三角洲的南部,山前环境的地带环境孕育了较多的新石器早期文化。出现了后李文化(距今约8000年)、大汶口文化、龙山文化以及岳石文化等。商周时,黄河三角洲地域性文化形态形成。代表的器物有陶、石、骨、蚌器及青铜器。其中,陶器的陶质、用途、形制、陶色、纹饰,反映了黄河三角洲文化发展的过程和特点。

(1)史前时期

早在后李文化时期,该区域就有邹平孙家、寒亭前埠下等重要遗址。到北辛文化时期,邹平西南庄遗物特点独具,是西南庄类型命名地。大

汶口文化时期,渔业在人们生活中占有重要地位,文化特征明显,以傅家、五村为代表,这一地区类型特点鲜明。到龙山文化时期,该区域文化达到高潮,有边线王、丁公两个龙山文化城址。

(2)商周时期

该时期,该区域是爽鸠氏、薄姑氏等所在。这里已初步孕育的相对独立的地域性文化体系,主要是薄姑氏族等创造的文化。因其具有丰富的盐业资源,而被商周王朝重视。在这里存在着大量的盐业遗址群,近年来共发现与制盐有关的文物点达700余处,两代王朝在此设置了管理盐业的机构,寿光、阳信、滨州、潍坊北部等地出土的该时期随葬青铜器墓葬大多与商业机构的管理与运输有关。

2.融合发展和开发兴盛时期(商周以后至元明清时期)

(1)春秋战国至秦汉时期

春秋战国时期,该地区逐步融入了齐文化。大量传说和史料表明,该区域是齐国早期文化重要分布区域。博兴、高青等县的城址与齐早期都城及邑城有关。近年来,该区域陈庄遗址出土了带"齐公"的铭文,是齐国早期文化研究的突破。齐文化具有灵活务实的特点。同时,该地区的兵学文化影响较大。春秋战国时期著名军事家、思想家孙武就出生在黄河三角洲地区。孙武及所著的《孙子兵法》问世,则体现了齐文化发展的盛况。《孙子兵法》对世界军事、外交、经济、政治、文化都产生较大影响。两汉时期,齐文化日渐衰微,儒家文化逐步占据主导地位,该区域出现了经学大师伏生、欧阳生和东方朔、董永等历史名人。该区域有许多汉代城址,与汉代群郡县设置相对应,在许多文献中都有记载。

(2)魏晋南北朝时期

魏晋南北朝时期,出现了汉文化与游牧文化相互交融的民族大融合局面,儒家文化仍是这一带文化的主流,并出现了孙炎等知名经学家。这一时期,佛教在该地区广泛传播,留下了大量的佛寺、佛塔与佛造像,如广饶的普救寺遗址、惠民的玉林寺遗址、博兴龙华寺遗址、兴国寺遗址以及各地出土的张郭佛造像(广饶县小张乡,国家一级文物)、韩庄佛造像(广饶县西营乡,国家一级文物)、南赵佛造像(广饶县小张乡,国家二级文物)、永宁寺佛造像(广饶县李鹊乡,国家二级文物)等,表明了当时佛教流行的盛况。同时,该地区还出现了大量的石刻遗址。

(3)隋唐宋元时期

唐宋时期,各种文化进一步交融,促进了黄河三角洲地区文化发展。这一时期,该地区出现了著名的政治家、文学家范仲淹,词人李之仪等历史名人。这一时期,主要的文化遗址、遗物有寿光双王盐城金元时期制盐遗存、海丰塔、广饶关帝庙大殿、醴泉寺志公碑等。

(4)明清时期

明时黄河三角洲地区的生产遭到严重破坏。明朝在洪武、永乐年间,从山西洪洞、河北枣强等地迁来大规模的移民到该地区,促进了北方文化与本地文化的融合和该地区发展。该时期还涌现出了无棣"吴氏家族"、滨州"杜氏家族"、惠民"魏氏家族"、利津"李氏家族"等家族,具有深厚的文化底蕴。同时,县学、书院、私塾等培养了大量人才,出现了文化教育兴旺局面。该时期还出现了《绎史》《捃古录》《古泉录》等一批学术著作。主要遗址有魏氏庄园、杜受田故居和杜氏家族文化、昌邑姜氏祠堂等。[1]

3.奋力抗争和发展期(自1840年以来)

党和政府在中华人民共和国成立后加快了对黄河三角洲地区的开发力度,先后兴建了一批国有农场,有力促进了该地区的开发和建设,兴起了农垦文化。1961年,石油工业部华北石油勘探处在该地区打出油井,掀起了该区域石油开发建设的序幕,并成为我国第二大油田,形成了在我国石油工业发展史上占有重要地位的石油文化。改革开放后,特别是该地区建设上升到国家战略以来,该地区的文化发展进入一个新的阶段。

(1)红色文化遗址和文物

根据东营市2011年对新民主主义革命时期(1919年5月至1949年10月)重要革命历史文化遗址普查结果,该市共有新民主主义革命遗址82处,其他遗址22处,遗址总数为104处。按遗址类别统计,重要党史事件和重要机构旧址46处;重要党史事件及人物活动纪念地31个;革命领导人故居3处;重要人物故居2处;烈士墓4处;革命纪念设施18处。该市

---

[1]于明.黄河三角洲文化产业可持续发展研究[D].济南:山东大学,2013:22-25.

有省级文物保护单位2个、市级文物保护单位2个、县级文物保护单位3个;省级爱国主义教育基地有牛庄烈士祠、中共刘集支部旧址、东营市历史博物馆广饶党史展厅、东营市黄河口烈士陵园、渤海垦区革命纪念馆等5个,市级爱国主义教育基地5个,县级爱国主义教育基地1个。滨州是中央渤海区党政军领导机关所在地和渤海革命老区的中心区。渤海老区作为抗日战争时期的山东敌后抗日根据地和解放战争时期山东三大战略区之一,具有长期的革命斗争历史和光荣传统。滨州市现存革命纪念地、纪念物众多,省级爱国主义教育基地已达6处,其他许多县(市、区)也留下了珍贵的红色文化遗址。

(2)石油工业遗址

黄河三角洲的石油开发始于20世纪80年代。该油田目前主要分布在东营、滨州等8个市地28个县区境内,主体部分在东营市境内。1991年原油产量达到3355万吨,至2011年,胜利油田共发现78个油田,累计探明石油地质储量50.6亿吨,产油10亿吨,占我国原油总产量的五分之一,实现利税6039亿元。在油田的发展过程中,留下了众多的石油工业遗址和文物,成为我国石油工业史上的珍贵遗产。

(二)其他特色文化

黄河三角洲文化不仅包括历史文化、红色文化和石油文化,而且还在许多方面表现出鲜明的地方特色。主要体现在以下方面。

1. 黄河文化

据考证,上古三代时,黄河自今河南武陟东北,流经浚县西,折北流至今河北平乡北,分为九条支流。到西汉时,黄河自今河南浚县流经今山东高唐南,折北经德州市东,又向东北流经今沧县入海。从唐末到北宋,黄河多次在山东冠县至漳水间决溢,形成多条支流。南宋到万历初,黄河夺泗入淮,在马颊河、淮河间形成多条支流。万历至咸丰五年(1855),黄河主河道在今郑州东去,经开封、徐州,自泰沂山脉以南入海,但中间多次经大清河入海。咸丰五年至今,黄河主河道固定在现行河道。因此,无论是从主河道固定的时间,还是从支流而言,今天所说的黄河三角洲区域的范围主要确定于汉。该地区拥有黄河故道、老黄河口、铁门关遗址、黄河口造地奇观和湿地景观等重要遗址、景观等。

2. 海洋文化情况

该地区盐业发展历史早、分布广,盐业文化遗产十分丰富,在全国具有重要影响。沾化县杨家、陈家、郑家发现的古陶窑群中出土的"将军盔"及滤器等,见证着黄河三角洲作为齐国"渔盐产地"的历史。从2003年起,该地区陆续发现了从龙文化到商周时代240多处古代盐田遗址群,证实数千年来该地一直是中国重要盐业基地。

3. 农学文化

该地区古代农业文化十分兴盛。生于东魏青州齐郡益都(今山东寿光)的贾思勰编著《齐民要术》,促进了该地区农业的发展。如今,该地区成为山东和全国重要的产棉区和蔬菜产区,体现了鲜明的农学文化特色。《齐民要术》是北魏时期的中国杰出农学家贾思勰于北魏末年所著的综合性农书。该书顺应了历史发展要求。自东汉后至北魏之前,北方战争连绵,使农业生产受到极大破坏。鲜卑族的拓跋氏建立了北魏政权并逐步统一北方后,社会秩序逐渐稳定。北魏孝文帝提倡汉化运动,对农业十分重视,实行均田制,使农民获得了大量的土地,刺激了农业生产的发展。同时,北方长期以来积累了丰富的农业技术,耕作技术、防旱技术等得到进一步提高,客观上为农学的发展提供了条件。

4. 移民文化

自明初以来的六百多年间,黄河三角洲先后出现过三次移民迁入大潮。第一次是明洪武、永乐年间山西洪洞与河北枣强大量移民迁入。第二次是20世纪二三十年代鲁西和部分军队移民迁入。第三次是20世纪五六十年代来自鲁西和全国各大油田的移民。除此之外,小规模的移民更是源源不断。这些移民的迁徙,促进了文化融合,使该地区民间饮食等多方面都体现出鲜明移民文化的特色。

(三)黄河三角洲非物质文化遗产状况

根据联合国教科文组织《保护非物质文化遗产公约》和国务院办公厅《关于加强我国非物质文化遗产保护工作的意见》,黄河三角洲地区非物质文化遗产应包括与黄河三角洲地区人民生活密切相关,世代相传,并被社区、群体或个人视为其文化遗产组成部分的各种传统文化表现形式和文化空间。黄河三角洲地区非物质文化遗产较为丰富:滨州市非物质文化遗产已有国家级文化遗产名录项目9项(惠民胡集书会、博兴董永传说、博兴吕剧、滨州市吕剧团吕剧、滨州剪纸、沾化渔鼓戏、阳信鼓子秧歌、惠民泥塑、博兴县的柳编)、省级项目17项(董永传说、清河镇木版年画、惠民泥塑、滨州剪纸、博兴县吕剧、东路梆子、渔鼓戏、抡腔、胡集书会、黄河号子、鼓子秧歌、蓝印花布印染技艺、滨州市吕剧、武定府酱菜制作技艺、博兴草编编织技艺、西河大鼓、东路大鼓),市级86项,县级279项。东营市有2项入选国家级非物质文化遗产名录(东营区吕剧和陈官短穗花鼓)、省级名录项目6项、市级名录项目14项、县(区)级名录项目41项。莱州市有国家级非物质文化遗产保护名录3项(蓝关戏、掖县滑石雕刻技艺、莱州草辫技艺),另外"莱州毛笔制作工艺"等列入省级和烟台市级保护名录;潍坊市寒亭区《柳毅的传说》、杨家埠木版年画入选国家级非物质文化遗产名录;寿光市有省级文化遗产名录3项、潍坊市级非物质文化遗产名录17项、寿光市级非物质文化遗产名录60项;昌邑市非物质文化遗产项目进入省级名录的有2项(小章竹马、柳疃丝雕工艺),潍坊市级名录的有6项,昌邑市级名录有35项;庆云县有市级名录3项(海岛金山寺传说、唐枣树的传说、吴钟八极拳);乐陵有德州市级名录6项(王母殿的传说、乐陵金丝小枣的传说、河北梆子、东路梆子、刘氏唢呐吹咔、大实话等);高青县秃尾巴老李传说入选国家级非物质文化遗产名录,国井扳倒井酒井窖酿造工艺入选市级遗产名录;等等。

二、系统保护:黄河三角洲文化资源保护的途径选择

文化产业可持续发展,客观上要求实现区域文化资源系统的可持续发展。要做好历史文化资源和非物质文化资源等的保护和开发利用工作。

(一)黄河三角洲文化遗产保护的重要性和紧迫性

1.加强文化遗产保护是促进该地区文化多样性的重要手段

文化遗产作为重要的历史遗存,是漫长的民族和区域发展史的重要见证。黄河三角洲地区文化遗产是该地区传统文化的重要载体,也是我国民族传统文化遗产的重要组成部分,具有鲜明的区域文化特色。加强对本区域文化遗产的保护、管理和利用,能够传承优秀文化传统,促进区域文化发展,振奋精神,增强自豪感和凝聚力。同时,由于黄河三角洲地区文化遗产是在特定历史时期经济社会条件下的产物,随着经济社会发展、科技进步和人们生产生活方式的改变以及外来文化消费方式的冲击,大量珍贵文化遗产正迅速消失,文化遗产保护形势十分严峻。例如,黄河三角洲拥有丰富的石油文化遗产。而在国内外一些资源面临枯竭的城市和衰败地区,工业遗产被看作是城市发展的重要财富,并通过充分发挥其作用,有效促进了地区城市发展转型。该类城市中所谓的衰败地区,由于地区物质环境的衰败等导致地方税收的减少与市政补贴的增加。做好城市更新,有助于提高地区的经济活力,复苏经济,增加城市的繁荣。黄河三角洲地区大量的石油文化遗产也有一个保护、开发利用和维护区域文化多样性、造福社会、促进发展的问题。所以,在全球经济一体化的浪潮中,加强黄河三角洲文化遗产保护,对于继承优秀传统文化,维护和促进区域文化和民族文化的多样性和丰富性,具有重要意义。

2. 加强文化遗产保护是维护该地区各代人文化权利的重要途径

随着经济发展和社会财富的积累,人们对于文化的需求不断增长,更加追求平等的文化权利。这种文化权利既包括本代人平等地享有文化发展成果的权利,实现应有文化经济权益和文化认同,又包括后代人能够享有同等的权利。由于文化权利是依附文化而形成的权利,如果不注重对文化存在载体的保护,就会使本地区、本民族文化在外来文化的冲击下,失去其多样化的文化存在,文化权利和文化经济权益就会成为无源之水和无本之木。当代文化遗产的破坏在一定程度上也会破坏后代人的文化权利。目前,我们对文化遗产保护观理念还需要进一步改变。例如,我们对文化遗产功能的研究往往重于静态保护,而疏于活态保护。一般活态遗产比静态遗产有更多和更复杂的功能。黄河下游黄河文化遗产,属于线型文化遗产。其保护应从动态的角度来研究,揭示其保护对当代人和后代人的重要价值,提出重要保护措施。所以,加强黄河三角洲地区文化遗产保护能够为黄河三角洲地区各代享有平等的文化权利提供资源支撑。

3.加强文化遗产保护是推动该地区文化产业可持续发展的重要条件

《黄河三角洲高效生态经济区发展规划》提出"充分发挥黄河三角洲文化资源优势,培育壮大文化企业"的要求。文化遗产是文化创新的重要基础,是发展区域文化产业的重要资源。国际文化产业发展实践证明,一些国家和地区重视文化遗产保护,并借助先进科技和文化创新创意对文化资源进行开发利用,培育和发展了实力雄厚的文化产业和文化产业集团,有的还占据了全球文化市场,成为本国或本地区经济的增长点和支柱性的产业部门。这些文化产业或产业部门大多是在一定文化基础上进行创新发展的结果。保护文化遗产,不仅能够在促进文化可持续发展方面发挥重要作用,而且能够为区域文化产业发展提供丰富、持续的文化资源保障,并促进该区域文化资源的再生和积累,实现区域文化创新和区域文化产业的可持续发展。所以,实现黄河三角洲文化产业可持续发展,必须采取有效措施促进文化遗产保护的规范化,推动文化遗产开发利用的科学化。

4.加强文化遗产保护是建设黄河三角洲高效生态经济区的必然选择

《黄河三角洲高效生态经济区发展规划》提出了要加强潍坊杨家埠木版年画、吕剧等一批国家级非物质文化遗产保护,在文物藏品比较丰富的地方建设一批市县博物馆的要求。同时,随着黄河三角洲高效生态经济区开发上升到国家战略,该地区的开发建设也进入了快速发展阶段。在开发建设的过程中,新的建设项目和建设工程、新的生活方式都使本地区的文化遗产保护形势变得更加严峻。如果不采取有效保护措施,将导致该地区大量的物质文化遗产和非物质遗产加速消失或毁灭,影响后代人的文化权益和文化利益。增强做好文化遗产保护工作的责任感和紧迫感,系统保护黄河三角洲地区文化资源,是当前和今后一个时期黄河三角洲高效生态经济区建设中一项较为迫切的任务。

(二)黄河三角洲文化资源保护原则和措施

1.黄河三角洲文化资源保护的基本原则

(1)坚持本真性原则

20世纪60年代,"本真性"一词被首次引入文化遗产保护领域。1964年的《威尼斯宪章》提出"将文化遗产真实地、完整地传下去是我们的责任",表明坚持本真性就是要保护原生的、本来的、真实的历史原物,保存它所遗存的全部历史文化信息。1994年的《奈良文件》,将其作为保护文化遗产的一项基本原则。世界遗产委员会也规定了本真性是检验世界文化遗产的重要原则。坚持本真性原则,就是在文化资源保护过程中去伪存真,通过鉴别、考证,真正保持文化资源的原生性。这是对文化资源进行有效保护和利用的重要前提条件。在文化资源保护中坚持本真性,保存其所承载的有价值的历史文化信息,体现出文化资源保护应有的成效和价值,并通过文化创造,形成经得起时间和市场检验的文化精品,促进当地文化产业的发展。坚持本真性原则,还能节约宝贵的文化资源保护经费和利用成本费用,将更多真正的文化遗产纳入保护范围。

(2)坚持平等性原则

这是平等保护理念的具体体现。文化资源是文化生态系统的重要组成部分。人类在发展文化产业满足其多方面文化需求的过程中,文化资源和文化环境系统对其支持能力也是有限度的,同样必须考虑后代人的文化需求,通过采取多种措施,实现对文化资源的永续利用,实现对文化产业发展的永续支持,实现文化产业的永续发展,从而使当代人和后代人拥有利用文化资源满足自身需求的平等权利。除此以外,平等性原则还体现在以下方面:一是在处理人类需要与文化资源关系上坚持平等地位,要求在文化资源保护和利用的过程中不能以人的需要为中心,而要兼顾文化发展规律和文化资源发展规律,给文化资源应有的发展空间,决不能为了人类的需要竭泽而渔、破坏性利用。二是处理个人与文化资源关系上要求权利和义务的统一,强调文化资源是人类的共同拥有的财富,不能随意剥夺任何人公平利用文化资源的权利,任何人也不能在享有利用权力的同时,推卸保护的责任。三是在处理不同国家(区域)间与文化资源间的关系上,坚持建立平等互利的国际(区域)文化资源保护利用秩序,加强国家和地区间的合作,避免对文化资源进行掠夺和破坏,避免以大欺小、以强凌弱,共同维护全球的共有文化财富。

(3)坚持整体性原则

这是系统性保护理念的具体体现。由于文化资源以丰富多样的内容和形式存在,要注重对文化资源及其存在环境、产生条件等的系统保护,力求保护文化资源的全貌,确保被保护文化资源全面、真实、客观地反映其所包括的珍贵文化信息,还原其应有的文化面貌。要注重对不同阶段文化资源的系统保护,力求保护完整意义上的文化资源,尽可能清晰反映文化发展的脉络,提供更多珍贵艺术价值和研究价值,维护和促进文化资源的传承发展。

(4)坚持统筹原则

为了维护文化资源系统发展持续性,必须坚持把保护与开发利用有机结合起来,坚持"保护为主、抢救第一、合理利用、传承发展"的方针,即保护是利用的前提;抢救是减少文化资源流失的重要手段;合理利用能够使文化资源得到充分利用和弘扬,并为文化产业可持续发展提供了坚实的基础;传承发展是文化资源抢救、保护和利用的根本目的,使文化资源在当代实现再生和进一步的积累。

2.黄河三角洲文化资源保护的主要措施

(1)要坚持文化资源保护平等、系统、开放、协调、科学、可持续发展的理念,积极做好文化遗产保护工作

第一,要树立平等的文化资源保护观念。生态伦理观主张在生态系统中人类与其他要素一样处于平等地位,其行为也应以与自然和谐发展为准则。现代生态学提出生态系统各要素都有自身的价值和功能,而各要素之间又是相互联系、相互依赖和相互作用的,不能忽视任何要素的作用。生态法主张从法律上给予自然和人以平等地位,从而改变了传统法的价值论和本体论。在文化资源保护过程中,实现文化资源系统的可持续发展,要树立平等的文化保护观,充分尊重文化资源,在文化生态系统、文化和文化产业相关法律规范中的应有价值和地位,充分尊重文化资源系统自身的发展规律,并在资源利用的过程中通过合理保护,促进文化资源实现内容再造和递增式发展,最终实现文化生态系统中人与文

化环境的和谐发展。

第二,要树立系统的文化资源保护观念。由于文化具有多样性,文化资源系统更是一个多种文化要素相互联系、相互影响的复杂系统。2001年,《世界文化多样性宣言》提出了维护文化多样性的重要意义。2003年,《保护文化遗产公约》确认保护文化遗产对维护文化多样性的重要作用。在黄河三角洲文化资源保护过程中,要通过加强对各类文化资源的保护,努力维护本区域文化资源的多样性和特色性。为此,要突破对文化资源单纯从点上进行保护的旧模式,对各种文化资源及其存在环境进行系统保护。特别是对尚有生存的条件并发展着的文化资源,要根据其发展规律对其产生条件、存在形态和环境、发展的脉络进行全面考察和系统保护。对于已失去继续发展条件的文化遗产,由于其是某一历史条件下文化创造的结果,反映了当时历史状况,具有一定研究价值和历史价值。因此,要梳理其发展过程,做好相关记录、现存实物和相关环境的保护,防止其流失。统筹保护黄河三角洲地区文化遗产,兼顾城市和农村文化遗产保护、地上与地下文化遗产保护、陆地与水下文化遗产保护,将现有国家、省、市、县四级文化遗产保护体系进一步延伸至乡,建立覆盖黄河三角洲、较为完备的文化遗产保护体系。

第三,要树立开放的文化资源保护观念。由于文化的传承性,文化资源系统是在不断积累、沉淀中逐步发展的。同时,随着科学技术进步、经济社会发展和人们文化消费需求的日益增长,文化发展的步伐越来越快,文化资源积累的速度也不断加快。特别是现有技术手段对文化资源保护更为便捷、有效。文化遗产保护史实际上就是一部不断扩大保护内容、强化保护措施的历史。最初主要是个人、博物馆的收藏,其后又发展为避免战争对文物的破坏和加强对地下文物的保护。

第四,要树立协调的文化保护观念。由于文化资源不是孤立存在的,它既是一定历史条件下经济社会发展的产物,又与经济社会息息相关。由此,要实现区域文化资源系统的可持续发展,必须正确处理其与文化、文化产业以及政治、经济、社会等系统的关系。如果文化资源保护脱离与其他系统的联系,就无法实现文化资源系统的不断积累及更快发展,其已有的存在和未来的发展都难以保障。所以,建立文化资源系统与其他系统间协调发展、共同促进的关系,是文化资源保护过程中一个不可忽视的重要问题。

(2)要制定和完善保护规划,促进黄河三角洲地区文化遗产保护

第一,要成立黄河三角洲区域文物保护研究机构,加强对该区域文化遗产保护工作的专题研究,并根据建立文物保护新体制和文物保护"五纳入"要求,真正把文化遗产保护纳入当地国民经济和社会发展计划、纳入城乡建设规划、纳入财政预算、纳入体制改革和纳入各级领导责任制。

第二,要借助科研机构和高等校院力量,根据黄河三角洲高效生态经济区发展目标、发展要求,结合地区实际,科学编制《黄河三角洲高效生态经济区文化遗产保护规划》。在此基础上,将其核心内容和主要目标纳入山东省和相关市级国民经济和社会发展整体规划。

此外,还要做好文化遗产规划落实,将上述规划和计划内容进行分解,具体落实到部门和单位,并对规划和计划执行情况进行科学评价和认真考核,推动本地区文化遗产保护工作不断取得新的进展。各市、县也要制定本地文化遗产保护规划和年度保护计划,以促进上述规划和计划的实施。要加强该规划与黄河三角洲地区文化发展规划、文化产业发展规划、城市建设规划、农业建设规划、水利建设规划等各专项规划的衔接,真正把文化遗产保护工作落实到经济社会发展的各个方面。

(3)要结合现代化建设加强黄河三角洲地区文化遗产保护

第一,结合城镇化建设加强保护。根据《黄河三角洲高效生态经济区发展规划》确定的主要指标,黄河三角洲地区城镇化水平将由2008年的42.5%,发展到2015年的54%和2020年的60%,这样在今后一段时期必然出现一个城镇化快速发展的时期。在城镇化过程中,要成立文化遗产保护协会,加强对城镇化发展过程中文化资源保护与开发的调查与研究,并着力做好相关建设项目开工前的文化遗产勘察、发掘和保护,同时把小城镇、城市建设与优秀传统文化弘扬有机结合起来,体现鲜明的区域特点和文化特色。

第二,结合基本建设加强文化遗产保护。要积极落实文物保护法要求,将文化遗产保护列入基本建设审批和规划程序。目前,未经文物部门批准,开发商擅自施工破坏文化遗址的现象屡见不鲜。因此,要在保护文化遗产的前提下进行各种基本建设和生产建设,必须正确处理文化

遗产保护与基本建设的关系,加强对该地区地下和地上文化遗产的保护。

第三,加大对破坏文化遗产行为的处罚力度。将文化遗产保护工作真正纳入各级责任制。积极探索对违反文物保护法、非物质文化遗产保护法,加大对具有重要价值的文化遗产造成严重破坏行为的处罚力度,对相关人员追究法律责任,以加强对建设范围内各级文物保护单位、地下未知文物和文化遗产环境的保护。

第四节 结构调整:黄河三角洲文化产业发展方式转变的重要举措

一、黄河三角洲文化产业结构对文化产业可持续发展的影响

(一)文化产业结构对文化产业发展方式的影响

由于文化产业具有自身发展规律,其发展由内部因素和外部因素共同决定,其中内部因素是决定性因素,外部因素通过内部因素发挥作用。系统的内部结构是决定系统的重要因素,在一定程度上影响着系统的整体功能和总体发展方向。当黄河三角洲的文化产业各组成部分以数量扩张为主、忽视产业技术改进和生产水平提高时,该系统发展总体上为粗放式发展的方式。该发展方式下的各文化企业发展主要靠对文化资源的消耗来维持。由于这种生产方式对文化资源挖掘不够,因此不能很好地实现文化资源向高端文化产品的转化,不符合文化资源发展和利用规律,甚至对当地文化资源产生一定损害。由于各文化企业生产的文化产品经济价值和社会价值不高,因此极易在激烈的市场竞争中被淘汰出局,难以积淀下来,有效促进区域文化资源的再生。此外,劳动力成本的提高、外来高端产业的挤压和文化产业的高成本、低效益、高风险等因素,也在一定程度上影响着黄河三角洲文化产业的可持续发展。

(二)黄河三角洲文化产业结构对文化产业发展水平的影响

由于资源和资本对文化产业发展的影响越来越小,文化创新创意、文

化科技越来越决定着文化产业发展的质量。文化产业发展较快的区域，主要表现为逐步产生了一批创新意识强、科技手段先进、生产效率高的文化企业，这些企业通过发挥人才的创造性、现代科技的先进性、资源的丰富性，不断实现文化资源向文化产品的快速转化。一些影响力和竞争力强的文化品牌和文化企业，通过兼并、重组和联盟实现跨行业、跨区域扩张，形成了先导文化产业集群。为适应激烈的市场竞争，区域其他文化企业在这些产业集群的激励或带动下，也不断提高自身发展水平，从而形成先导企业与其他企业有机组合、初级企业与中高端企业合理搭配的文化产业动态发展结构。因此，必须积极优化黄河三角洲文化产业结构，不断加快文化产业的创新步伐，努力实现黄河三角洲文化产业向更高水平发展。

（三）黄河三角洲文化产业结构对文化产业发展趋向的影响

黄河三角洲文化产业可持续发展，要求必须保持产业内不同行业或企业的适当比例。而区域文化企业最终是在不断满足文化消费者的需求中发展的。每一个文化行业或企业的生产都是从考察区域文化消费开始，总是生产那些受消费者欢迎、消费量较大、能够带来较大经济利益的文化产品。但企业并不只是通过被动的生产和销售来满足消费，还通过宣传产品等方式来引导消费，对消费者施加影响，逐步培育和壮大自己的文化产品消费群。黄河三角洲文化产业结构在一定程度上反映了该区域的文化消费结构和文化企业对该区域多样化和层次性文化消费的满足程度。同时，也不同程度地影响着文化产业发展的方向。所以，要跟踪新形势下日益增长的黄河三角洲文化消费需求，及时调整区域内不同文化行业的比例和规模，重视对一些基础性行业和具有较好发展潜力产业的扶持，并通过发挥相关文化企业的服务作用和带动作用，影响区域文化产业发展方向，提升文化产业的整体创新力和竞争力。

二、黄河三角洲文化产业结构调整的措施

2003年，我国制定的《中国21世纪初可持续发展行动纲要》提出了推进"可持续发展"的具体措施。该文件在推进经济可持续发展方面提出，要按照"在发展中调整，在调整中发展"的动态调整原则，通过调整产业结构、区域结构和城乡结构，积极参与全球经济一体化，全方位逐步推进

国民经济的战略性调整,初步形成"资源消耗低、环境污染少的可持续发展国民经济体系"。促进黄河三角洲文化产业可持续发展,也需要根据当地实际和目前发展任务,对文化产业结构进行合理调整,逐步形成文化产业可持续发展体系。目前对黄河三角洲文化产业结构进行调整,主要看这种结构能否有助于保持黄河三角洲文化产业系统的整体性,有助于培育和发展该区域文化产业新的增长点,形成较强的产业实力。黄河三角洲文化产业优化,要求合理处理各类文化产业比例,从根本上改变文化产业粗放式发展和低水平状态,实现黄河三角洲文化产业集约化和可持续发展。根据一些省、自治区、直辖市发展文化产业决策,总结国内外文化产业发展经验,结合自己以前对这方面问题的思考,提出以下文化产业结构调整建议。①

(一)培育和发展重点文化产业

黄河三角洲传统文化产业在区域产业结构中占有较大比例,影响着黄河三角洲产业的整体功能和效益,影响着区域可持续发展。面对新科技发展和文化需求的不断增长,传统文化产业受到来自新兴产业等其他行业和区域外同行业越来越激烈的竞争,黄河三角洲传统文化产业门类面临着较大的生存压力。传统文化产业是时代发展的产物,除个别门类不适应时代发展要求被淘汰外,大部分传统文化产业总体上存在着地域间发展的不平衡问题,也面临着通过创新或改造能够实现新发展的良好机遇。促进黄河三角洲传统文化产业升级,增强黄河三角洲传统产业的科技含量和创新能力,建议从观念、技术、人才和营销等方面采取以下措施。

1. 要更新产业发展理念

黄河三角洲传统文化产业经历长期的发展和积累,包含着丰富的黄河三角洲文化元素,是黄河三角洲文化特色的重要体现。其面临的生存和发展困难主要是由于在发展观念上没有适应文化产业发展的新形势,进行思想解放和观念上的更新。

---

① 张振鹏,栾晓平. 黄河三角洲文化产业发展再思考[J]. 山东社会科学,2013(02):111-115.

2. 加强原创性产品产销

目前传统文化产业行业普遍存在的突出问题就是很多文化产品的生产停留在模仿、整合、复制和迎合上，缺少深度的创新、创造，不仅耗费了大量资金，而且极易因产品的同质化而引发恶意竞争，影响产业的高水平发展。实践证明，那些在市场竞争中占有优势的传统文化产业，运用先进技术和理念，经过改造能够焕发出新的生产和活力，推出了产品创意和制作技术、生产工艺完美结合的特色原创性文化产品，在激烈的市场竞争中争取主动。为此，要重视开展深入细致的市场调查，做好原创性产品的市场定位，做到与新形势、新需求和新技术的密切结合，从根本上改变文化企业生产的主观性、盲目性，避免同质化生产。要扩大创作策划源，加强文化企业与高校、学术单位、文化创作机构、文化科技机构的合作，鼓励群众创作、创造，注重创作策划人才培育使用，以吸引、创作、创造更多体现时代特点和科技进步要求的原创性作品。要建立原创性作品现代展示平台，从多方面对创作的价值给予充分肯定，促进原创性作品在不同创作者、生产者、销售者间的合理流动，促进原创产品产权交易。要建立现代产品评价体系，对产品的创意、策划和设计去粗取精、去伪存真，真正将那些为消费者喜爱、具有强大生命力的原创性作品纳入生产流程，将优秀的产品创意、策划和设计付诸企业实际生产阶段。要建立综合评价体系，在坚持社会效益的前提下追求更好的经济效益，鼓励传统产业通过升级改造、成本核算、开拓市场，实现应有经济效益。

3. 加大政策扶持力度

由于传统文化产业投入大，成本高，没有政府的财政支持很难进行产业升级，政府应建立传统文化产业改造项目，有计划有重点地对一些发展潜力大、与科技结合密切、能够代表区域发展水平的文化传统行业进行提升改造，使之更加适应现代科技发展的要求和全球化日益明显的趋势，由点及面地带动整个传统产业的升级。对于缺乏竞争市场、经济效益不明显的个别行业，经深入论证后可以退出市场竞争机制，纳入公共文化服务体系建设范畴，由国家扶持发展，但鼓励其在生存发展中利用市场手段，增强发展活力。

(二)培育和发展黄河三角洲新兴文化产业

新兴文化产业具有数字化、全球化、网络化、交互性和人文化等特点,并且科技含量高,其发展不仅需要优惠的政策支持,而且应具备充足的科技基础、人才储备和完备的文化产权保障体系。虽然黄河三角洲在促进新兴文化产业发展过程中面临着文化科技创新不足、文化高科技支撑不够、产学研一体化发展链条不顺等问题,但新兴文化产业发展事关黄河三角洲产业发展的未来,应当采取有效措施力求在部分新兴产业门类率先实现突破,打造符合本区域发展要求的新兴文化产业发展优势。对黄河三角洲文化产业结构进行调整,就是要通过采取有效措施,不断增加新兴产业在整个文化产业中的比重,不断提升整个产业发展水平。

第一,要建立支持新兴产业发展的政策支持体系,将新兴产业纳入本区域经济社会发展的总体规划,根据区域条件和要求,确定产业重点,提出发展新兴文化产业的时间表和路线图,并从政策上给予重点倾斜,为新兴文化产业发展创造良好的条件。

第二,要建立支持新兴产业发展的人才和技术支持体系,结合黄河三角洲重点高校和研究机构发展方向和新兴文化产业发展要求,调整学科和研究重点,着力培养本区域新兴文化产业发展优秀人才。采取"送出去"的办法,选拔本区域优秀人才到国家及国外重点高校和研究机构进修学习,开阔视野,重点培养本区域新兴产业优秀技术骨干、经营人才和管理人才。采取"请进来"的办法,重点引进顶尖技术人才,加大对海外高科技人才的引进力度,在政策允许范围内加强与国内外新兴文化产业企业的合作、联合,提升新兴文化产业技术水平。

第三,要建立新兴产业发展的科技创新体系和产销体系,加大文化科技创新力度。根据区域产业发展要求,鼓励抓好原创文化科技和文化产品的生产,做好文化科技向现实生产力的转化。此外,要建立新兴产业发展的区域合作体系,加强与先进区域在技术、人才和研发等方面的合作,采取共同研发或引进研发成果等方式,培育既符合本区域实际,又与先进区域优势互补、错位发展、合作共赢的新兴文化产业。加强与一般区域合作,充分利用其市场潜力,扩大新兴产业发展的市场空间。加强与欠发达区域合作,实现相对落后产业、产能的区域转移,为新兴产业的发展增加空间。此外,通过建立新兴产业联盟,拓宽国际销售渠道,融入国际销售网络,开发国际市场。

(三)培育和发展黄河三角洲外向型文化产业

当今世界,国际政治多极化、经济全球化、文化多样化和文化科技数字化的趋势日益明显,扩大外向型文化产业比例,能够充分发挥国际市场对资源的全球配置作用和自身的比较优势,提高区域产业的开放性,吸收先进技术和管理经验,提高创新水平,增强区域文化竞争力,促进区域产业可持续发展。主要通过以下措施,推动黄河三角洲外向型产业发展。

第一,要完善扶持黄河三角洲外向型文化企业政策。要根据国家政策和文化产业国际化发展要求,出台区域优惠政策和激励措施,鼓励区域文化产业在走出去的过程中逐渐壮大。要深入研究国际文化贸易规则,积极探索与世界各国、各类国际组织文化行业进行交流合作,不断提高区域企业的国际化水平。

第二,要打造黄河三角洲文化产业国际品牌。围绕国际市场需求,打造具有自主知识产权和核心竞争力的文化产业品牌,展示区域文化特色。鼓励区域文化企业走出去,通过拓展境外业务、到境外投资、进行境外并购、开展境外合作等途径,发挥国际市场全球性的资源配置作用,进一步整合国际资源,培育具有影响力的跨国文化产业集团。

此外,要拓宽黄河三角洲文化产业国际营销渠道。必须充分借鉴国际文化传媒市场运作模式,通过组织或参加有影响的国际大型展会和文化活动等方式,推动区域文化行业品牌进入国外主流消费社会。整合和巩固海外已有营销网络和渠道,搭建数字内容资源跨境投送平台,实现区域行业品牌较快地进入国际新型文化产品销售渠道。加强与全球性和区域性大型连锁文化企业的合作,推动黄河三角洲行业品牌成功进入国际主流营销渠道。在此基础上,进一步构建国际立体营销网络,提高国际化水平,提高黄河三角洲文化产业的国际竞争力,取得更多资金、技术和管理经验,促进区域文化产业的可持续发展。

第五节　优化布局：黄河三角洲文化产业发展空间方面的推进措施

一、影响黄河三角洲文化产业空间布局的主要因素

黄河三角洲文化产业布局受政策的影响较大。2010年11月，国务院批复《黄河三角洲高效生态经济区发展规划》，山东省围绕该规划的实施提出了《国民经济和社会发展第十二个五年规划纲要（2011—2015年）》，该地区各市、县根据上述文件制定的规划、计划及相关政策措施，都对该区域产业空间布局产生深刻影响。黄河三角洲文化产业布局受到自然因素的影响。该地区风景秀丽，环境优美，有世界著名的黄河口湿地，自然资源较为丰富。海岸线近900公里，占全省的28%，是我省重要的海洋渔业基地之一。该地区拥有多样性的生态系统，现有2处国家级自然保护区，还是我国重要的能源基地和最大的海盐、盐化工基地。该地区处于大气、河流、海洋与陆地的交接带，是典型的多重生态界面，对于发展生态文化旅游等文化产业提供了优越条件。该区域莱州、昌邑、寒亭、寿光、广饶、东营区、垦利、利津、河口、沾化、无棣等11个县（市、区）土地后备资源最多的地区较为集中，成为吸引文化生产要素聚集、发展相应文化产业的优势所在。

黄河三角洲具有的优越区位优势，为优化文化产业布局提供了良好条件。黄河三角洲北面与京津冀相邻并与天津滨海新区和辽东半岛隔海相望，能够较好承接这些地区的产业转移，成为山东对接京津冀发展的门户地区；该区域东面与胶东半岛连接，南面靠济南城市圈，并与韩日距离较近，面临着主动接受辐射、扩大交流合作、集聚生产要素、吸引各方投资、加快开放开发的良好条件。

近年来，黄河三角洲地区经济快速发展，也为优化文化产业布局提供了良好条件。自20世纪90年代以来，山东省将黄河三角洲开发列为全省两大跨世纪工程之一，黄河三角洲开发取得了重大进展，特别是"十五"以来发展迅速，综合实力显著增强，社会事业不断进步，支撑条件明显改善，人民生活水平大幅度提高，高效生态经济显示出较强的竞争力，

开发建设进入了一个新的历史时期,形成了一批支柱产业、骨干企业和市场占有率较高的知名品牌。原油、原盐、纯碱、溴素等生产能力位居全国前列,化工、纺织、造纸、机械、食品等行业在全省占有重要地位,高新技术产业发展势头良好。县域经济发展迅速,寿光、莱州、邹平等县(市)进入全国综合实力百强县,多个县(市、区)进入全省50强。这些地区都为文化产业布局调整提供了重要的经济支撑。

该地区还有较丰富的文化和自然资源,成为影响区域文化产业布局的重要因素。科技因素、社会因素等其他因素也都影响着黄河三角洲的文化产业布局。

二、关于黄河三角洲文化产业空间布局优化的思考

(一)培育发展黄河三角洲文化产业集聚中心

黄河三角洲地区的东营市、滨州市聚集了众多文化资源、文化设施和文化机构,能够吸引区域内资源和要素,要以此为基础,重点培育黄河三角洲文化产业发展的核心。该区域主要应布局创意文化产业、旅游产业、影视产业、出版产业、新兴文化产业,建设东营中国现代影视基地,形成该区域文化产业发展高地,打造东营黄河水城文化产业核心区、魅力滨州文化产业核心区。要按照"高效、生态、湿地、水城"的规划理念,深入挖掘东营现有水城和吕剧等文化资源,把东营建设成为独具水城文化特色、生态环境卓越的文化名城、石油名城、旅游胜地。要彰显古老黄河文化,提升生态绿色建设水平,将滨州建设成为现代化、文明和谐、民富市强的文化产业核心区。

由于惠民、莱州、广饶、寿光、邹平以及沿海县区,条件完善、资源丰富、创新能力强,因此可以定位为黄河三角洲县级产业集聚中心,并围绕其进行产业集中布局,充分发挥示范带动和辐射作用,促进黄河三角洲文化产业可持续发展。

近年来,发展黄河三角洲主要城市的文化产业也出现了向城郊文化产业扩散的趋势。要围绕上述集聚中心,根据"中心—外围"布局理论和文化产业扩散规律,在产业布局上加快文化产业由城市中心向郊区扩展,在郊区布局文化产业园区,大力发展郊区游和其他文化产业,促进文化产业要素和文化企业由城市中心向郊区扩散。

(二)打造黄河三角洲沿黄河文化产业发展轴

该地区黄河沿岸文化资源丰富,既有黄河改道、填海造田的自然遗产和黄河口湿地系统,又有丰富的黄河民俗、文化遗产和物产,且产业关联性强,具有进行产业布局的良好条件。要以黄河沿线的邹平、惠民、高青、博兴、利津、垦利和沾化等城市为支点,打造黄河文化特色,集中建设和完善黄河及沿岸文化景观、黄河文化特色建筑、沿黄生态农业走廊,打造黄河文化产业区,发展民俗文化产业、黄河旅游文化产业、影视基地等产业,并规划建设黄河岛文化产业园、黄河口文化园、利津黄河大桥风景区和沿黄森林公园,建设黄河水城文化博览园、水城之旅家园,建设三河湖景区、黄河大剧院、黄河文化长廊、黄河楼等,打造黄河沿岸各县(市、区)文明美观的形象标志,举办黄河口文化艺术节、黄河口国际马拉松赛等活动。此外,要加快城市合作步伐,对黄河三角洲文化申报世界自然文化双遗产项目进行调研和分析论证,发展相关演艺和旅游等产业,打造黄河文化品牌。[①]

(三)培育黄河三角洲文化产业带

围绕区域发展重点,集中打造渤海沿岸黄河三角洲休闲服务型文化产业带。该沿线为黄河三角洲黄金海岸,有雄厚的产业基础,拥有丰富的海洋文化资源。《黄河三角洲高效生态经济区发展规划》将该地带规划为集约开发区,该地区将充分发挥未利用土地资源丰富的优势,着力发展生态产业和循环经济,依托东营、滨州、潍坊港和烟台港、莱州港区,建设东营、滨州、潍坊北部、莱州四大临港产业区,打造以四个港口为支撑,以四大临港产业区为核心,以经济技术开发区、特色工业园区和高效生态农业示范区为节点的环渤海南岸经济集聚带。要围绕规划确定的上述发展重点,依托美丽富饶的沿海海洋资源,以海洋文化为内核,以高速公路和海运为连接,以该区域五大临港区为支点,建设集海洋观光体验、休闲娱乐、文化产品制造和销售于一体的文化产业带,集中打造海洋文化旅游业、文化演艺、民俗旅游业、休闲观光、文化产品和服务设备生产以及外向型文化产业,建设莱州云峰山旅游度假区、海岛金山寺景区、海

[①] 周松. 浅谈黄河三角洲文化产业的可持续创新发展[J]. 美术文献,2019(08):143-144.

上油田等自然景观和现代航空、港口等景观。

（四）组织四对"双核"文化产业布局

根据有关学者提出的双核型空间演进结构研究成果（由港口城市和政治、经济、文化三位一体的区域性中心城市及其连线所组成），打造莱州市区至莱州港、滨州市区至滨州港、东营市区至东营港、潍坊市区（寒亭区）到潍坊港四对双核型的文化产业布局。通过"双核"产业布局，充分发挥港口优势、区域中心城市文化产业发展优势、沿线交通便利优势，推动沿线文化产业发展。

最后，在点轴（线）和发展带等发展较为完善后，应适时推进网络式开发布局。要围绕实现空间一体化，把重点放在点、轴、线、带的腹地网络化建设上，逐步形成覆盖黄河三角洲全域、协调一致的网状布局。根据发达国家和地区的文化产业布局经验，在黄河三角洲发展初期，应以非均衡布局发展为主，并注意培养均衡发展因素，为实现该区域文化产业可持续发展打好基础。在黄河三角洲发展进入成熟阶段，应充分发挥政府调节作用，推动区域布局由"非均衡"向"均衡"状态迈进。

第六节　统一、完善、有序：黄河三角洲　　　　文化产业可持续发展的市场条件

一、影响黄河三角洲可持续发展的产业组织因素

产业组织是指生产同一产品的企业在同一市场上集合而成的产业内各企业之间的相互作用关系结构。该市场结构决定了产业内企业规模经济效益的实现与企业竞争活力的发挥之间的平衡。由于竞争机制是影响区域文化市场机制系统中最为重要的、具有决定性作用的因素，它是由市场能够发挥资源配置功能的关键组织体系，能够实现资源的最佳配置和效益最大化。但是，由于竞争和其他因素会导致垄断，从而影响了市场机制的正常作用，所以在黄河三角洲文化产业发展过程中，还要充分考虑垄断因素对市场机制的影响，对不同行业的文化市场结构进行调查、分析和评估，并采取积极的应对措施，促进市场竞争，有效促进文

化产业发展。

(一)影响黄河三角洲可持续发展的文化市场结构因素分析

哈佛学派的产业组织理论在产业组织结构主义大师爱德华·梅森提出两个标准的基础上,进一步提出了市场结构(Structure)—市场行为(Conduct)—市场绩效(Performance)的分析框架(简称SCP分析框架)和相应政府公共政策。根据这一分析框架,文化市场结构是指文化企业市场关系的特征及形式,不仅决定市场行为,还决定市场绩效。对不同的文化市场结构及其影响进行分析,有助于针对不同情况,采取有效对策,更好地促进黄河三角洲文化产业可持续发展。

1. 完全竞争性文化市场结构及其影响

在这种市场结构下,不存在任何垄断因素,由文化市场主体按市场经济规律进行自由竞争。该类区域文化市场结构要求具有大量的区域文化市场主体、区域文化市场客体不存在着任何差别、资源完全自由流动、文化产品生产和消费者完全掌握了解市场信息等条件。由于该类市场结构以完全自由竞争为特点,市场经济规律在这里起到主导作用,市场供求关系决定着市场价格变化,不仅能够最大限度地发挥市场对资源的有效配置作用,而且文化生产者和文化消费者也分别获得所需的利润和商品。该种市场结构还促使生产者通过提高科技水平来不断提升生产效率,从而促进了区域文化科技水平的提高。所以,该类市场结构类型能够促进文化市场的形成、发育和繁荣,符合黄河三角洲可持续发展要求,能够为黄河三角洲文化产业可持续发展提供良好的市场条件。

2. 垄断竞争性文化市场结构及其影响

在这种市场结构下,存在有限的垄断和不完全的竞争,而大多是自由竞争中自然形成的。由于不同的文化产品存在着一定差别,使部分企业能够以自己的特色在部分消费者中形成垄断,获取较多利润,不仅能够激发其创新的动力,而且为其创新提供了必要的资金保障和实践基础。这种市场结构实现垄断必须付出大量的销售成本。消费者能够付出合理的价格得到需要的文化产品,以满足其多层次、多方面的文化需求。从总体上讲,该类市场结构有利于市场培育和发展,有利于黄河三角洲文化创新和文化产业发展。

3. 寡头垄断性文化市场结构及其影响

在这种市场结构下,由于几家企业存在着激烈竞争,会争相降低价格,有利于保护消费者利益;为在竞争中争取主动,能够研发或引进先进技术提高生产效率,带动区域文化产业升级;每个企业都能产生大量产品,增加社会财富,为区域文化产业发展和经济发展做出贡献;具备参与区域外竞争,甚至走向国际市场的资金积累和技术储备。在黄河三角洲文化产业发展中,要防止企业间不计成本的恶意竞争,对本地市场造成巨大损害;同时禁止企业间达成共同操纵市场协议,影响黄河三角洲文化市场培育和文化产业的可持续发展。[①]

4. 完全垄断性文化市场结构及其影响

在这种市场结构下,由单一企业控制本区域某一文化产品产销。该市场结构体现在卖方和市场都具有唯一性,大多是经历长期市场竞争的结果。而某些行业的规模效益、行业保护和政府行为也会造成区域完全垄断性文化市场结构。这种市场结构中,由于大多数企业在优胜劣汰中被市场淘汰,最后保留者垄断着本区域市场,导致不仅本区域同类型新企业难以产生,外来企业进入也存在着较高的壁垒。该类市场结构存在着较大的弊端:一是由于单一企业排斥了同类市场竞争,不利于该类产业在竞争中成长、发展。二是该企业凭借垄断攫取最大利润,损害了消费者和其他生产者的利益。三是该市场结构抑制了产业科技创新,使区域文化产业科技创新发展失去了应有的动力。正是因为完全垄断性市场结构的这些缺点,许多国家都制定了反垄断法,并对有垄断行为的企业进行处罚甚至进行拆解,以维护市场竞争。所以,除个别涉及文化安全的因素,在黄河三角洲文化市场培育和管理过程中,及时对各类文化市场结构进行评估,坚决摒弃完全垄断,保持黄河三角洲文化市场竞争活力,充分发挥市场对黄河三角洲资源的有效配置作用,促进黄河三角洲文化产业可持续发展。

(二)黄河三角洲文化企业市场行为分析

黄河三角洲文化企业为实现其竞争目标,适应市场需求,通常会不断

[①] 王秀海,魏学文. 黄河三角洲海洋战略性新兴产业发展研究[M]. 北京:知识产权出版社,2017:27-30.

调整其竞争行为或协调行为。这些行为受到黄河三角洲文化市场结构的制约,并反作用于黄河三角洲文化市场结构。其中,文化市场竞争行为主要有定价行为、广告行为、兼并行为,能够对文化产业发展产生不同影响。

1. 文化企业的定价行为影响黄河三角洲文化产业可持续发展

一方面,文化企业短期或长期将价格定在足以获得利润又阻止新文化企业进入水平的限制性定价。市场进入壁垒和经济规模影响着企业的这种限制性定价行为。另一方面,有的文化企业为挤压竞争对手和抑制潜在对手而采取降价行为的掠夺性定价。当大企业对于中小企业兼并的成本过高,通常采用这种掠夺性定价办法,并表现出降价的短暂性、缩减产品供给量的目的性。这两种定价行为都干扰了正常的文化市场竞争秩序,对新的企业产生抑制作用。

2. 文化企业的广告行为影响黄河三角洲文化产业可持续发展

文化企业通过发布广告来披露本企业或产品相关信息以提高自身市场竞争优势效果,在打造文化品牌、提升竞争力方面具有重要作用。1997年,迈克尔·H.戈德哈伯在美国发表《注意力购买者》,认为当今社会网络到了登峰造极的地步,是一个信息极大丰富甚至泛滥的社会,现在要把受众的注意力集中到一起是非常困难的。所以,在信息量无限爆炸的年代,有一种东西是非常稀缺和有限的,那就是人们的注意力。由于文化产品受消费者主观因素影响较大,通过广告行为能够吸引消费者的注意力,影响消费者的态度,从而强化文化品牌意识。广告能缩短消费者了解文化产品特点的过程,有效引导消费者进行购买和消费,降低消费者支付价格,并且对劣质产品进行淘汰。一般在品牌生命周期的早期阶段,广告作用一般不太明显。但是在成长期,加强广告宣传,突出畅销商品的特色和使用价值,突出本产品的优势,能够起到较好的宣传效果。所以,黄河三角洲文化产业在发展过程中,文化企业可合理运用广告行为来加大宣传力度,展示产品差异,提高产品竞争力。此外,还应看到优秀广告的完整性表现在两个方面:一是产品名副其实和宣传定位,二是艺术处理和完美制作,二者互相关联。好的产品是广告宣传的基础,美的艺术处理是广告宣传的形式,好的产品加之美的艺术宣传形式,会更具品位和魅力,更受消费者喜爱。反之,那些虚假伪劣的产品广告,在经济文化氛围里只能起破坏作用,尽管艺术表现形式多么完美,最终也会被人们所不齿。经济文化环境遭到破坏,消费群体对产品以及企业失去信任,终遭破坏的也只能是经济。

3. 文化企业兼并行为影响黄河三角洲文化产业可持续发展

一般讲,两个以上的文化企业通过自愿依法订立合同而产生一个企业,能够实现企业产权转移,扩大兼并企业生产和销售规模,进一步降低成本,实现技术和资金上的规模经济效益;能够减少竞争压力,提高文化企业的竞争力;能够优化资源配置,实现社会资源向优势企业集中。但是兼并也会增加市场的集中度,达到一定程度会产生垄断,阻止新的文化企业的产生或进入,形成进入阻碍。所以,对于处于发展阶段的黄河三角洲文化产业市场,可鼓励企业通过兼并扩大规模,实现规模效益,提高黄河三角洲文化产业竞争力,在与其他区域间的竞争中处于有利地位。但也要防止产生垄断,为黄河三角洲文化产业可持续发展带来消极影响。

4. 同时,文化市场协调行为也影响黄河三角洲文化产业发展

有的文化市场企业为了达到共同目标而采取相互协商行为,还有部分文化企业为了达到垄断而结成联盟,这种垄断为许多国家所明文禁止,我国也制定了反对文化市场垄断的有关规定。文化市场结构对企业间的协调行为也有很大影响,一般集中度较高、产品差异小的市场企业实施协调行为的可能性较大。这些为垄断而结盟的行为,不仅损害消费者利益,而且也影响区域文化产业的健康发展,所以需要在黄河三角洲文化市场管理过程中对这些行为进行重点监控,以维护正常的文化市场秩序,促进该区域文化市场的健康、有序发展。

(三)黄河三角洲文化市场绩效评价分析

市场绩效是指在某种市场结构下由一定市场行为所引起的价格、产量、成本、利润、技术等方面的最终成果,它是市场结构和市场行为条件下市场运行的实际效果。对市场绩效评价分析也是对黄河三角洲文化

产业可持续发展进行评估的重要参考依据。对于黄河三角洲文化市场绩效可从以下方面来评价。

1. 以文化技术进步状况来评价黄河三角洲文化市场绩效

第一,受企业规模影响。由于企业的规模不同,它们在推进技术进步方面的作用不同。规模较大的文化企业大多面临着同一规模企业的激烈竞争,具有科技创新的强烈愿望,同时由于它能够投入大量资金、因此拥有一定技术基础和实践经验,技术开发能力较强。同时,规模小的文化企业由于竞争的需要也进行科技创新,并对大企业构成一定压力,能够推动黄河三角洲文化产业的技术进步。第二,受市场结构影响。完全竞争企业由于竞争的激烈,比完全垄断企业有更强的创新动力。而寡头垄断的市场结构中,受中小企业竞争的刺激,为了长期发展,通过创新来巩固自身地位。第三,受技术扩散影响,企业数量越多,市场容量扩张越快,产业劳动密集程度越高、技术创新预期收益越大,企业创新的愿望就越强烈。第四,专利技术。由于专利权是法律赋予的垄断权利,能够鼓励发明创造。要合理规定专利的保护期,使专业技术能够被黄河三角洲文化企业普遍使用,提升区域文化企业水平。同时,要坚决打击侵犯专利权的行为,保护创新发明者应有利益,激发黄河三角洲文化企业创新积极性,促进黄河三角洲文化科技进步。

2. 以规模结构效率状况来评价黄河三角洲文化市场绩效

企业规模效益是指文化企业为增强企业竞争力和抵抗风险能力,减少成本,通过实现横向一体化和纵向一体化所实现的规模效益。企业经济规模与产业规模结构效率密切相关:市场上的主要供应者——文化企业,其形成经济规模,就可通过文化企业产量在整个文化产业的占有份额以及产业内是否存在着企业生产能力的过剩来评价。它受不同规模企业的构成和比例影响,规模较大的文化企业能够承担设计新产品、组织生产、开拓市场的工作;中小文化企业则通过分工,承担配套服务,通过它们之间的配合,实现规模结构效率。此外,受市场结构影响,文化产业市场过度集中或分散,都会降低其规模经济水平。

3.以文化资源的配置效率状况来评价黄河三角洲文化市场绩效

这是衡量文化市场绩效的重要指标。微观经济学理论表明,一般情况下,文化市场垄断程度越高,资源配置效率就越低,相反竞争越充分,资源配置效率越高。据此,在所有市场结构中,完全竞争的文化市场经济一般是均衡且最优的。相比之下,完全垄断性文化市场以较高的价格提供较低的产量商品,并通过获得垄断地位付出大量的费用,而将这些费用转嫁给消费者,使原本能够获得更多产品的文化消费者受到损失,较完全竞争下应创造的社会文化总财富也有所缩小。同时,研究成果表明,垄断文化企业由于缺少外部竞争的压力,内部利益目标的不一致,管理成本的上升,该企业组织内部资源配置呈现低效率状态。除了资源配置效率,还有的学者提出了文化资源再生率体现了文化资本配置效率。由于文化资源要求不断再生新的精神性资源,进一步扩大今后文化资源新的来源。而文化知识产权能够为该区域文化资源参与配置、提高文化资源的再生率发挥积极的作用。

二、黄河三角洲文化市场发展对策

根据可持续发展要求,必须建立完备、统一、系统、有序、开放的区域文化市场,确保市场竞争机制在资源配置中的重要作用。但是在实际区域文化市场发展中存在着市场发育不完备、条块分割、封闭分散、垄断影响竞争机制发挥作用等问题,都在不同程度上制约着区域文化市场的培育和发展。针对这些困难和问题,建议采取以下措施,促进黄河三角洲文化市场和文化产业的可持续发展。

(一)重点培育黄河三角洲文化市场主体

对于经济欠发达的区域,区域文化市场往往发育很不完善,特别是由于长期受计划经济的影响,目前我国大多数地方还在一定程度上存在着政企不分,国有企业缺乏应有的自主权和经营管理权,对于市场信号反应不灵敏,影响了区域文化市场的发育和市场资源配置作用的有效发挥。有的地方实行了转企改制,但是,很多文化企业没有实行真正意义上的产权分离,建立现代企业制度。因此,要坚持改革与培育相结合,重点培育真正区域市场主体。

1. 要加大转企改制力度

要理顺政府与企业关系,合理发挥市场和政府作用,通过继续推进经营性国有单位转企改制,造就更多具有自主经营权、管理权的文化市场主体。

2. 要建立现代企业制度

要深化国有单位生产经营体制改革,建立完善文化企业现代企业制度。要推动企业股份制改造和文化传媒企业上市,实现股权的多样化,按照公司化的要求,设立健全董事会、监事会和管理层。要完善法人治理结构,形成符合现代企业制度要求、体现文化企业特点的经营管理模式。

3. 要深化企业内部制度改革

要继续深化企业内部劳动制度、人事制度和分配制度改革,尽快转换内部经营机制,建立能够充分激发企业职工积极性和创造性的企业内部激励机制、考核机制和真正建立融入市场竞争机制的区域文化市场主体。

4. 还要大力培育民营中小企业

使民营中小企业在市场竞争中与国有企业享有平等的地位,享有同等的竞争机会和政策支持,成为文化市场主体群中的重要组成部分。

(二)优化黄河三角洲文化市场结构

一个区域文化产业市场由影视业、会展业、演艺业等不同的产业文化市场构成,而各类产业市场结构状态不同,所以,根据不同市场结构状况进行调整,能够促进黄河三角洲文化市场结构合理化,实现黄河三角洲文化市场繁荣发展。

1. 根据市场集中度,对黄河三角洲文化市场结构进行干预

实现黄河三角洲文化市场的繁荣发展,需要鼓励市场竞争,充分发挥市场对资源的有效配置。完全垄断,会阻止技术创新、产业发展和文化进步,而市场集中度是反映市场竞争程度或垄断程度的重要指标。根据对市场上卖方数量、市场份额、构成和买方数量、市场份额、构成的分析,可以对市场结构状态进行判断。对于区域寡头垄断性文化市场结构,要加强对已有垄断企业加强管理,防范恶意竞争或恶意协商行为,通过政府管理部门约谈等方式,引导其遵守市场规则合法经营,并向跨区域文化企业发展。对于可能出现的区域完全垄断性文化市场结构,除个别专利、国家文化安全需要,要采取有效措施,防范完全垄断,并适当引导企业向区域外发展。对于市场集中度过低的市场,要采取优惠措施,加大对该类产业的扶持力度,培育和发展竞争市场。

2.通过做大做强文化企业,对黄河三角洲文化市场结构进行干预

由于市场结构是市场经济下市场机制作用的产物。所以,在培育和发展区域文化市场的过程中不能违背市场规律,对企业合法经营行为进行过度干预。同时,为培育或发展某一市场,可以通过出台支持企业研发、引入具有创新性的文化科研成果等措施,促进文化产品的差别化,扩大消费者对该产品的需求和市场份额,扩大规模经济收益,促进该类产业市场发展。

3.通过降低准入标准,对黄河三角洲文化市场结构干预

随着经济和科技快速发展,经济全球化、市场一体化的趋势日益明显。实践证明,改革开放是发展的唯一出路,封闭式发展的道路是走不通的。只有走市场开放之路,才能提高本区域文化产业水平,提高产业整体竞争力。所以,要用开放的思维来发展和培育黄河三角洲文化市场。为此,对于本区域急需发展的新兴文化产业、主导产业,要制定优惠政策吸引域外实力强的文化企业,通过合资、合作生产等方式加强与区域内企业的联合,吸收先进技术、管理经验,提升本区域产业技术水平。

此外,要根据国家法律法规,制定区域法规,对于造成黄河三角洲文化市场实际垄断、影响黄河三角洲文化产业可持续发展的企业,坚决进行处罚。要规范企业市场行为,限制企业价格的共谋行为,规范企业兼并行为,打击侵权和欺诈行为,保护文化知识产权,促进科技创新,鼓励合理竞争。要定期组织对黄河三角洲文化市场绩效进行评估,针对存在的问题及时进行调整。要充分发挥黄河三角洲文化市场作用,维护和促进区域文化市场竞争,努力实现黄河三角洲文化产业的可持续发展。

(三)培育和发展统一的黄河三角洲文化市场

文化市场的分割影响黄河三角洲文化产业可持续发展。正如前文进

行的分析,黄河三角洲文化市场分割相对明显,对于黄河三角洲文化产业发展产生不利的影响。由于脱离大市场,割断了本区域与区域外的市场联系,使本区域文化产业发展难以获得区域外文化资源、文化技术和文化人才的支持,使区域文化产业发展处于较低水平。同时,因缺乏区域外文化市场,本区域文化产业难以参与大市场竞争,并在竞争中做大做强,使区域文化产业竞争力和效益较低;由于缺乏与区域外市场的联系,区域文化市场处于自给自足状态,不仅规模小,而且对资源的配置效率较低,不利于整个区域社会财富的增长。

我国长期的改革开放经验表明,合理开放市场和利用国外市场,不仅能带来资金、技术和管理经验的支持,而且能够提高经济运营的质量和水平,促进科技进步,加快经济发展步伐。我国加入WTO的实践进一步证明,自觉地融入国际大市场,不仅没有阻止我国经济发展,相反为我国经济发展提供了全世界的大市场,充分利用了全世界的资源市场和消费市场。我国能够实现经济总量世界第二位的经济发展成就,与我国实行对外开放战略、加入WTO、实现与世界市场的对接是密切相关的。所以,封闭的区域文化市场不能为一个区域文化产业可持续提供强有力的市场保障,只会导致区域文化市场更加落后、不断萎缩。只有建立统一、开放的市场,自觉融入大市场,才是实现文化产业可持续发展的可靠途径。

为促进黄河三角洲文化产业可持续发展,要实行市场开放战略,从四个方面拓宽文化市场可持续发展的途径。

第一,要建立黄河三角洲与其他区域间文化产业发展的内在联系。要根据区域分工促进区域优势文化产业发展,在此基础上通过市场体系促进区域间贸易发展。

第二,要建立与先进区域文化市场联系,引入先进的技术、经验和管理方法,加快黄河三角洲市场培育和管理水平,提高区域文化市场发展质量和水平。

第三,要加强区域政府、企业间的合作与发展,通过签订合作协议或建设合作平台,形成区域间紧密的文化产业发展、文化市场开放和文化产权交易合作联盟,促进文化市场和文化产业发展的一体化。

第四,建立黄河三角洲文化产业中介间的联系,加强各类文化市场的连接,为文化产业发展服务、为提高市场运行效率创造条件。

总之,区域间通过政府政策和制度统一化、资源共享和产业发展互利互惠、大型企业的跨区域发展以及中介组织机构的补充性作用,能够促进黄河三角洲文化产业间的交流与合作,促进黄河三角洲文化市场与其他区域市场的一体化发展,实现区域文化产业的可持续发展。

第七节 政策扶持:黄河三角洲文化产业可持续发展中的政府作用

一、黄河三角洲文化产业政策系统的特征和作用

(一)黄河三角洲文化政策系统的基本特征

黄河三角洲文化产业政策系统是由该区域政府为了促进区域文化产业可持续发展而主动干预产业活动的各种政策组成的完整体系。也可理解为:该区域政府根据文化经济与社会发展的要求和一定历史时期内文化产业发展的现状和变动趋势,以市场机制为基础,规划、干预和引导文化产业形成和发展的政策系统。它包括政策对象、政策目标、政策实施机构、政策手段以及政策决策、政策评价等内容。区域文化产业政策主要有文化产业组织政策、文化产业结构政策、文化产业技术政策、文化产业贸易政策以及相关的文化资源政策、文化产业创新政策等。黄河三角洲文化产业政策系统有以下特征。

1.该系统具有明显的适应性和区域性

适应性是指产业政策必须适应科技发展、经济进步的时代要求,立足于世界文化产业发展趋势和区域文化产业发展要求,根据区域经济发展阶段和文化产业发展水平,更好地参与区域产业分工,逐步促进区域文化产业发展的合理化、高度化和国际化。同时,区域文化具有鲜明的区域特色,所以,黄河三角洲文化产业政策在促进黄河三角洲文化产业方面应体现出区域特色,并在维护民族文化发展和黄河三角洲文化产业安全等方面发挥重要作用。

2.该系统具有较强的导向性和调控性

黄河三角洲文化产业政策是指导区域文化产业发展的,对于黄河三

角洲文化产业可持续发展具有导向作用。黄河三角洲文化产业又具有一定的意识形态属性,不仅起到提高人们科学文化素质、陶冶情操和丰富精神文化生活的作用,而且还引领人们的价值取向和道德标准,体现出一定的政治性。同时,黄河三角洲文化产业政策还针对市场机制下的市场缺陷,对市场不做、不能做和做不好的问题进行协调,更好地为黄河三角洲文化产业的可持续发展服务,充分体现了政府的宏观调控功能。

3.该系统具有突出的开放性和创新性

由于经济全球化要求建立统一的文化大市场,国际文化产业的竞争主要是科技创新的竞争,这就要求黄河三角洲文化产业政策,必须摒弃封闭起来搞产业的做法,在保护国家文化安全和产业安全的前提下,充分参与国际市场竞争和分工,利用国际资源和国际市场促进区域文化产业发展。同时,积极的区域文化产业政策总是为促进黄河三角洲文化产业发展服务,总是为提高区域文化产业的竞争力和影响力服务,所以,黄河三角洲产业政策应鼓励区域创新,发展新兴文化产业,提升黄河三角洲文化产业水平,促进黄河三角洲文化产业跨越式发展。

4.该系统还具有一定的计划性和风险性

由于黄河三角洲文化产业政策是该区域政府或上级政府在一定时期根据黄河三角洲文化产业发展需要所作出的产业主张,具有突出的计划性,它的实施效果受政策的合理性、科学性、适应性影响,也与政府管理者综合素质和决策能力、执行能力密切相关,同时黄河三角洲文化产业政策的实施还需要大量的人力、财力、物力等方面支持。所以,黄河三角洲文化产业政策具有很大的风险性,必须深入研究,科学决策,稳步实施,定期评估,及时调整,避免由于决策不当、政策实施不当影响黄河三角洲文化产业可持续发展。①

(二)黄河三角洲文化产业政策系统的作用

黄河三角洲文化产业政策系统在促进黄河三角洲文化产业可持续发展中具有重要作用,集中体现在以下几个方面。

---

① 魏建,侯麟科作.黄河三角洲高效生态经济区发展报告[M].桂林:广西师范大学出版社,2020:66-69.

1. 通过规划产业发展来支持文化产业可持续发展

由于黄河三角洲文化产业发展过程中,其面临的可持续发展问题除来自区域内部的产业持续发展问题,还有来自区域外部的区域文化产业发展压力问题。只有充分依靠政府的作用,顺应文化产业发展规律,依托黄河三角洲资源,通过科学制定文化产业发展规划,出台文化产业扶持政策,才能充分利用本区域优势,增强黄河三角洲文化产业的竞争力和影响力,实现黄河三角洲文化产业的跨越式发展。实践证明,韩、日、英、法等发达国家政府针对面临的文化产业发展问题,通过制定促进发展文化产业的扶持政策,兴办文化产业发展园区,调整产业发展结构,促进了本国文化产业的快速发展。所以,在区域文化产业发展过程中,政府的政策决策和实施起到了不可替代的作用。

2. 通过解决市场无法解决的问题来弥补市场缺陷

在促进黄河三角洲文化产业发展的过程中,存在许多市场机制无法解决的问题,如一些产业发展需要的公共基础设施和基础性产业,由于投资大、收益小,依靠市场的力量无法完成,但又是区域文化产业发展所必需的。同时,区域文化市场机制往往带来垄断和过度竞争、文化资源的浪费、文化环境恶化等许多问题。在这种情况下,政府通过制定政策,促进或维护有效竞争,能够更好地促进黄河三角洲文化产业的可持续发展。

3. 通过优化文化资源配置来改进文化产业发展方式

在黄河三角洲文化产业发展过程中,传统文化产业占有主导地位,需要对现有文化产业结构进行调整,改变黄河三角洲文化产业粗放式发展方式问题。政府通过制定产业发展政策,设置区域文化产业园区、建立产学研一体化平台、推广先进科技,升级传统文化产业,兴办新兴文化产业,能够促进文化产业结构的优化,提升黄河三角洲文化产业发展的综合水平,实现黄河三角洲文化产业发展方式的根本改变。

4. 通过扶持文化企业做大做强来增强文化产业国际竞争力

政府通过培育和发展文化市场,维护黄河三角洲文化产业市场竞争机制,并鼓励区域文化企业通过合法、合理的兼并和重组逐步做大做强。同时,制定区域文化产业对外发展政策,实行文化走出去战略,在确保文化产业安全的情况下,积极开拓海外文化市场,参与国际文化市场竞争,能够进一步提升黄河三角洲文化企业的国际竞争力。

二、黄河三角洲文化产业政策分析

(一)黄河三角洲文化产业结构政策分析

1.制定加快黄河三角洲战略文化产业发展的政策

对于未来在区域产业结构体系中起主导或先导作用的文化产业进行选择、扶植,对于促进该区域文化产业可持续发展具有重要意义。当今的国际文化产业竞争日趋激烈,在一定程度上谁占领了产业创新发展和科技进步的制高点,就在未来的竞争中占有优势地位。黄河三角洲文化产业要提高或形成国际竞争力,必须重视战略产业的培育和扶持。该政策就是为了在未来发展中维持和争取产业优势,选择并扶植与科技创新紧密联系,具有较大的发展潜力,并能够在产业发展起到引领作用的文化产业,适应区域竞争和国际竞争日趋激烈的形势和要求,力求在激烈的产业竞争中争取主动。要分析国际文化产业趋势和发展重点,关注国际文化创新和创意发展要求,对黄河三角洲战略产业进行合理定位。要正确发挥政府作用,重视发挥市场作用和企业自身作用,有选择地采取行政干预和间接引导的方式,促进企业创新发展。

2.制定促进黄河三角洲落后文化产业升级的政策

由于文化产业发展具有周期性的特点,随着科技发展,文化产业发展必然经历一个产生、成长、成熟和衰退的过程,不可避免地经历产业衰退阶段。每一次技术革命和创新都会带来产业结构调整和产业空间转移。旧的文化产业产品需求、销售所占市场份额不断缩小。所以,对于黄河三角洲文化产业发展中的衰退产业,需要制定合理的产业调整政策,实现黄河三角洲文化产业发展系统的不断更新和升级。

(1)大力实施文化产业技术改造和创新的政策

衰退产业产生的主要原因在于其不能适应文化消费需求和文化科技进步要求,面临被消费者摒弃和市场竞争淘汰的危险。但是许多陷入衰退的文化产业经过技术改造能够重新焕发生机。例如,一些区域的传统演艺形式面临着消费群体萎缩、市场发展空间不断缩小的困境。但有的区域经过与文化新科技相结合,加大了舞美创新力度,对原有艺术表现内容和形式进行大胆改革,建立新的演出营销方式,取得了较好效益。政府要通过引导和扶持,鼓励具有发展潜力的衰退产业通过自身改造,增加文化产品的附加值,促进产业升级。

(2)科学实施推动衰退文化产业转移的政策

由于衰退产业具有一定的相对性,区域内产业发达的地方表现为衰退产业,而在区域内和区域外其他相对不发达的地方还有发展的空间。所以,需要向区域内外进行合理的梯次转移。相对不发达的地方,要创造条件,承接这些产业和分工,促进本地文化产业发展。

(3)实施落后文化产业转产和转化的政策

政府通过出台政策指定该产业部门减少或停止某种产品生产,并提供优惠的资金、技术支持,对其企业人员进行培训,促使其尽快实现产业更新、转换。

(4)对于没有改造空间和转移价值,且具有一定历史和研究价值的原有文化产业,如个别流行范围小、缺乏市场竞争力的国有地方戏团要列入文化遗产保护范围进行重点保护,退出文化产业领域。

3.制定扶持黄河三角洲中小文化企业发展的政策

黄河三角洲中小文化产业政策就是区域政府机构为了扶持黄河三角洲中小文化产业发展,促进黄河三角洲文化产业可持续发展而采取的对策。中小文化产业能够对大型文化企业的垄断起到一定限制作用,有效维护市场经济下竞争机制运行,促进文化资源向优势领域流动,并在吸引就业、满足文化需求、培养新兴文化产业、缩小城乡文化发展差距以及增加区域文化财富起到不可替代的作用。

但中小文化企业在发展中也存在着许多困难和问题:许多中小文化企业创新意识不强、资金不足、缺少高附加值的文化产品,对文化资源保护和利用不够,整体效益不高,且布局混乱;由于规模小,在与大型文化企业(或集团)竞争中处于不利地位。为促进黄河三角洲中小文化企业发展,主要应尝试采取以下政策。

第一,针对文化产业风险高、中小文化企业融资难和资金紧张的问题,要实行财政优惠政策,由政府安排资金对文化创业者和中小文化企业技术创新进行专项补贴或提供低息、免息资助,降低或免收部分中小文化企业税费;由政府和相关机构根据企业的潜力和经营状况提供必要的信用担保,完善担保机制;金融机构根据中小文化企业需要开发适宜的融资产品,扩大中小文化企业融资渠道。

第二,针对中小文化企业技术水平低、效益不高的问题,政府机构要鼓励中小企业采用先进技术,通过改造升级,转变发展方式,成功实现企业转型,提高技术水平;鼓励中小企业开发新技术,优先支持技术含量高、发展潜力大的中小企业发展和技术开发项目,并充分发挥其示范带动作用;加强技术人员培训,提高中小文化企业的创新能力。

第三,针对中小企业信息化水平低、产销渠道不完善的问题,积极打造中小企业服务平台,为其发展提供切实保障。

4. 培植大型文化企业的政策

主要包括三个方面的政策:一是企业兼并的政策,减少文化产业内企业的数量,扩大现有企业的规模,提高市场集中度,发挥规模经济效益;二是企业联合的政策,建立企业间的专业化分工协作和企业集团,提高企业的竞争力;三是经济规划与直接管制政策,保护流通企业不仅能实现规模经济,又处于适度的竞争状态,实现本地文化产业发展的最佳效益。

(二)黄河三角洲文化产业布局政策分析

黄河三角洲文化产业布局政策是指该区域政府机构根据文化产业的特点、文化资源条件和市场效益等因素,引导或调整重要产业和整体产业的空间分布状态,以实现黄河三角洲产业合理分工的政策措施。根据该区域发展水平,优化区域文化产业布局,对于促进黄河三角洲文化产业可持续发展具有积极作用。主要应从以下方面制定和完善黄河三角洲文化产业布局政策。

1. 要对黄河三角洲文化产业发展进行综合分析和评价

根据文化产业发展水平确定区域文化产业发展的阶段和要求,制定区域文化产业发展战略,确定黄河三角洲文化产业发展原则、重点产业和重要地区,为制定布局政策奠定基础。

2.要因地制宜

根据黄河三角洲内不同地方文化产业发展水平,确定不同的布局策略。黄河三角洲内部经济和文化产业发展具有不均衡性。在文化产业发展水平较低的地方,文化产业布局政策重点是将资源、财力和技术集中于若干具有发挥优势的地方,重点扶植,使其成长为区域文化产业发展中的增长极,带动区域产业整体发展。在文化产业发展较成熟的地方,产业布局政策侧重于对不发达地方的扶持,发挥其后发优势,促进文化产业的均衡布局。对于处于发展过程中的地方,文化产业布局既要促进产业中心的科技进步和产业更新,又要注意促进产业向区域其他地方的辐射和转移,以促进文化产业升级和发展。

3.要搭建黄河三角洲产业资源流动平台

加强不同地区间的产业联系,取消区域内市场壁垒,建立统一、完善的黄河三角洲文化市场,以实现产业在区域内合理转移和市场对区域资源的基础性配置作用。有的区域文化市场分散、不完善,文化产品创新性不强,存在着低水平的同质化竞争,这与黄河三角洲区域内不同地区分工不明确,缺乏有机联系、相互分割密切相关。

4.要合理确定外向型文化产业的合理布局

国际文化产业发展实践证明,区域文化企业积极参与国际竞争,开拓国际市场,能够在激烈的竞争中不断创新,带动区域文化产业发展。该区域政府机构要针对部分能够参与区域间竞争、具有开拓国际市场潜力的产业,在沿海、沿河、沿交通线和沿边地区进行优先布局,面向国际市场组织生产。要利用各种经济杠杆,扶持外向型品牌企业,并通过加强与不同国家间的文化交流与合作,为黄河三角洲文化产业走出去创造良好的条件。此外,还要通过补贴和扶持,积极引导黄河三角洲文化企业进入国际文化产业销售和产权交易主流渠道。

(三)黄河三角洲人才政策研究

结合国内外经验,根据该区域实际,建议应从以下方面制定人才政策,以适应黄河三角洲文化产业可持续发展要求,培养和造就一支综合素质高、创新能力强的优秀文化产业人才队伍。

1. 制定选人、用人政策

合理的选人用人政策是充分发挥人才作用的重要前提,必须建立健全人才选择和使用政策,充分发挥市场在人才资源配置中的作用,将人才配置到最适合发挥其优势的岗位上。要不断拓宽用人的视野,唯才是举,大胆起用年轻优秀业务人才,并为其成长搭建平台。要尊重和保护文化产业人才的劳动成果,保护其合法知识产权,建立优秀人才奖励制度,充分营造人才发挥才能的空间,提高人才工作的积极性和创造性。

2. 制定人才培养政策

科学的人才培养政策是提高在职人员综合素质的重要手段。要根据黄河三角洲文化产业现实和长远发展需要,制定文化产业专业人才和经营管理人才专项培养规划,建立在职人员业务培训和继续教育制度,设立文化产业人才培养专项资金,进一步完善分配和激励机制,鼓励更多的拔尖人才脱颖而出。要加强高层次人才培养,实施高层次人才培养计划,设立高层次文化产业人才交流培训项目,组织人员到文化产业发达的国家和地区学习、考察,加强政府部门之间、文化机构之间和文化企业之间的人员学习交流,着力培养一批熟悉市场规律、懂文化、善经营的现代文化企业领军人才。要充分发挥人才培养基地在人才培养中的作用。要利用发挥高等院校培养文化产业人才的教育优势,建立和完善学校文化产业人才培养机制,加强相关文化产业学科建设,通过"校企合作"模式建立文化产业人才培养基地,培养文化产业急需的复合型人才。集中资助一批重点研究课题,通过合作方式与有条件的高等院校联合开展文化产业重大理论和实践问题研究,进行文化产业课题攻关,锻炼和培养高水平文化产业队伍。与发达区域间建立区域知识联盟,以学习和创造知识作为中心,交换互补性资源,促进区域间的文化专业、文化技术能力优势互补,在交流与合作中培养优秀文化产业人才。

3. 完善人才引进政策

拓宽引入渠道,引进高端优秀人才。要制定优惠的引进人才政策,有计划、有重点地从海内外引入文化产业发展急需的各类人才,特别注意根据国家政策,积极邀请国外文化产业发达国家和地区主管文化产业的政府官员、文化机构和企业负责人、营销专家前来讲授文化产业相关课程,注意引进海外文化创意、研发、管理等高端人才参与文化产业生产创意和经营管理。除了制定和完善黄河三角洲产业结构、产业布局政策和人才政策,还要制定推进产业创新发展的政策。由于文化科技开发成本与技术收益之间存在着严重的不对称,文化科技创新投资的风险越来越大,而现代文化产业发展越来越依赖于文化科技的进步和文化创新。同时,发达国家对高新技术的严密封锁,发展中国家和落后区域在文化科技上与先进区域的差距越来越大。实践证明,文化产业创新成果越多的区域往往是文化产业发展较快的区域。为推进黄河三角洲文化产业科技创新,要制定黄河三角洲文化科技创新发展长远目标和近期计划,出台制定文化科技进步促进政策,实施黄河三角洲文化科技创新重点工程,通过促进文化科技进步,推进黄河三角洲文化产业合理化和高度化,培育主导黄河三角洲文化产业,积极参与区域间竞争和国际竞争,提高区域文化产业竞争实力,为更好地促进和实现黄河三角洲产业可持续发展提供强有力的技术支撑。要加大对黄河三角洲文化产业的资金支持力度,尝试设立黄河三角洲文化产业创业投资基金,出台其他财政扶持政策,为促进黄河三角洲文化产业可持续发展提供强有力的资金支持。

在文化政策方面,要发挥本地优势产业的作用,促进文化产业与其他优势产业发展的融合发展。在该阶段要充分利用石油工业的资金、技术和人才优势,通过提供文化产业发展资金,培训文化人才、研发文化产业技术等方式,积极扶持文化产业发展,形成石油产业的替代产业,促进该区域经济社会可持续发展。同时,文化产业也要发挥自身的创意、服务和宣传功能,通过创新创意设计,大力发展石油工业服务产业,促进石油产业更好发展。这样通过优势产业和文化产业的优势互补,相互支持、相互融合,共同发展,才能克服资源型经济和资源型城市发展中突出的资源枯竭问题,实现该区域文化产业和区域经济的可持续发展。

第六章 "一带一路"倡议背景下的黄河文化对外传播研究

第一节 "一带一路"倡议与文化传播

在当今世界格局下,全球化成为时代的关键词,渗透到了经济、政治、文化等各个方面,"一带一路"倡议的提出是我国顺应时代潮流而采取的具有突破性的、全局性的、长期性的发展战略,不仅是中国和平崛起的路径,也是促进沿线各国合作交流、互利共赢、和平发展的开放性发展倡议。中华文明博大精深、生生不息,然而长期以来,受到西方国家文化霸权、文化入侵的影响,文化对外传播面临着巨大的困境。"一带一路"倡议为世界各国文化的交流碰撞与理解融合提供了新的契机与平台,为我国文化对外传播提供了新的启示与机遇。

一、"一带一路"倡议

2013年9月7日,国家主席习近平在哈萨克斯坦纳扎尔巴耶夫大学发表题为《弘扬人民友谊 共创美好未来》的演讲,提出共同建设"丝绸之路经济带"。同年10月3日,习近平主席在印度尼西亚国会作题为《携手建设中国—东盟命运共同体》的演讲,提出共同建设"21世纪海上丝绸之路"。"丝绸之路经济带"和"21世纪海上丝绸之路"简称"一带一路"。"一带一路"倡议是我国顺应世界格局变化与历史时代潮流而提出的长期性的发展战略,有其深刻的时代背景和内涵。

(一)"一带一路"倡议的时代背景

就国际而言,"一带一路"倡议的提出适应国际政治、经济、文化宏观局势变化的机遇与挑战。一方面,当今全球安全形势日趋繁杂多变,旧矛盾和新冲突交织杂糅,霸权主义、极端主义以及武装叛乱频发,全球安全治理体系远远落后于国际形势的发展变化。世界和平的维护需要每一个国家的积极参与,"一带一路"倡议正是在这种趋势下,顺应民心、顺应时代的产物。中国展现了负责任大国的担当和作为,积极探寻国际合作和全球治理新模式,为世界课题贡献中国智慧。另一方面,国际文化背景的复杂多样,不同文化要素以及文化形态之间相互排斥、对立,跨文化传播的融合碰撞等问题不可忽视,"一带一路"倡议对于深化我国与亚欧非各国在文化领域的交流合作有着积极的意义,顺应了人类文明交流互鉴的历史潮流,维护了世界文化多样性。

就国内而言,"一带一路"倡议提出的根本在于推动和实现我国自身发展的需要。一是改革开放四十余年,中国经济发展从高速增长转向高质量增长新阶段,产业结构转型势在必行,全面深化改革步入深水区。而我国进出口增长放缓,后劲不足,产能和外汇过剩使得我们亟待与别国进行合作,通过开拓新的空间来促进出口。二是我国东西部地区经济发展严重失衡,中部、西部等欠发达地区亟须大力开发,进而加速我国的对外开放进程,多方位全面提升开放水平和开放层次。"一带"对于激发广大较为落后的西部地区的经济发展潜力至关重要,"一路"有助于突破东部较发达地区经济腾飞的瓶颈。在此背景下提出建构"一带一路",是我国在进入新时代提出的推进全方位发展的重要举措,对我国挖掘新的开放模式,激发新的经济增长动力,解决经济发展新需求有着重要的意义。

(二)"一带一路"倡议的深刻内涵

2015年3月,国家发展改革委、外交部及商务部联合发布了《推动共建丝绸之路经济带和21世纪海上丝绸之路的愿景与行动》,意味着我国迎来了以"一带一路"为主流的对外开放新机遇。"一带一路"沿线各国主要通过"政策沟通、设施联通、贸易畅通、资金融通、民心相通"这五大领域展开合作。政策沟通是"一带一路"合作的基础;设施联通是"一带一路"最迫切的需求;贸易畅通要求构建自由贸易区;资金融通助力实现共商、共建、共享;民心相通是最基础、最长久、最深入的互联互通。

"一带一路"不只是一条贸易路线,更是一种具有抽象意义的文化符号。打造人类命运共同体是"一带一路"倡议提出的最高目标,作为多民族、多文化交汇融合的平台,通过深入沟通、坦诚对话不断深化各个国家间的交流合作,尊重文化的多样性,对多元化文明兼收并蓄,以此推动沿线国家共同发展。

二、文化传播在"一带一路"建设中的重要性

2013年9月和10月,习近平主席提出共建"丝绸之路经济带"和"21世纪海上丝绸之路"的合作倡议,强调加强政策沟通、设施联通、贸易畅通、资金融通、民心相通。其中,"文化包容"和"民心相通"是"一带一路"倡议在文化交流领域的关键词。从"一带一路"建设的探索和取得的成效看,文化传播对于深化"一带一路"建设,实现中华民族伟大复兴发挥着关键性和基础性作用。

(一)加强文化建设是实现中华民族伟大复兴的内在需要

文化兴,国运兴,中华优秀传统文化是中华民族在世界上立足的根本。关于文化在人世间的地位,最明智的说法或许就是丹尼尔·帕特里克·莫伊尼汉的两句话:"保守地说,真理的中心在于对一个社会的成功起决定作用的是文化,而不是政治。开明地说,真理的中心在于政治可以改变文化,使文化免于沉沦。"近代以来,中国沦为半殖民地半封建社会,成为西方的附庸,有些人对中华传统文化极度不自信,把中国的落后归咎于传统文化的失效。改革开放之初,中国的经济、科技、文化等综合国力与西方发达国家存在巨大差距,我们在经济、科技等方面一直处于追赶状态。改革开放40多年来,中国经济实力获得巨大提升,据国家统计局发布的相关数据,2021年中国GDP总量为1143670亿元,中国经济以6.6%的增速成为世界经济增长的最大贡献者,贡献率接近30%,但是中国的文化软实力并没有随之硬起来。中国是具有五千多年文明史、拥有14亿人口的大国,我们的现代化归根结底是中国的现代化,只有从中华文化根基上生长出来的才是真实的、有生命的,才是中华文化主体性和自主性的表现。党的十八大以来,以习近平总书记为核心的党中央提出进一步坚定道路自信、理论自信、制度自信、文化自信,最基础的还是建立在中华民族五千多年绵延不绝文明传承基础上的文化自信。党的十九大提出,实现"两个一百年"的奋斗目标、实现中华民族伟大复兴的中国梦,需要以中华文化发展繁荣为条件,要推动中华优秀传统文化创造

性转化、创新性发展,不断增强中华文化的影响力和吸引力,创造中华文化新的辉煌。①

(二)加强文化建设是中国综合国力和国际竞争力的深层支撑

大国崛起既要以经济、军事等硬实力为基础,也要以思想文化等软实力为依托。习近平总书记指出:"文化软实力集中体现了一个国家基于文化而具有的凝聚力和生命力,以及由此产生的吸引力和影响力。古往今来,一个大国的发展进程往往既是经济总量、军事力量等硬实力提高的过程,也是价值观念、思想文化等软实力提高的进程。"当今世界,文化在国家综合国力中占据着越来越重要的位置。一个国家在文化软实力方面占据优势,才能占领国际竞争的制高点。一个民族只有文化体现出比经济和军事更强大的力量,才能立于不败之地。而中国提出的"一带一路"倡议不带任何文化优越感,这超越了西方历史传统中的那种在面对域外国家的文化与文明等方面的差异时,要么进行征服、要么予以同化的既有路径,成为沿线各国的共同事业,有利于提高人类整体文明水平。

(三)加强文化传播可以有效解疑释惑,消除敌意,为"一带一路"建设营造良好的舆论环境

随着"一带一路"建设的深入推进,中国也面临着一系列挑战。从特朗普上台以来,美对华战略出现重大转变,由竞争中有合作转为全面实施对华遏制战略,美西方政客、媒体对中国的"一带一路"建设进行"妖魔化"宣传,歪曲中国搞地缘政治博弈,渲染"一带一路"沿线国家陷入所谓"债务陷阱"。除了"债务陷阱论",境外媒体唱衰"一带一路"建设的代表性言论还包括"烂尾工程论""文明冲突论""地缘冲突论""得不偿失论""不可持续论"等,这导致一些国家对中国疑虑重重。

因此,中国加强"一带一路"建设,要着重处理好经贸合作和人文交流的关系,通过加强文化交流向"一带一路"沿线国家树立这样一种形象:"一带一路"是中国在传承古代丝绸之路和平友好、兼容并包的思想基础上,为世界政治、经济、文化的全面发展而承担的国际责任,旨在打造同沿线国家互利共赢和共同发展的命运共同体。

---
①龚洁."一带一路"战略下的文化传播研究[D].南京:南京信息工程大学,2017:71-78.

三、在"一带一路"倡议中加强文化传播与交流的思考

习近平总书记强调,要坚持讲好中国故事、传播好中国声音,加强国际传播能力建设,加快提升话语权,增强中华文化国际影响力,展现真实、立体、全面的中国,为实现"两个一百年"奋斗目标和中华民族伟大复兴的中国梦营造良好国际舆论环境。这为我们在"一带一路"建设中加强中华优秀文化传播指明了方向。

(一)要围绕推动构建人类命运共同体、共建"一带一路"等重大课题,把握大势、区分对象、精准施策,使中华文化的传播更有针对性

我们要面向世界特别是"一带一路"共建国家进一步传播习近平新时代中国特色社会主义思想,精心做好《习近平谈治国理政》《习近平论坚持推动构建人类命运共同体》《习近平谈"一带一路"》等重要著作的翻译出版和宣传推介,精心办好与"一带一路"有关的会议及论坛,宣传好中国理念、中国主张、中国方案。在中国日益走向世界舞台中央、世界目光日益聚焦中国的背景下,要以自信而不自满、昂扬而不张扬的姿态,采用国外受众听得懂、易接受的话语体系和表达方式,主动讲好中国坚持和平发展、合作共赢的故事,充分展现真实、立体、全面的中国,不断增进国际社会对中国的了解、理解、认知、认同。

(二)要推动中华文化传播创新,着力重塑文化交流业务、重整工作流程、重构文化传播格局

在重塑业务方面,要打好"组合拳",通过开展合作传播、智库建设、推进"一带一路"软力量建设等,推动中华文化的传播。

目前,我国智库与国外知名智库、知名人士的深度交流还不够,相关成果对国外政要和公众的影响还不大,专业性、学术性有待进一步提高。为此,要按照中央关于加强中国特色新型智库建设的有关政策,进一步加强新型智库建设,发挥各类智库的研究优势、网络优势和资源优势,加强对沿线国家(地区)全方位、多层次的研究,在"一带一路"建设中发挥作用。同时,可以通过文学、艺术、影视、图书等载体传播中华文化,但要注重长远规划,加强优秀作品的翻译推介,以"一带一路"倡议为契机,成建制地翻译中国的社科作品,建立"一带一路"编译所。在重塑流程方

面,要加强顶层设计,建立健全各项工作机制,优化资源调配使用方式。在工作格局上,要进一步加强协调,整合资源优势,调动中央和地方政府部门以及社会各方面力量的积极性,提升文化传播的整体效益。

(三)深入开展各领域合作,形成多元互动的人文交流格局

今后,在加强文化传播方面要广开门路,不能仅仅是政府部门及其文化单位包打天下,要进一步加强"人"的工作,包括海外中资企业的员工、中国的留学生、华人华侨等。例如,对中资企业员工来说,在规范企业投资经营行为、合法合规经营的同时,要注意保护环境,履行社会责任,积极传播文化,成为共建"一带一路"的形象大使。同时,遍布世界各地的海外华人华侨是一支不可或缺的重要力量。海外华人华侨坚守中华文明信仰,始终与祖国的命运休戚与共,特别是对中国的改革开放作出了独特贡献。我们应充分利用华侨社团、商会等民间力量传播中华文化。此外,要坚持讲事实、讲形象、讲情感、讲道理,改变生硬的宣传模式,多进行双向交流。为此,可以加强与西方国家公关公司的合作,用西方人熟悉的表达方式传播中华文化,提升传播效果。还可以推动教育合作,吸引"一带一路"沿线国家学生到中国来学习,通过这些留学生实现中国文化的海外传播。

(四)既要宣介优秀传统文化,也要传播优秀当代文化

传统文化是展示中国形象最丰厚的资源、最亮丽的名片。一方面,要整合资源,真正把传统文化的精神标识提炼出来、展示出来,把传统文化中具有当代价值、世界意义的文化精髓提炼出来,展示出来;另一方面,要把反映当代中国发展进步的价值理念、文化成果、文艺精品推向世界,要把现代化的中国、日新月异的中国展现给全世界。为此,要注意讲好中国共产党治国理政的故事、中国特色社会主义新时代的故事、中国人民奋斗圆梦的故事、中国坚持和平发展合作共赢的故事,不断增进国际社会对"一带一路"倡议的理解和支持。

(五)完善国际传播工作格局,进一步加强国际传播能力建设

习近平总书记指出,落后就要挨打,贫穷就要挨饿,失语就要挨骂。国际传播是中华文化传播中最直接最需要下大力气补齐的短板。我们

在新闻宣传方面存在有理说不出、说了传不开的困境。海外受众获取中国相关信息的主要渠道还是西方媒体的报道,但这些报道中的负面信息较多。近年来,党中央着力推进国际传播能力建设,但目前媒体走出去还是遇到很多困难,如语言障碍、西方国家的阻挠等。今后,要进一步推动中国媒体走出去,鼓励中国媒体与国外的传媒机构采取各种形式的合作,也可以把国外媒体请进来,邀请"一带一路"沿线国家或西方大国有影响力的媒体到中国来进行专题采访,把"自己讲"和"别人讲"结合起来,树立良好的中国形象。

第二节 "一带一路"倡议下黄河文化对外传播的现实考察

一、"一带一路"倡议背景下黄河文化对外传播面临的困境

任何足以改变历史的伟大事业都会遭遇巨大挑战。随着"一带一路"建设的深入推进,我国文化建设自身的复杂性以及沿线各民族间文化的差异性导致文化交流问题凸显,严重影响并制约着黄河文化的对外传播。

(一)我国文化软实力基础相对薄弱

"一带一路"倡议是基于沿线各国"丝路记忆"的共同历史文化积淀基础所提出的,"一带一路"的灵魂所在即文化建设。然而当下,我国黄河文化在吸引力、扩散力等方面仍有欠缺,自身存在严重不足。

1.黄河文化资源虚耗和开发不足

在互联网的泛娱乐化传播趋势下,黄河文化内涵不可避免地被弱化,失去其本来的内容意义,传播价值受到一定的冲击;同时,按部就班地对黄河文化内容进行解读,难免会让人产生一种枯燥、艰难、晦涩的刻板印象,在"一带一路"沿线国家难以被认同。另外,我国黄河文化在发展过程中也存在着资源的开发利用不充分,传统文化品牌数量匮乏、同质化严重、影响力小,缺乏与西方强势文化产业竞争的实力;黄河文化产业商业化运作模式不够完善,导致后继力不足,在国际竞争中处在弱势地位;

文化生产力发展缓慢，提供文化服务的能力不足，导致了我国文化软实力薄弱、吸引力不够等问题，这严重束缚了黄河文化在"一带一路"沿线国家的传播。

2.文化领域改革发展滞后且缺乏创新力

近年来，我国对经济领域进行了多次大刀阔斧的体制改革，与之相比，在文化方面的改革推进较为滞后。当前，我国政府文化职能较为混乱，宏观治理水平不成熟，科学的治理体系不健全，在一定程度上削弱了中华文化在国际上的影响力度。新媒体时代下，人人都可以成为传播主体，导致文化传播话语权分散，内容质量参差不齐且缺乏竞争力，公共文化产品与服务资源存在着极大的浪费。新时代我国文化领域体制改革处于起步摸索阶段，文化产业发展缓慢，究其原因：一是黄河文化资源整合不足。当前，我国黄河文化产业结构规模弱散、升级缓慢，缺乏特色鲜明且有影响力的文化品牌和文化企业，丰富的传统文化资源难以得到系统有序的整合以及高效的利用。二是文化改革受到经济利益导向的束缚。当下，我国娱乐业在文化领域发展异常繁荣，市场价值导向趋向于逐利，文化从业者缺乏责任意识，致使陈旧因袭、复制仿造、粗制滥造的文化产品泛滥，文化创新的动力和活力不足。三是黄河文化市场对生产要素投入欠缺。由于我国文化市场体系不健全，对最基础的技术、人才、资本等关键要素的投入不够，导致传统文化生产动力不足。创新是文化发展的动力，改革是文化创新的根砥。我国在文化领域的改革与创新势在必行，我们应当用发展的眼光看待黄河文化，在"一带一路"倡议下寻找新的传播突破点，赋予其独特的时代价值，推动黄河文化被沿线民众所接受喜爱。

3.缺乏全面开放性的创新型人才

人才资源短缺和结构失衡始终是制约一个国家文化产业发展的重要瓶颈，当前我国文化领域对内容原创人才、复合型管理人才、专业性传播人才等多元化尖端人才的培养孵化不足，人才类型过于固定，始终制约着我国文化软实力的提升。"一带一路"倡议背景下，人才是达到有效互联互通的纽带，是保障沿线各国文化交流的基石，做好充分的人才保障工作，在推进我国文化软实力提升中发挥着不可忽视的作用，有助于真正阐释好、传播好黄河文化。①

（二）对外传播策略不够灵活

随着"一带一路"倡议下各国文化交往的不断深入，我国在黄河文化传播上的问题逐渐凸显。

1.传播渠道过于单一，传播媒介缺乏有机结合

作为宏观性的国家顶层设计，国内媒体对"一带一路"倡议的前景充满信心，报道热度居高不下，黄河文化借势在沿线国家得到前所未有的传播效果。然而，由于历史以及现实的原因，我国对外文化交流基本依靠政府组织，缺乏社会团体和公众个人层面的主动参与，虽然政府主导可以最大限度地保证文化资源的开发利用，推动我国黄河文化走出国门，但是过分强调政府的领导作用，而对民间组织和个人等不同主体间的合作沟通重视不够，也未能整合智库、跨国企业等非政府外交资源，导致我国对外黄河文化传播渠道单一，交流层次缺乏多样性。同时，纵观各官方媒体报道，不难发现，对"一带一路"报道的侧重点大都集中在经济领域，忽视了对沿线国家历史文化的梳理以及社会现实的总结，导致黄河文化在传播过程中全球性格局不足，影响力差强人意。

2.传播方式及内容"中国化"，未能因地制宜

我国文化在"一带一路"沿线传播过程中主旋律味道浓重，过于强调中国特色，在与其他不同文明进行对接时脱离实际，表述上大多采取官方化、专业化的表达形式，通过刻板地宣传这一单向灌输的传播模式来传递我国的黄河文化价值观，忽视了沿线国家民众的意愿与需要，使之不能对我国黄河文化产生共鸣，沿线国家民众的接受度与官方阐释之间存在巨大落差，部分民众甚至产生厌倦和抵触情绪。另外，通过整理发现，"一带一路"相关网站上大量关于黄河文化报道的叙事手法平铺直叙，文字表达简单直接，语言或苍白干瘪，或严肃古板，缺少文化温度和情感色彩，缺乏感染力。不难想象，这些毫无新意的信息阅读起来必然单调枯燥，索然无味，使传统文化在人们眼中成为阳春白雪、高雅文化，从而在很大程度上忽视其本身具有的丰富现实意义。

---

①王希."一带一路"倡议下文化传播的理论逻辑与实践路径[D].北京:北京外国语大学,2022:12-14.

(三)沿线多数国家对中国文化保持警惕

"一带一路"涉及的文化圈众多,各个文化内部都有自己所尊崇的意识形态、行为规范与风俗习惯,部分民族视外来文化为文化入侵,固守本民族文化的价值观与世界观,排斥甚至敌对不同文化间的友好交流,导致矛盾甚至暴力冲突的发生。此外,相关部门存在着权责不清、决策思路不能紧跟时代发展等问题,缺乏有效的文化交流协调机制,在安全问题出现后难以相互配合协作,及时做出科学有效的应对之策,遏制其发展态势,文化交流水平有待提高。

丝绸之路作为人类文明交往活动的历史遗迹,见证了中国与沿线国家两千余年的历史文化交流,增进了沿线国家共同的情感交流。"一带一路"倡议背景下,我们要大力挖掘黄河历史文化资源,利用好黄河历史文化遗产,建设好丝路文化项目,打造特色文化交流品牌。当下,旅游业作为丝路文化项目的重点,重新演绎着古丝绸之路上的友好交往。但其运营模式不具体、不深入,存在的问题突出,制约了沿线国家的民心相通。一是我国幅员辽阔,黄河文化景点丰富,统筹开发难度大,各地政府制定的旅游管理规划相对滞后,再加上一些区域景区缺乏合作,甚至存在恶性竞争,难以形成有效的旅游文化产业链。二是文化旅游产业项目创新不足,产品缺乏多样性,对潜在的特色元素挖掘不深,同质化现象严重,旅游形象和品牌效应需要塑造提升。三是旅游与文化融合度不高,各地文化旅游定位基本以了解历史文化知识的传统观光旅游为主,缺少主题性强的、沉浸式的深度文化体验环境,致使文化传播效果大打折扣。四是交通、住宿、餐饮、卫生等配套服务设施良莠不齐,文化旅游体验的便捷性和舒适性难以保障。

(四)西方某些霸权国家对中国传统文化传播的干扰和破坏

在国际大环境中,不同国家对于中国的崛起看法各异。新华网曾分析指出,纵览全球的国际舆论环境,对于中国,主要有四种论调,那就是中国会成为世界的威胁、中国并未担负起与之地位相符的责任、中国的发展机遇时代到来以及中国的政治经济很快会遇到崩盘的危机。19世纪末"中国威胁论"就开始在全球范围内传播,一直影响着西方某些霸权国家,尤其是美国的战略对话思维。时至今日,这一论调所涉及的内容仍在不断扩充,内涵肆意延伸。在"一带一路"倡议下开展文化交流,多种文化间矛盾冲突林立,不乏一些具有威胁的挑战,新的"中国威胁论"版本——"'一带一路'威胁论"乘势出现。一是质疑"一带一路"倡议下传播传统文化其实是要复制丝绸之路,借文化复兴之名来复活中国中心主义,进行中华宗藩制度的重建;二是认为大多数的沿线国家位于世界各大文明板块交界处,在此条件下的文化交往潜藏着巨大的文化安全问题,不同文明间的冲突不可避免,难以维护国际环境的稳定;三是诬蔑在"一带一路"推进传统文化对外传播的目的是搞意识形态输出,对沿线国家进行文化侵略,企图构建以中华文明为中心的新型国际秩序,这些不良的舆论杂音严重阻碍了中国良好国际形象的建立。

此外,西方一些媒体将"一带一路"解读成地缘政治的工具,是以中国为中心的地缘政治扩张,是中国应对美国"重返亚太"的西进战略,同时指责中华文化的传播是服务于"地缘扩张"图谋。然而,"一带一路"是强调务实合作、互利共赢的交流平台,将其刻意曲解为"中国版马歇尔计划"更是无稽之谈。"一带一路"倡议和"马歇尔计划"根本的不同点,在于前者始终以开放包容的姿态欢迎所有国家、地区的参与,始终坚持参与国的主权独立,坚持平等互利原则,倡导构建跨越不同地域、不同文明的共赢的地缘经济体系。后者则恰恰相反。显而易见,西方国际关系理论通过控制政治、军事、经济等传统安全的关键地缘因素,从而实现称霸全球,其实质是一种零和博弈。而"一带一路"主要着眼于发展,是通过重塑世界经济地理,搭建各国贸易合作发展平台,实现沿线各国的互利互赢,逐步形成利益和命运相互紧密相连的共同体。"一带一路"这一符号在历史中孕育,在时代中滋长,与沿线国家共同描绘出一幅繁荣发展的崭新蓝图,在"一带一路"倡议背景下传播黄河文化,是进行和平文明交流的代表。

二、"一带一路"倡议背景下黄河文化对外传播遭遇阻滞的原因

"一带一路"倡议涉及的国家众多,社会意识形态千差万别,在复杂的沿线社会环境中,黄河文化传播所面临诸多挑战的原因归结起来主要表现在政治层面、经济层面和文化层面。

（一）异常复杂的地缘政治关系

当今世界，局部动荡此起彼伏，全球性挑战日益增加，"一带一路"建设面临的地缘政治关系更加复杂，风险更加突出。纵观人类历史，几乎全部崛起的大国都进行了全球化的运作。国与国之间永恒的话题是利益博弈，"一带一路"倡议是中国作为崛起中的大国在推进全球化进程中的关键举措，各个国家的态度根据其利益考量而各有不同。尽管大部分国家对此表示支持，但真正积极参与建设的屈指可数，持保守观望态度，只希望借机从中获利的国家比比皆是，美日等国更是猜忌、抵触、不参与，它们认为，随着中国的崛起，将会威胁到其全球利益的平衡。现阶段中俄关系的融洽史无前例，俄罗斯是欧亚联盟的主导者，长期以来在政治经济领域一直处于领先地位，"一带一路"建设势必会加深中国对该地区的影响和控制，因此俄罗斯对中国存在着不信任，顾虑此举会威胁其对中亚的管控，所以对"一带一路"倡议的态度是支持中又存疑的。东南亚地区国家众多，地缘优势明显，对"一带一路"建设具有重要意义。各国表面上与我国建立了友好关系，但由于历来与我国的海洋领土争端不断，加之美国"亚太再平衡"战略部署的挺进，东南亚各国在经济上依赖我国，私下却联合美日等国抵制中国的发展。印度虽加入了亚洲基础设施投资银行，但对于"一带一路"其他活动十分谨慎，抱观望态度，尤其是担心海上丝绸之路会威胁印度的安全发展。此外，中东、中亚以及非洲地区长期战乱不断、自然环境恶劣，受颜色革命以及极端宗教思想的影响，恐怖主义和极端势力威胁蔓延，导致民族分裂、社会动荡，这些都为黄河文化在沿线传播增加了不可控因素。

"一带一路"倡议不仅受到沿线国家的质疑，也受到西方霸权主义势力的渗透和干扰。全球化浪潮兴起于欧洲航海时代的繁荣，近现代美国逐渐掌握主导权，今天的全球游戏规则，基本上是由以美国为首的西方发达国家制定并强加于其他国家的。进入21世纪以来，中国日益增长的综合实力潜移默化地影响着中美两国在世界格局中的传统角色，互相竞争的同时又相互依存。为遏制中国的崛起，美国将中国视为重点防范对象。在中美战略博弈日益白热化的情况下，以美国为代表的西方霸权主义国家凭借其强大的政治、科技、军事、经济等实力优势，对中国提出"一带一路"倡议不出所料地充满了质疑甚至是敌意，恶意挤压"一带一路"

沿线国家发展空间,干涉沿线国家内政,严重阻碍了沿线各国在政治、经济、文化等领域的交往。此外,这些西方国家通过影视、版权等文化附属品对别国进行文化渗透,推行文化霸权,公开或隐晦地将自身的意识形态、价值观念和生活方式作为"普世价值"对外输出,以期实现霸权统治。如何抵制和消除西方霸权主义的制约,是"一带一路"倡议背景下黄河文化对外传播面临的严峻问题。

(二)多数沿线国家经济发展态势低迷

一个国家的文化交流水平在一定程度上受到其经济基础状况的制约和影响,发展中国家和新兴市场国家是"一带一路"沿线大多数国家所处的发展阶段,由于其经济发展的困境,文化交流面临着许多挑战,导致黄河文化对外传播支撑不足。

文化交流的开展需要通信、网络以及高铁、港口等一定的基础设施作为物质支撑,然而当前,"一带一路"所涉及的诸多国家均存在发展落后、设施陈旧的状况,要想实现沿线国家的经济发展和基础设施建设的有效改善,需要人力、物力以及财力等方面的支持,但是,很多国家相互之间的合作协议偏于空泛,不足以支持和援助落后国家的全方位发展,亚洲开发银行、国际货币基金组织等现有的一些融资机构每年的投入远远不能满足需求,致使多数沿线国家文化产业发展薄弱,资源较为零散,文化产业和文化产品的市场化运作不成熟。沿线65个国家的综合国力及文化基础等差异巨大,一些中亚、非洲地区国家的文化产业发展仅仅处于起步状态,难以实现对外来优秀文化的积极引进以及本国历史文化资源的有效输出。此外,文化产业基础设施的建设是一个长期系统的过程,"一带一路"倡议实施几年来,对于文化产业发展的政策法规及具体细则,沿线各国还未做出适当的反应,这对黄河文化对外传播的考验不言而喻。

文化产业是推动民族文化与世界文化融合的最直接途径。文化产业发展是引导不同文化间顺畅交流的基础,是最直接的手段。然而,由于"一带一路"沿线国家文化产业发展基础普遍较为薄弱,在跨国和跨区域文化合作过程中或多或少存在着文化交流动力不足的问题。"一带一路"文化产业尚未形成权威、统一的界定和分类标准,各个参与国之间在文化产业市场合作规模方面的发展数据难以收集统计,文化领域辐射带动能力不足,阻碍了整体全面的文化沟通机制的构建。同时,沿线各国经济实力基础参差不齐,在社会发展、文化发展上呈现出强弱不一的趋势,使得各国之间开展文明交流的契合度不强,难以站在同一平台上进行文化沟通,不同文明间的交往易出现残缺与空白,影响"一带一路"各区域间文明协同发展。凡此种种,使得在"一带一路"沿线国家传播黄河文化连连遭遇阻滞。

(三)沿线各国文化背景差异较大

文化在交往的过程中由于差异的存在必然产生一定的文化碰撞与冲突,"一带一路"涉及众多的国家与民族,存在着巨大的文化多样性,而民心相通的关键就在于沿线各国民众对其他多元文化的尊重、理解和认同,在"一带一路"背景下传播黄河文化可谓是一个充满挑战的文化之旅。

第一,沿线国家语言种类繁多,风俗习惯差异大,思潮多元化、复杂多样化。马克思在谈到人类语言的产生时指出,"语言也和意识一样,只是由于需要,由于和他人交往的迫切需要才产生的"。语言是实现文化良好沟通的基础,"一带一路"沿线语种众多,且很大一部分国家与地区使用非通用性语言,导致各国在文化交往过程中容易产生交流障碍。不同文化背景产生的价值观念、思维方式以及语言表达形式也有所差异,在与不同文化体系见面时,以尊师重道、和而不同等为核心理念的黄河文化的话语阐释力下降,被轻视甚至被误读都在所难免。

此外,一个既定文明的存在代表着一个民族的文化气质和生活方式,一般而言,人们认为一个地区或一个民族"生活方式"的总和就构成了这个地区及这个民族的文化。由于历史背景、生活环境等因素的影响,"一带一路"沿线各国的风俗习惯的差异更是巨大,极易对相互之间深层次的交流带来阻碍,制约黄河文化的传播,如"一带一路"非洲地区的大部分民族生活节奏很慢,对于黄河文化的精华——"拼搏进取"精神,就难免表现得漠然置之。

第二,沿线国家宗教文化深入人心,接受他国文化能力较弱。宗教信仰是人们价值观念的外在体现,处于社会文化生活交往的核心地位。"一带一路"所涉及的诸多国家宗教文化氛围悠久而浓厚,几乎涵盖了世界上最主要的文明体系和文化样态,不同宗教之间的宗教教义、语言禁忌、礼仪习惯等差异明显,衍生出来的社会制度和文化制度也差异极大。各种文化在交流碰撞的过程中,不可避免地会产生认知上的偏见,甚至引发文化冲突。另外,受文化中心主义的影响,沿线每个民族对自身文化都有着根深蒂固的优越感,总是过于强调本土文化的独特性,为了保护自身文化的生存和壮大而盲目抵触和排斥外来文化,这都对黄河文化在"一带一路"沿线不同文化体系中传播造成了极大的阻力。

第三节 "一带一路"倡议下黄河文化对外传播的主要内容

一、传播黄河文化体系

(一)黄河流域的自然生态

溯源黄河文化,其形成与黄河流域的自然风貌、地质环境、聚落分布有不可分割的关联,黄河流域的自然环境催生了黄河文化。黄河被尊为"四渎之宗""百泉之首",发源于巴颜喀拉山北麓,向东流经青海、四川、甘肃、宁夏、内蒙古、陕西、山西、河南、山东九省区,最终注入渤海。全长5464公里,流域面积约75万平方公里,沿途汇集渭水、泾水、汾水、涑水、伊水、洛水、漳水、洹水等大小数百条支流,形成浩瀚无垠的水体。横切巍峨群山,经黄土高原及华北平原奔流入海。中国大陆地势西高东低,且自西至东自然跌落,呈三大阶梯状,在黄河流经地域最为典型。黄河上游是黄河水量的主要来源区,黄河水量有61%来自兰州以上地区,上游河曲地区,草原辽阔,是黄河上游重要牧区,游牧民族和黄河中下游地区的农业民族有密切联系,古时文成公主进藏便在此区域,途经唐蕃古道,带来汉民族文化,撒下汉藏两族友好的种子。

黄河流域的黄土地层是形成优质土壤的物质来源,地跨山西、陕西、甘肃的黄土高原,约30万平方公里,黄河中的泥沙90%来自于此,没有这块黄土地,就难有黄河文化的地域特色。自兰州以下,黄河沿黄土高原西北侧流动,途经七大峡谷,进入宁夏平原,并于磴口进入河套平原,黄河水的自然灌溉使两大平原成为十分富庶的农业区,前者有"塞上江南"之称,后者有"黄河百害,惟富一套"的赞誉。黄河中游段,经"晋陕峡谷",由龙门至潼关,构成黄河中游又一特殊地段,潼关段是关中平原与中原地区水陆交通的要塞,也是古来兵家必争之地。潼关以下,三门峡是潼关至孟津段最著名的峡谷,是力挽黄河湍急流水的"中流砥柱"。而孟津作为黄河下游河段的起点,自上而下与郑洛相接,河床开阔,地势平坦,在河口处堆积泥沙,促使河道不断延伸,形成面积广阔的三角洲,山东东营市便在此基础上诞生,最后于东营市注入渤海。由此,黄河流域的地势条件及水利条件推动沿岸城市的兴起,并哺育一代又一代沿黄人民,孕育了源远流长的黄河文明。

(二)黄河流域的文化生态

文化生态,也可被视为文化生态学,其概念最早是由美国人类学者朱利安·斯图尔德提出,用于区别生物生态、人文生态、社会生态等概念的目的与方法。文化生态学追求的是存在于不同地域之间的特殊文化特质与模式之解释,地方性的环境特色可能决定某些有巨大影响的社会性适应。总而言之,文化生态是关于人与自然、文化与环境的学说,它包含人类适应环境的过程以及在适应环境过程中所萌生的生活方式、情感观念和价值体系。

一般认为,自人类开始打制石器起,人类早期文明就诞生了。黄河流域旧石器文化的石器制品,是在人类日常生活实践中形成发展起来的文化,其石器小型化、规整化、多样化、定型化的特点反映远古人类社会的文明程度。旧石器时代改善劳动生产工具,积攒劳作生活经验,其钻木取火、打猎捕食、石器加工、磨制、镶嵌、钻孔技术都为后人留下丰厚的文化遗产。在旧石器及细石器工艺的基础上,以农业经济为主的新石器时代便到来了。陶器是这一时代的新物种,黄河流域是我国最早的陶器和绘陶艺术的发源地,河北武安的磁山文化、河南新郑的裴李岗文化和陕西华山的老官台文化都是制陶术较为成熟的地区。除此之外,仰韶文化也是新石器文化的一个重要发展阶段,仰韶文化是黄河中游及附近地区以红陶器具为代表的考古文化集合,是一个庞大的文化系统。

二、传播黄河非物质文化遗产

黄河非物质文化遗产是在黄河文化的大环境下产生的一种民间、民族文化体系,它依托于黄河文化的文化背景,表现出各具风格的地域文化特色、地方习俗特色和多民族聚居特色。保护、弘扬、继承黄河文化,就是要保护黄河流域的自然生态环境和文化生态环境。正如保护生物多样性一样,文化生态的平衡也依赖于文化多样性的存在,人类社会的正常发展依赖于多种文化的相互交流借鉴,由此保护非物质文化遗产是维护文化生态平衡的重要基础。①

黄河流域省区级非物质文化遗产共计3148项,世界级非物质文化遗产10项,分别是蒙古长调、花儿、格萨尔王、呼麦、热贡艺术、藏戏、二十四节气、太极拳、藏医药浴法和羌年。其中黄河中上游地区以内蒙古自治区非遗数量最多,流域占比最大,国家级代表性非物质文化遗产115项,区级非物质文化遗产536项。黄河中下游地区以河南省非遗数量最多,分布较密集,国家级代表性非物质文化遗产113项,省级非物质文化遗产533项。截至2020年底,在1372项国家级非物质文化遗产代表性项目中,黄河流域9省共有919项,约占全国的30%,且涵盖我国非遗的十大门类。黄河流域非物质文化遗产的分布大多以地区性非遗为特色,受地理位置、自然条件、风貌、气候的影响,以青海、甘肃、内蒙古、宁夏、四川为主的黄河中上游地区,其民间文化分布带有浓郁的少数民族特色,而以陕西、山西、河南、山东为主的黄河中下游地区则更多带有汉民族的主体文化特色。

第四节 "一带一路"倡议背景下黄河文化对外传播的价值

在全球化背景下,世界各个国家联系不断紧密,"一带一路"倡议在国际舞台上的影响愈发突出,中国与"一带一路"沿线国家互联互通,将构建人类文明共同体的美好愿景转化为生动实践。黄河文化的高质量

---

① 赵昕."一带一路"倡议下中国文化软实力提升研究[D]. 兰州:兰州理工大学,2018:9-12.

传播对推进"一带一路"顺利实施的作用不可小觑。

一、提升黄河文化吸引力，克服我国与沿线国家的文化隔阂

文化认同是一个群体面对另一个与自身不同的事物时，保持自我统一性的反应，发生在不同文化接触、碰撞和相互比较的磁场之中。"一带一路"倡议横跨欧、亚、非三个大陆，途经六十多个国家及地区，涉及数十亿人口，范围广且纵深长。各个国家在历史的发展中创造了风格多元的文化，同时，社会制度的差异使得这些国家的民众对我国文化产生偏见，沿线部分国家在"中国威胁论"的影响下，不断质疑我国推进"一带一路"的意图。文化得不到认同，使得"一带一路"的实施步履维艰。

中华民族饱经风霜，在五千年的跌宕起伏中，积淀了深厚的历史文化底蕴，黄河文化是中华文化中绚丽的瑰宝，在如此大环境下重新焕发生机，可以使越来越多的国家和地区对我国传统文化有更加清晰直观的了解，加深对我国文化的理解，提升我国黄河文化的吸引力，从而有效推动各个国家、民族之间的文化碰撞与交流互鉴，在"一带一路"倡议影响下融合共处，逐渐消除偏见，消除文化隔阂。

文化交流超越时空，跨越国界，影响持久而深远。黄河文化搭载在"一带一路"上传播到沿线各国，以其独特的魅力赢得越来越多沿线国家的欣赏与赞美，文化认同得到潜移默化的提升。"一带一路"倡议在黄河文化的滋养下，成为汇聚不同文明的纽带，让世界看到一个立体丰富的中国形象。发挥黄河文化传播与"一带一路"发展的内在共生性，让沿线各国携手同行，行稳致远。

二、扩大黄河文化的国际影响力，提升我国的国际形象

一个国家的形象是与国际社会在长期的交往下塑造起来的。经济全球化时代，良好的国家形象在一个国家的对外交往中起着积极的正反馈作用。改革开放以来，我国经济发展朝气蓬勃，综合国力日益提升。在对中国不断崛起的担忧中，"一带一路"倡议被一些别有用心的西方国家歪曲，恶意抹黑中国形象，故意发出了很多不符合事实的误导性声音，给"一带一路"的推进带来极大阻力。要缓解这一境况，提升我国文化的国际影响力至关重要，而这也正是黄河文化应当担当的重要使命。中华民族历经磨难却依然屹立不倒，得益于黄河文化百折不挠的生命力。黄

文化包含着的"美美与共"的处世之道、"天下大同"的美好理想,彰显着中华民族世世代代的非凡智慧。在"一带一路"倡议中构建"共""通""和"的文化新秩序,传承"丝绸之路"这一具有感召力和亲和力的文化符号,积极传播黄河文化,有利于将文化的冲突转化为文化的吸收融汇、互学互鉴,打破我国与沿线国家间的意识形态壁垒,使各国人民产生共同语言,增进彼此认同,提升黄河文化的国际影响力,塑造出我国良好的国际形象,从而凝聚"一带一路"沿线国家共识,促进各国和平稳定发展。[①]

三、促进民心相通,加强务实合作

文化交流的软助力作用,可以增强"一带一路"沿线国家相互之间的信任,消除各国间的顾虑,凝聚民心力量,夯实区域合作基础。国之交在于民相亲,民相亲在于心相通。民心相通是最基础也是最坚实的互联互通,是凝结各国合作的纽带。黄河文化有着独特的包容性、持久性,有助于培养深厚的民意基础,让沿线国家感受到中国愿同他们共担风险的真切情谊,愿同他国共同进步的美好愿望,从而深化沿线各国友好关系,吸引更多的建设者和参与者搭上中国崛起的便车,推动产业合作顺畅开展,不断加强务实合作程度,共同推动"一带一路"建设,实现经济与文化的共同繁荣,让各国人民真正地享受到发展成果。

四、增进沿线各国政治互信,塑造"共同体意识"

受到意识形态不同、经济利益冲突等因素的影响,"一带一路"沿线国家间的政治矛盾不可避免,国家间的合作难以形成合力,为各国人民之间的相互理解和包容带来极大的阻碍。而文化具有天然的柔性力量,能够精巧地避开交往中的"敏感地带",切实有效增强彼此的交流与沟通。

面对复杂的地域人文环境,"一带一路"建设怎样打破政治僵局,实现文化交融等问题,都可以在"协和万邦""大同"等黄河文化及传统思想中找到答案。借助"一带一路"倡议,我们应当坚持文化先行的战略,大力传播黄河文化,使得"一带一路"沿线不同国家、不同民族之间增进理解与信赖,克服分歧与偏见,减少摩擦与冲突,推动相互认可与接纳,为

[①] 陈恩子."一带一路"背景下中华文化国际影响力提升研究[D].厦门:集美大学,2021: 21-23.

政治互信、经贸往来搭建好铺路石,让利益共同体、命运共同体和责任共同体的"共同体意识"深入人心。

第五节 "一带一路"倡议背景下黄河文化对外传播的路径

提升黄河文化在"一带一路"沿线的影响力是一项系统的、复杂的长期性工程,需要我们做好科学的路径选择,通过改革我国文化体制,革新文化传播模式,构建灵活高效的人文交流体系,有序地开展文化交流活动,将"一带一路"建成一条多元文化互鉴共荣的文明之路,将我国优秀的黄河文化真正传播到沿线人民的心中。

一、以文化体制改革为内在动力,推动黄河文化传播

(一)加强顶层设计,优化文化传播生态环境

当今世界,一个国家文化产业的发展态势很大程度上彰显了其综合国力,一些老牌文化强国在国家发展战略中把文化传播纳入其中。"一带一路"倡议为全面推动黄河文化稳健、有序传播创造了难得的机遇,我国应当从战略高度加强国家顶层设计,统筹把握"一带一路"文化发展方向,科学布局"一带一路"文化传播格局,引导构建和谐的文化传播环境,为沿线各国间文化交流奠定合作基础。

第一,我国应当积极与沿线各国、各地区政府间制定双多边文化互动交流合作机制,签署文化交流合作协定,引导各参与方统筹协调,建立有效的风险研判机制、应急管理机制与信任机制,另外,要建立高层磋商机制,通过对各项重大议题充分沟通而达成共识,推动文化合作协定落地生根,实现战略和规划的对接,为"一带一路"文化建设提供行动指南,促进优秀传统文化的对外传播。

第二,整合、协调各方力量形成强大合力,优化资源配置,完善文化产业发展的相关法律法规,促进对外文化贸易环境规范化、法治化,形成以政府为核心,以社会、企业投入为主体的政策保障体系。加大对与"一带一路"沿线国家开展文化贸易相关企业的扶持力度,如增加专项资金

规模、加大企业融资力度、简化文化产品出口手续、增加出口补贴等,激励企业研发出更具创意的文化产品,培育出更多优质的、富有传统特色的本土文化品牌。

第三,作为"一带一路"的首倡国,中国必须主动作为,主导构建开放包容的文化交流平台、平等互鉴的文化产业信息服务平台以及生气勃勃的民意互动沟通平台,通过开展文化交流年、举办博览会等活动,主动与沿线国家开展多层次、多领域的合作对话,减少沿线不同文明间的冲突、隔阂,打造"一带一路"倡议背景下黄河文化走出去的重要窗口。

(二)加大文化创新,大力建设文化产业

创新是引领文化繁荣的力量源泉,不但能够增强国民的文化自信,更能推动黄河文化的持久发展。鉴于此,一是要把培育和践行创新意识、品牌意识融入黄河文化的转型发展中来,抓住其精髓,注重保护好黄河文化价值的丰富性、系统性,把握好黄河文化元素创新尺度,促进黄河文化在推陈出新中保持与时俱进。二是要充分利用文化市场的调节作用,生产出满足大众需求的、市场反响强烈的文化符号与产品,黄河文化的深厚内涵才能够深入人心。三是要想促进黄河文化在现代社会的转型发展,就必须挖掘适应新时代的黄河文化资源,结合现代化审美,对其进行创造性的再开发,赋予其崭新的时代价值,提升其文化内涵与文化产品附加值,展示其中所蕴含的中国智慧、中国精神。

随着"一带一路"倡议的不断深化,实现文化产业的健康发展,对于我国在国际文化博弈中占据主动地位,向世界弘扬黄河文化的核心理念,推动建立起一个更加开放、公平的国际文化新秩序意义深远。为此,大力建设我国黄河文化产业势在必行。一是要按照高技术化、高关联化、高附加值的现代文化产业体系要求,优化传统文化资源配置,调整黄河文化产业结构,提升黄河文化服务水平,推动黄河文化产业跨越式发展。二是黄河文化产业内容为王,必须要开发具有传统特色的黄河文化项目,挖掘具有鲜明地域特点的黄河文化产品与服务,开拓具有民族特色的古丝绸之路民族艺术、工艺等文化合作项目,激活独具一格的传统文化基因。三是将文化对外贸易纳入黄河文化对外交流的总体框架中来,积极探索传统文化产品与服务的出口模式,重点培育具有特色的文化贸易企业和项目,优化文化产品出口结构,扩大我国传统文化要素跨区域自由流动,推动黄河文化产品在竞争激烈的国际市场中站稳脚跟。①

(三)加大"一带一路"人才培养和智库建设力度

黄河文化在走出去的过程中,人才是文化创新的核心竞争力,是增进各地区、各民族之间信任的纽带,是文化建设领域最重要的战略资源。要想在激烈的国际竞争中占据主导地位,关键性人才必不可少。加强"一带一路"文化人才队伍建设,以人才提供智力支持,始终是提升我国黄河文化在沿线国家影响力的关键,这就需要我们加强对跨领域、跨文化、高素质的综合型人才的培养,主要是精通当地黄河历史文化、风土人情和政策制度,具备扎实的理论基础、深厚的国学知识以及拥有跨文化交际能力和国际化视野的专业化语言类人才。语言融通是推进"一带一路"文化建设的先导工程,使用当地世代相承的语言以及交流方式进行沟通,才能够真正融入当地环境,理解当地民众思维方式,促进多层次的文化交流。目前,国内语言类高校已经有所行动,以探索符合新时期我国全球化进程与"一带一路"文化建设中语言人才培养机制为目标,采取举办学术研讨会、开设非通用语言类专业等形式大力培养语言类人才。

但是,目前国际汉语传播教育和国际语言文字研究等相关专业的高校覆盖率并不高,扎实推进"一带一路"语言类人才培养,必须完善高校人才培养机制,树立明确的培养目标,有步骤地全面覆盖沿线国家非通用语种;与沿线国家语言学院合作培养非通用语人才,进一步提升学生语言掌握能力;通过企业与高校对接,着力培育一批相关外语水平优异、精通国际贸易市场运作规则、符合市场需求的文化贸易复合型高质量人才。另外,要通过对沿线各国的文化市场调研分析,掌握各国本土文化人才分布状况,搭建"一带一路"人才引进政策桥梁,加快构建本土文化社区平台,完善人才选拔任用、激励保障和管理机制,形成良好的人文气候,吸引各国本土化高端紧缺人才,合理配置人才资源。

另外,要了解"一带一路"沿线国家当前的民众文化消费需求、文化发展状态等,都离不开文化研究智库提供参考。新型智库建设,为黄河

---

① 邹蕾."一带一路"倡议视角下中国文化对外传播研究[D].湘潭:湘潭大学,2019:11-14.

文化在沿线的传播提供了智力支持。打造"一带一路"文化研究智库,要重视人才储备,通过与沿线各国文化智库对接,总结出潜在的文化市场对各类人才的需求,更精准地培养精通中外特色文化、具有国际视野的跨文化人才。充分考虑"一带一路"沿线各国的资源优势,结合学校教学、科学研究和企业实践,构建一个符合各国文化发展特点的多元化人才培养模式,形成供需平衡的人才结构,加快我国优秀传统文化传播步伐。

二、以革新传播模式为基础,推动黄河文化传播

(一)拓宽文化传播渠道,丰富传播媒介

"一带一路"倡议背景下传播黄河文化是一项系统性的工程,必须丰富政府机构、企业、民间组织、普通民众等多种渠道,形成多方积极参与的立体性的文化输出新格局。政府机构要充分发挥主导和引领作用,通过官方权威话语将传统文化中蕴含的和平、开放、包容的思想传达给沿线国家;各企业应拓宽视野,加大创新,提升专业化水平,打造文化交流品牌,创造出更多富有内涵的传统文化产品;民间组织是连通政府和民众的中介,由于其非官方色彩,更易于被受众接纳,通过开展形式多样的文化交流活动,更灵活、更有针对性地进行信息输出;普通民众可以通过互联网加入传播和阐释黄河文化的队伍之中,而其中的佼佼者如传统文化研究学者和知识分子,可将自身学识转化为优异的学术成果,传递黄河文化。

传播媒介是获取文化符号的重要来源,在"一带一路"倡议下讲好中国故事,必须采用多元化的信息载体,构建一个包含出版、广电、网络、移动媒体等全方位、深层次、立体化的文化传播网络,全力提升黄河文化在沿线传播的深度和广度,展现中华文化的博大精深。

第一,书籍、报纸等作为传统媒体的纸媒,当前处于式微的发展状态,我们必须利用好其深度报道的特色,发挥其"内容为王"的优势,提升传播形式的亲民性,加强信息反馈与互动,从而突出其在区域性使用上的便捷性,吸引更多受众。

第二,作为信息传播主流的电视广播节目,它包含了电影电视、综艺节目、纪录片等,形式多样,由于受到监管部门的审查,信息的准确度较

高,在当前仍然是传统文化最为主要的传播方式。推进电视纪录片、综艺节目的产业化发展,适度加入娱乐性的元素,多多打造《如果国宝会说话》《中国诗词大会》《典籍里的中国》等能体现黄河文化的文艺类节目,同时各大电视媒体要利用好主流媒介话语权,在与"一带一路"沿线国家交往的各种场域中加大其播放力度,让传统文化的价值、内涵和意义在寓教于乐中根植到沿线民众的心中。

第三,作为当下思想文化交流主要阵地的互联网,打破了时间和空间的限制,让来自全世界不同国家地区的民众通过网络论坛、社交网络等平台畅所欲言,进行文化交流碰撞,使文化传播变得更加快捷而广泛。推动黄河文化在网络时代的传播,必须加快建立数据库,以便进行分享和传播。在我国"一带一路"官方网站上,应当细化文化专题,建立黄河文化交流平台,定期发布相关话题,增设互动区,保障我国与沿线国家民众的独立交流。充分利用"互联网+"的模式,开展文化建设活动,形成以信息为中心的跨越不同语言、国界以及文化的网络空间,开辟我国传统文化交流新渠道。

第四,在全新的科技支撑下出现的新媒体,依靠其与受众即时的交流互动,增强了传播效果。相关的手机App成为传统文化信息传播的生力军,受众通过网络直播这一新颖的方式,可以更真实地感受文化场景,实现即时互动参与,加深文化印象。"抖音"等短视频形式满足受众碎片化获取信息的阅读习惯,并且凭借生动的内容、灵活的表现形式被广泛接受。微信公众号、微博等主题贴近民生、内容形式多样,深受广大受众的欢迎。VR(虚拟现实)视听结合,让历史与现代科技完美结合,可以让受众身临其境,在体验到传统文化遗产的同时学习到我国优秀的历史文化。

在加强各类文化传播媒介有序发展的同时,也要推动各类传播载体的有机结合,打造"融媒体"平台。新媒体在传播效率上优势明显,而传统媒体有着更强的专业性,融媒体并不是将两种单一媒体的粗略相加,而是需要做到二者在内容、运营、平台等方面真正的融合,充分发挥其互动性强、即时性高、信息量大的特点。在"一带一路"倡议背景下,只有利用媒体融合形成科学合理的传播矩阵,才能更广泛地吸引沿线国家受众,推进黄河文化的立体化传播。

(二)加强文化传播方式和内容的精准度

"一带一路"沿线国家文化多元而复杂,风俗习惯、宗教文化和政治体制存在巨大差异,要想增强黄河文化在当地的影响力,更好地被沿线国家人民所接受,就要求我们在黄河文化传播交流的过程中讲究技巧,不是去强硬地改变他们的文化习俗与价值观念,而是在充分了解和尊重沿线国家不同的话语形态、思维方式的基础上,加强我国黄河文化传播方式和内容的针对性、准确性、有效性,实现中外文化的互学互鉴、共同繁荣。

在文化交融的过程中,我们应立足于服务当地民众,根植受众文化需求,在保持我国传统文化本质和精髓的前提下,改进传播策略,摒弃单一、干瘪、苍白的宣传方法,转换对外话语方式,注重巧妙、柔性的隐性传播,增加趣味性,用对方易于理解、易于接受的方式传达中国故事,提升传统文化对外传播效果。

黄河文化是中华民族五千多年来在历史、社会、经济乃至军事等领域的积淀,是中华民族亿万同胞智慧的浓缩,无时无刻不在影响着我们每一位国人的生活。如何让中华文明在涵盖了全世界不同文化样态和文明体系的"一带一路"得以弘扬,精选优质适宜的文化内容不可或缺。为此,我们要树立世界一体的全局观念,以国际视野剖析沿线各国文化发展,深入挖掘扩展我国传统文化素材,依托各个国家不同的历史发展与文化传统来确立特定的主题,筛选更多元、更适合沿线国家人民需求的文化理念与国学经典。同时,要加大传统文化资源的创新、创意发展,使之更加通俗易懂,更加有感染力,更加符合沿线国家民众的审美情趣与价值取向,进而更好地引起沿线国家人民的文化共鸣。在海外新闻宣传中,要选取更贴近生活的视角,采用更"接地气"的标题,以更温情细腻的笔触、生动活泼的语言写就一篇篇入脑入心的报道,通过这种海外人民喜闻乐见的方式传播黄河文化,使之能够更深刻地理解报道所蕴含的文化内涵及其所传递的价值观,促进文化的交融。

三、以构建灵活高效的人文交流体系为主体,推动黄河文化传播

(一)加大在官方交流活动中传播推介黄河文化的力度

人文交流是"一带一路"建设的根基与灵魂,黄河文化所蕴含的人文精神与"一带一路"倡议所秉承的发展理念极其切合。"一带一路"沿线国家文化多样,绚丽多彩,因此,要充分发挥文化的先行作用,深入开展我国与沿线各国政府间的文化合作交流,加大我国黄河文化产品的推广力度,积极开展各类文化产品展销会等,倡导建立多层次的文化交流年、交流节等活动,联合建设丝绸之路国际剧院、博物馆、美术馆联盟等,与沿线国家建立友好城市,邀请沿线各国文化学者来华交流,让他们深刻了解黄河文化的独特魅力,提升黄河文化影响力。

另外,要积极借助以"一带一路"为核心的国际论坛、峰会、博览会等官方交流活动,充分发挥"一带一路"国际合作高峰论坛、中国—东盟博览会、丝绸之路文化展、博鳌亚洲论坛、中阿合作论坛等在文化交流中的平台作用,凝聚沿线各国合作共识,实现联动发展,加强国家层面人文对话,传播黄河文化。

(二)增进民间文化交流对话

人民群众作为历史活动的主体,在社会的发展进程中发挥着决定性的关键作用。因此,要提升"一带一路"背景下黄河文化的影响力,关键还在于"心相知""民相亲",普通民众在其中占据着举足轻重的地位。文化间的交流互鉴是文化对外传播的有效手段,要秉持睦邻、安邻的理念,在国家政策的支持引导下,我国应当与沿线国家积极开展深层次、多样化的文化交流活动,将文化的交流合作从顶层设计转变为社会的内在行动,讲好中国故事,传播好中国声音。

第一,通过文艺展演、影视输出等方式广泛传播戏曲、武术、书画等优秀的黄河文化元素,形成具有传统特色的标志性人文交流品牌。第二,鼓励民间文化团体加强艺术创作,将"一带一路"的时代内涵与黄河文化的艺术创新相结合,创作出体现我国传统风土人情、民族风貌的艺术产品。第三,借助中国农历新年、中秋节等传统节日弘扬中国传统饮食文化、民俗文化,展示中国特色。利用好国际艺术节资源,了解沿线各

国民间文化艺术节日,鼓励我国艺术团体积极参与,带动黄河文化走出去。第四,充分发挥华侨华人在我国黄河文化交流中独特的纽带作用。

(三)强化文化教育领域交流合作

中国与"一带一路"沿线国家积极拓展教育、学术科研等文化交流合作新领域,切实推进教育领域有序交往,对创新"一带一路"文化交流合作形式,丰富文化交流合作内容,提升我国文化国际交流的层次与水平意义非凡,是推进沿线各国人民"相知相亲"的关键途径,为我国黄河文化传播提供了优越的平台。

1.加强布局海外文化中心

在海外建立黄河文化传播阵地,提高我国黄河文化对外传播的针对性与主动性,以此来填补临时文化访问所存在的游击性和短期性的欠缺。通过汉语教学培训等活动扎根沿线国家当地,使越来越多的人开始喜欢汉语、学习汉语,激发起他们深入了解中华文化的兴趣,搭建起我国黄河文化走出去的重要途径,于潜移默化中深化我国与沿线国家人民间的合作与友谊。

2.加大与沿线国家高校合作办学力度

合作办学是区域一体化与经济全球化发展的必然结果。我国应积极与沿线国家制定教育合作协定,从沿线各国不同的经济状况、教育水平出发,差异化设置办学理念、课程教学与管理方法,整合优质教学资源,开展互联互通,加强文化教育人员对话与合作,共同开发双语开放课程,联合培养文化交流专业人才,实现教育的协调发展,共同服务于"一带一路"文化建设事业。

3.加强与沿线国家高校人员的互动交流

通过高校间学者访问、互派教师以及交换留学生等方式,带动跨国界、跨文化的教育交流合作。一是鼓励我国优秀的传统文化教育专家、学者到"一带一路"沿线地区从事教学、科研工作,担当我国黄河文化传播使者。二是系统引进海外高端人才和学术团队,主动邀请沿线国家一流的专家、学者来华任教、访学。三是大力推进"丝绸之路"奖学金计划、"丝绸之路"青年学者资助计划、"丝绸之路"教育援助计划等项目,增加沿线留学生硕博士学位奖学金名额,吸引更多学生来华留学,增进各国留学生对我国传统文化的认知和理解。

(四)推动丝路旅游产业发展

千百年来,古丝绸之路孕育出了灿烂的丝路文化,在"一带一路"倡议下更加熠熠生辉。文化是旅游的精神命脉,旅游是文化传播的有效路径,旅游与文化的结合会产生很大的增值效应,直观的文化体验能够让受众更加直接地了解富有当地特色的传统习俗及其所承载的文化价值,消除各国人民的思想偏见与情感隔阂,增进各国人民心灵的距离。2010年到2030年,全球范围内国际游客到访量将以年均3%的速度增长。"一带一路"沿线涉及大约44亿人口,该区域集中了全球70%以上的旅游总量。因此,丝路旅游义不容辞地成为"一带一路"沿线传播丝路文化的重要载体,通过发展丝路旅游产业来促进中外文化友好交往、提升黄河文化的国际影响力必然行之有效。

1. 整合"一带一路"城市间文化旅游资源,打造"一带一路"黄河旅游带

"一带一路"黄河经过的省份众多,沿途各省都拥有得天独厚的地理位置和厚重的历史文化资源,各地旅游主管部门应当以此为基础,集中力量打造一批集边境观光、文化体验、休闲度假于一体的特色旅游文化产品及旅游文化项目,实现优势互补、项目共建、资源共享。通过深入开发,打造出经典的"一带一路"黄河走廊景点,联合推出一系列内涵丰富、主题鲜明的精品旅游线路,强化沿线地区旅游产业的竞争力,使"一带一路"成为风采斐然的黄金旅游带。

2. 深入挖掘丝路文化,推进旅游业与文化产业的协同发展,打造亮点,催生具有特色的旅游文化品牌

文化旅游产业要根据不同城市的旅游定位,推出差异化的文化体验模式,生动展示当地风土人情,提高文化旅游的含金量。要紧跟时代潮流,加大创新力度,赋予旅游产业全新的活力,比如,通过卡通形象、情景演绎等鲜活的手法,带给游客更深入的感官刺激,通过亲自动手体验民俗艺术品制作、亲身参与民俗艺术表演等,加强游客文化记忆。作为旅游活动的物化,旅游纪念品的品质也应逐步提升,蕴含着丰厚民俗文化内涵的装帧优美的字画、剪纸,制作精良的瓷器、刺绣等旅游纪念

品,都可以让游客的文化体验得到空间和时间上的延展。此外,可以与相关产业合作,生产更多特色文化产品,形成规模化产业集群,完善产品价值链,带动旅游产业综合消费,让传播黄河文化与创造经济价值齐头并进。

第七章 "一带一路"倡议视域下黄河文化话语体系构建研究

第一节 话语体系的内涵和概念

一、话语

在西方和中国语境中,"话语"一词具有不同的含义。在汉语中,话语强调善言或口德。"语"的左边是言,即叙述;右边的是"吾",也就是我,意思是向别人表达自己,最初的目的是与人交谈。由此可见,"话语"一词暗含着用亲切的语言与他人进行交流的意思。中国人传统上认为,我们所说的话播下了不同的种子,和善的语言有助于说话人取得成功。在英语中,"话语"更学术化一些。在英语中,话语是从拉丁语discursus演变而来的,具有言语交际的意义,在不同的场景中有不同的含义。

"话语"和"话语权"是福柯在研究过程中使用的核心词语。他开始对"话语"问题进行分析,并选择了"权力"这一独特视角来构建其理论框架。话语通常在本质上是为了表达主体的思想和意识,进而保护自身利益。侯惠勤则从提问权、论断权、解释权和批判权四方面解读话语权。在当代社会思潮中,话语权是指一种信息传播主体的潜在的现实影响力,影响社会发展方向的能力。

在信息爆炸的现代,"话语权"对社会发展方向具有决定性的影响。在百年不遇的大变局节点上,在中华民族伟大复兴的道路上更加重要。中华人民共和国成立前,中国积贫积弱。中华人民共和国成立后,特别是改革开放后,中国的综合国力有了明显提高。现在,在党和政府强有力的领导下,中华民族走向伟大复兴,一直牢牢掌握在西方手中的"话语权",在遵守规则但不愿被束缚的中国面前出现了松动。一方面,中华民族的伟大复兴要求我们有一定的"话语权"。另一方面,随着我们实力的增强,在实现中华民族伟大复兴的道路上,我们的"话语权"必然会增强。

二、话语体系

话语体系是话语权的基础。话语体系不是个别概念范畴,也不是一种简单的表达方式,而是一个严谨、科学、逻辑的概念范畴表达体系。话语体系是理论和知识的语词表达。话语体系是一个党、一个阶级、一个民族、一个国家在理论和实践活动中赖以确立主动权的表达形式。在国际关系中,话语体系体现了一个国家和民族的地位。对我国而言,话语体系的构建关系到党的执政基础和领导地位,关系到党的执政理论、路线、政策和战略的贯彻落实。中国话语体系的构建是在解答"中国问题"和"世界性问题"的过程中逐渐形成的。[1]

三、对外话语体系

对外话语体系是一个国家向外界解释其思想理论体系和知识体系的一种表达形式。中国特色对外话语体系是中国对外阐述中国特色社会主义的思想理论体系,以及用中国思维阐述外部世界的知识体系的总和。一是"谁来说",说话人,即话语主体,也就是传播者。二是"对谁说",受众,即话语客体。三是"说什么",即内容。四是"如何构建"。对外话语是维护、发展和巩固国家利益的战略武器。对外话语的强弱和话语权的大小也是国家地位的重要标志。

第二节 国内研究情况

国内学术界对中国特色对外话语体系的研究起步较晚,时间主要集中在党的十八大以后,主要围绕中国特色对外话语体系建设的现实依据、原则要求、实现目标、实践困境、建构路径、需要注意的问题等。

一、构建中国特色对外话语体系的现实依据

中国发展到现在,我们比任何时候都需要用自己的话语清晰地向国

---

[1] 吴汉全.话语体系初论[M].北京:人民出版社,2020:120-123.

人、向世界说明我们从哪里来、走什么路、往哪里去,自信地回应海内外对中国的成绩、问题和未来的一切质疑。

二、中国特色对外话语体系的建构原则和目标要求

构建中国特色话语体系需要坚持实践性原则、开放性原则、统一性原则和普及性原则;坚持"三个统一",即共性与个性的统一、传统与现代的统一、理论与实践的统一;尊重世界文化多样性是话语体系建设的原则。目标决定方向,对中国特色社会主义的凝练、阐释、解读是中国特色对外话语体系的根本任务。中国特色对外话语体系要体现中国特色社会主义的实践特色、理论特色、民族特色、时代特色;对外话语体系建设要增强话语自信、紧扣时代主题、体现中国价值、融通中外、强化创新意识。

三、中国特色对外话语体系面临的困境

中国国际传播能力面临着如下现实性问题:一是一些媒体受制于西方新闻专业主义思想,对西方媒体偏信、盲从或依赖,主动让出话语权;二是固守既有传播思维,对受众需求和接受心理不甚了解,造成对外传播特色不足,缺乏吸引力;三是传播技术影响中国话语表达的清晰度和接近性。与西方发达国家,尤其是与美国相比,我们在构建"国家战略传播体系"的思想认识、组织规划、制度安排、体制设计和理论研究等方面都存在一定差距。其中,中国智库在构建对外话语体系方面存在一系列问题,具体来说就是内容生产方面缺乏引领性概念和创新性观点,传播渠道方面不善于在国际上推销研究成果,国际合作方面与西方智库有较大差距。

四、构建中国特色对外话语体系的路径

要主动赢得并掌握对外话语权:一是要做强"中国实力",进一步夯实中国话语权的现实根基;二是要掌握"中国理论",凝练提升中国话语的新概念、新体系、新表述,突出中国话语的思想力量;三是要坚定"中国自信",重塑国家、民族、人民的信心,使中国话语充满自信;四是要完善"中国话语",调整中国话语方式,寻求获得中国话语权的言说方式;五是注重"中国传播",为赢得中国话语权提供现代传播技术手段;六是要积极赢得并掌握"中国话语权"。中央宣传部副部长、中央政策研究室副主任王晓晖认为,打造融通中外的中国话语,"必须立足国情和中国实践,

善于从改革发展的成功实践中总结提炼鲜活话语,正确把握新一届中央领导集体治国理政的新理念,总结形成准确阐述中国道路、中国精神的对外表达方式"。构建融通中外的话语体系,"既要体现中国立场、中国气派,又要把握国外受众思维习惯,运用国际上能够广泛接受的表达方式,使我们的对外话语易于接受、易于传播"。韩震指出"重视用外语讲述中国话语、传播中华文化的能力"。还有专家学者从对外翻译工作、"一带一路"在对外话语体系建设过程中的作用、当代中国价值观念传播、智库建设、传播手段创新等具体方面,对中国特色对外话语体系建设展开了分门别类的探讨。

五、构建中国特色对外话语体系应该注意的问题

李君如指出,构建中国对外话语体系需要注意处理好五大关系,即中国话语与世界认同的关系,中国故事与中国问题的关系,中国历史与中国人世界观的关系,中国文化与文明对话的关系,中国语言与外文翻译的关系。张国祚认为,打造对外话语体系,应当了解话语体系的内涵、定位和功能,应当明确其目的是增强话语权,应当坚持继承与创新,以我为主与开放包容相结合。[①]

关于国内学术界这方面的研究,唐青叶、贺靓指出,对外话语体系的构建对于新时代提高我国文化软实力具有重要意义,因此成为近年来的研究热点。该文利用中国知网(CNKI)数据库,借助CiteSpace可视化软件对2011—2018年间国内"对外话语体系"研究的科学知识图谱进行定量分析。经统计发现"对外话语体系"研究时间虽短,但整体发展态势强劲,聚焦于对外话语体系建构的原因、意义、价值、原则等方面。"一带一路""人类命运共同体""中国梦""中国故事"和"国际话语权"等是现有研究关键词,并将继续成为未来研究的主要关注点。

六、对外传播与国家形象的相关研究

中国国际形象塑造与传播效果的相关研究主要集中在四个方面:第一,国家形象的概念与传播,这方面的论著主要包括国家形象的层次、理念和建构,强调国家与市民社会的良性互动、对外多维塑造对提升国家

---

①杨魁,侯迎忠.中国话语体系与华文传播[M].北京:中国社会科学出版社,2019:46-49.

形象的重要意义。第二,外媒涉华报道对中国国家形象的塑造,以西方主流媒体对中国形象的塑造为主。第三,中国对外传播的效果分析,认为评价中国对外传播效果需要建构出包含文本信息指标和受众反馈多层次、多角度的指标体系,中国国家形象代言人具有较好的传播效果。第四,新媒体(尤其是社交媒体)对国家形象传播的作用,认为互联网时代"数据讲述中国故事"提升了对外传播效果,强调大数据在国家品牌中的应用。

七、国内相关研究述评

(一)取得的成就

当前,国内学界对于中国特色对外话语体系的研究已经有了一定的"存量",对建构中国特色对外话语体系的现实依据、原则要求、实现目标、实践困境、建构路径、需要注意的问题等有了分门别类的初步研究,描绘了中国特色对外话语体系的基本轮廓,为对外话语体系的建设打下了一定的基础。

(二)存在的问题

第一,缺乏系统性。对中国特色对外话语体系建设的研究尚未形成系统性的理论创新,大多是针对某一方面进行论述,缺乏系统性的整体表达,成果碎片化,研究方法单一。

第二,研究不深入。关于中国特色对外话语体系建设的许多观点和见解见诸报端,限于报纸的字数和篇幅要求,相关概念、理论也只是点到为止,没能深入细致地阐述,有的甚至缺乏话语和逻辑的严密性,内容单薄。

第三,缺乏学科整合和交叉。中国特色对外话语体系建设涉及马克思主义理论、语言学、翻译学、传播学等众多学科,已有的研究仅从本学科角度探讨对外话语体系,缺少跨学科研究成果,相关术语混杂、概念界定不清。如"中国对外话语体系""国际话语体系""中国特色对外话语体系""中国特色话语体系""国际传播话语体系""对外传播话语体系"等表述尚未统一。

第四,关于中国特色对外话语体系在海外世界的译介与传播研究阙如。除了有限的关于中国文学作品在英语世界的翻译与传播讨论以外,如吕敏宏、王鹏飞、谢柯、李艺、訾晓红、游春艳、吴佳潞、朱波等,整体上比较匮乏。而中国特色政治话语既是中国政治智慧的外在表征,又是影响制约对外话语体系建设的核心要素,承担着冲破意识形态藩篱,宣传中国特色社会主义道路、理论、制度、文化的光荣使命。故而完善中国特色政治话语体系建设,提高其在海外世界的译介与传播效果,具有重大的战略意义。

第五,缺乏对中国特色对外话语体系。自中华人民共和国成立以来,不同阶段的纵向描述与梳理,缺少对新中国成立以来中国特色对外话语体系建构成效与不足的总结与归纳,缺乏对提升中国话语权的原则、路径与方法等的系统阐述。

第六,研究方法以定性为主,鲜有定量和定性相结合的研究、个案研究、比较研究,尤其缺乏基于语料库的大型实证研究。研究多属现象观察、分析讨论或个案分析,实证研究比较少,尤其缺少与互联网时代相匹配的大数据方法。

第三节　国外话语体系研究

国外学者虽然没有专门针对中国特色对外话语体系建设展开深入研究和论述,但是通过相关著作和文章的间接描写,以及各大媒体和报纸的直接采访和报道,我们仍然可以得出国外学者、政要、知名人士等对中国特色对外话语体系建设的观点,主要集中在构建对外话语体系面临的问题、相关建议以及建构过程中需要注意的问题等方面。

一、构建对外话语体系面临的问题

美国学者约翰·奈斯比特认为,中国对世界的看法是与时俱进的,而西方对中国的看法却是落后的,西方人对中国的认识已远远跟不上中国的变化。美国耶鲁大学教授、摩根士丹利亚洲区前主席斯蒂芬·罗奇认为,诸如"中国即将崩溃"等唱衰中国的言论,是西方人以他们固有的思维方式看中国的结果,是用长期以来审视西方经济体系的习惯来看中国,根本没有正确理解中国。布鲁塞尔当代中国研究所所长古斯塔夫·

格拉茨认为,欧洲高层相当数量的人对中国的发展与转型缺乏深刻认识与理解。澳大利亚学者马克林于2013年3月在上海参加"第五届世界中国学论坛"时表示"西方世界一直以来对中国抱有偏见,这部分来自不平等的权力关系,包括无视西方自殖民时代以来就有的优势地位,而印度等国家则主要依赖于西方资源了解中国,解读中国,这就难免会产生对中国的误解"。

二、构建中国特色对外话语体系的建议

奈斯比特夫人认为,中国首先要放弃"宣传式的语言",其次要采取"先发制人"的策略,最后要以情感人、以事动人。沙学文认为,中国应该大胆向海外传播自己的观念,这些理念必须是鼓舞人心、积极向上的,必须是爆破性的,能够以聪敏、出人意料的方式对现有观念形成挑战。斯蒂芬·佩里建议,中国在面对挑战时,需要在保持原则的同时,尽量削减他国对中国迅猛发展的恐惧心理,如果中国在保证自身经济优势的前提下,冒一些风险去与他国分享权力,也许会产生意想不到的结果。美国芝加哥大学政治学教授约翰·米尔斯海默则建议,中国要在国际上"低调发言",防止美国及邻国感到恐惧。约瑟夫·奈认为,中华优秀传统文化是中国和中国共产党在思想文化领域最大的软实力,中国要让国际社会充分理解中国梦是追求和平发展,并与包括美国梦在内的世界各国人民的美好梦想相通。[①]

三、构建中国特色对外话语体系需要注意的问题

美国著名政治、经济学家威廉·恩道尔认为,中国不能只注重短期的经济利益,那样只会损坏中国的长远发展和形象。格拉茨认为,中国应该考虑如何与西方媒体打交道,如何有效、准确地向西方传递信息。

四、对外传播与国家形象的相关研究

在 Web of Science 数据库中,有关中国国际形象塑造与传播效果的英文学术论著主要包括如下两方面:一是关于国家形象、国家品牌的研究,指出国际媒介事件对国家形象有重要影响,在国家品牌指数上,美国一直较高。二是与中国相关的国际传播效果研究,指出中国已成为除美国

---

①杨平,范大祺.新时代对外话语体系建设实证研究[M].北京:外文出版社,2022:95-97.

以外国际媒体最关注的国家,但美国等西方国家涉华报道偏负面,一定程度上导致了其受众对华负面认知,而国家宣传片等公关行为有利于改善外国人的涉华认知。

五、国外相关研究评述

由于中国国际地位的持续提升,外媒热衷于报道中国,国际上关于中国的研究也日渐增多,但少量关于中国形象的研究以批判居多(少量中国形象的正面研究论文多数来自华人学者),带有较浓的意识形态特征。

国外关于涉华国际传播效果的研究多立足于美国等西方国家,鲜有从中国实情出发研究比较中国对外传播效果,中国话语的国际传播任重道远。为防止闭门造车,对外传播应由重视"我说"转入重视"他信"的研究,中国国际形象的塑造不仅需要中国媒体参与,还需要国外媒体传播中国声音,不仅需要官方媒介,还需要民间的广泛参与。这些转变、互动与比较是开展本领域研究的立足点和出发点。

通过文献梳理与评述,不难看出中国特色对外话语体系研究存在很大的发展空间:第一,缺乏对中国特色对外话语体系,尤其是中国特色对外政治话语体系历时性描写和基于大型语料库的定量分析。第二,缺乏对海外世界主流媒体对中国特色对外话语体系在海外世界的译介与传播的效果考察。第三,中国特色对外话语体系建设的一个主要目标是建构良好的中国国际形象,但当下"中国威胁论""中国崩溃论"时时见诸西方媒体,已有研究尚未从对外话语体系建构视角深度论述中国在海外世界国际形象形成,并且缺乏形象演变的历时考察。

六、研究前瞻

基于对中国特色对外话语体系研究现状梳理,当下和未来一段时间的中国特色对外话语体系研究应该在以下领域发力。

(一)开展对中国特色对外话语体系的历时性考察

中国特色对外话语体系作为一套理论架构应该也必然是对中国所处时代的反映,要回答和解决一些重大现实问题。中国特色对外话语体系不是静态不变的,而是动态多变的,变化的依据就是国内外形势的变化,和平与发展时代主题下的对外话语体系必然不同于战争与革命主题下的话语范式。有鉴于此,相关研究应从中华人民共和国成立以来,根据中国社会政治经济发展状态,分阶段聚焦我党和政府对一些重大国际、国内议题的论述,收集我国对外的中、外文媒体和外国主要媒体承载的话语与文本,建成语料库,以语言学等相关理论为指导,回顾、梳理和论述不同阶段我国对外话语体系的特征、演变与发展,为完善中国特色对外话语体系建构进行综合探索和系统论述。

(二)聚焦于中国特色对外政治话语体系研究

根据来源渠道,中国特色对外话语体系可分为官方话语体系、民间话语体系、学术话语体系;根据话语内容可分为政治话语体系、军事话语体系、外交话语体系、科学话语体系、媒体话语体系等。因此,这方面的研究不可能毕其功于一役,应该区分轻重缓急,有序推进。鉴于中国特色政治话语体系在整个话语体系的核心位置,应该首先致力于官方渠道发布的对外政治话语体系研究,聚焦于我党和政府对一些重大国际、国内政治问题的声明、公告、评述、讲话,收集我国的中、外文媒体和国外媒体的相关话语和文本,建成对比语料库和平行语料库,针对诸如词频、词丛、主题词、搭配和语义等方面做出定量分析,描写不同阶段中国特色话语体系特征与异同,中外媒体关于上述主题话语之异同。

(三)致力于中国特色对外话语体系的海外译介研究

一般认为,用外语表述的中国特色对外话语体系是经翻译而建构的,所以考察中国特色对外话语体系在海外世界的接受与传播,势必要从翻译的角度审视中国外文媒体呈现的中国特色对外话语体系。

对于中国特色对外政治话语体系的翻译,必须紧扣翻译的信度和效度。一方面,研究对外政治话语翻译如何精准再现原文的意义(即译文相对于原文的信度),为此,要与中文媒体的中国对外话语体系进行比对,收集中国中文媒体不同阶段有关话题语料,运用有关翻译理论,通过对中国媒体外文语料和对应的中文语料的比较与分析,探究中国外文媒体语料的译介策略与翻译质量;另一方面,译文话语如何做到符合译文受众审美期待和认知特征,使受众愿意或乐于接受,实现较好的翻译成效(译文在受众一端的接受,即翻译的效度),为此,要考察中国媒体呈现的中国特色对外话语体系的外语表述在海外世界的接受度如何,一种路径就是对外国媒体同类语料开展话语分析,并将研究发现与中国外文媒体同类语料进行比较,从而对中国特色对外话语体系的翻译策略与接受度做出评价和阐释,提出对策和建议。

第四节 我国国际话语权建设的理论基础

一、开展对中国特色对外话语体系的历时性考察

中国特色对外话语体系作为一套理论架构应该也必然是对中国所处时代的反映,要回答和解决一些重大现实问题。中国特色对外话语体系不是静态不变的,而是动态多变的,变化的依据就是国内外形势的变化,和平与发展时代主题下的对外话语体系必然不同于战争与革命主题下的话语范式。有鉴于此,相关研究应从中华人民共和国成立以来,根据中国社会政治经济发展状态,分阶段聚焦我党和政府对一些重大国际、国内议题的论述,收集我国对外的中、外文媒体和外国主要媒体承载的话语与文本,建成语料库,以语言学等相关理论为指导,回顾、梳理和论述不同阶段我国对外话语体系的特征、演变与发展,为完善中国特色对外话语体系建构进行综合探索和系统论述。

二、聚焦于中国特色对外政治话语体系研究

根据来源渠道,中国特色对外话语体系可分为官方话语体系、民间话语体系、学术话语体系;根据话语内容可分为政治话语体系、军事话语体系、外交话语体系、科学话语体系、媒体话语体系等。因此,这方面的研究不可能毕其功于一役,应该区分轻重缓急,有序推进。鉴于中国特色政治话语体系在整个话语体系的核心位置,应该首先致力于官方渠道发布的对外政治话语体系研究,聚焦于我党和政府对一些重大国际、国内政治问题的声明、公告、评述、讲话,收集我国的中、外文媒体和国外媒体的相关话语和文本,建成对比语料库和平行语料库,针对诸如词频、词丛、主题词、搭配和语义等方面做出定量分析,描写不同阶段中国特色话语体系特征与异同,中外媒体关于上述主题话语之异同。

三、致力于中国特色对外话语体系的海外译介研究

一般认为，用外语表述的中国特色对外话语体系是经翻译而建构的，所以考察中国特色对外话语体系在海外世界的接受与传播，势必要从翻译的角度审视中国外文媒体呈现的中国特色对外话语体系。

对于中国特色对外政治话语体系的翻译，必须紧扣翻译的信度和效度。第一，研究对外政治话语翻译如何精准再现原文的意义（即译文相对于原文的信度），为此，要与中文媒体的中国对外话语体系进行比对，收集中国中文媒体不同阶段有关话题语料，运用有关翻译理论，通过对中国媒体外文语料和对应的中文语料的比较与分析，探究中国外文媒体语料的译介策略与翻译质量。第二，译文话语如何做到符合译文受众审美期待和认知特征，使受众愿意或乐于接受，实现较好的翻译成效（译文在受众一端的接受，即翻译的效度）。为此，要考察中国媒体呈现的中国特色对外话语体系的外语表述在海外世界的接受度如何，一种路径就是对外国媒体同类语料开展话语分析，并将研究发现与中国外文媒体同类语料进行比较，从而对中国特色对外话语体系的翻译策略与接受度做出评价和阐释，提出对策和建议。

四、探索中国特色对外话语体系的传播成效

中国媒体经过翻译所呈现的中国特色对外话语体系在海外的接受与传播如何呢？传播学研究表明，受众并非像照相机一样"看"到客观呈现在自己面前的一切，而是选择性注意自己感兴趣的内容，并且理解和记忆也是选择性的。对外传播由于受众不同，要实现预期的传播效果，对外话语体系构建者包括译者就必须在内容、文本组织和措辞上进行必要的变通和调整。因此，要考察中国特色对外话语体系在海外世界的接受与传播效果，可以通过对前述外国媒体语料库开展话语分析、内容分析和网络数据挖掘，了解中国特色对外话语体系的海外世界表述是否以及多大程度上被国外主流媒体接受与采纳。也可以通过实验选取在华外国人为对象，为其提供不同的实验刺激（不同形式、内容的外译政治话语），比较不同实验组之间、实验组和控制组（对照组，不接受刺激）之间，受众在接受之后的认知、态度和行为差异，以了解对外话语体系的传播效果与可接受性。还可以通过问卷调查、访谈等了解国外受众在接触中

国特色对外话语体系传播后的效果和反馈,以对中国特色对外话语体系在海外世界的传播效果做出综合评价,在此基础上,研究比较不同主体(中国和外国)媒介、不同语言(中文和外文)媒介和不同性质(官方主流和民间社交)媒介在不同时期开展中国特色对外话语体系传播的效果,纵横比较,开展反思,提出对策,提高其传播效果。[①]

五、从对外话语建构视角,考察中国国际形象的形成与演变

国际形象建构是中国特色对外话语体系建设的重要内容。中华人民共和国成立以来,在海外世界表现出怎样的国际形象?经历怎样的变化?从中国特色对外话语体系的角度,不同时期中国所希望树立的国际形象与在海外世界所呈现的形象有何不同?当下,中国是世界第二大经济体,在国际事务中发挥着重要的作用,但中国的快速崛起引起了国际社会尤其是西方世界的恐慌,因此,从对外话语体系建设的视角分析中国在不同时期在海外世界的国际形象及其变化,回顾与分析我国不同阶段对外话语体系建设情况,改进当下中国特色对外话语体系建设,无疑对实现中国特色对外话语体系建设目标——在国际社会树立起良好的中国国际形象意义重大。

第五节 "一带一路"倡议给黄河文化 国际话语体系构建带来的历史机遇

"一带一路"作为"中国提出的宏伟倡议和国际合作公共产品",民心相通和文明互鉴是其两大支点,目的是推动中国与沿线国家的政治、经济和文化互动,借此实现政治认同、经济合作和文化共享。在构建中国对外文化交流话语体系的进程中,借助"一带一路"的优势,能促进中国文化与国外文化的创新交流、开放交流和成果共享。

一、中国日益强大的综合国力

经济快速发展、全面深化改革等多种动力,助推中国开始"强起来",

---

① 贺耀敏. 认识中国了解中国书系 中国话语体系的建构[M]. 北京:中国人民大学出版社,2021:22-24.

我国取得的成就世界各国人民有目共睹。相关数据显示，2021年上半年，我国GDP总量超过53万亿，超越美国成为世界第一经济强国指日可待。同时，中国积极参与国际事务，以实际行动向世界宣告了中国不仅谋求自身发展，而且愿意与世界各国共享发展成果。

2013年，习近平总书记正式提出"一带一路"倡议，得到多个国家的响应。截至2020年初，共有126个国家、29个国际组织参与到"一带一路"的建设中。国际贸易组织提供的数据表明，"一带一路"的建设使国际贸易成本降低了近2%，并贡献了将近1%的全球经济增长率。新时代的中国已经迈入世界强国之列，开始走向世界的中心，强大的综合国力自然要求建构强大的对外交流话语体系。

二、美国影响力的衰减和中国方案认同度的增强

苏联解体后，美国成为世界唯一超级大国。长期以来，美国奉行霸权主义和强权政治，多次发动战争，在世界范围内制造摩擦。在美国的干预下，中东地区长期陷于混乱，这也对美国自身政治、经济造成不良影响。2008年，美国爆发了次贷危机，并蔓延至其他国家。在战争和经济危机的影响下，美国人引以为傲的制度暴露出诸多问题，这令一些追随和效仿美国制度的国家产生了动摇，美国在世界范围内的影响力大大下降。

而中国在改革开放强大动力的驱动下，经济快速增长，综合国力稳步上升，中国特色社会主义制度的优越性日益显现。中国的发展也惠及全球，很多国家搭乘中国改革开放的快车，取得了显著成绩。如"一带一路"倡议的提出，不仅推动了沿线国家、地区的发展，也为世界经济的发展注入了新鲜血液。在这一有利背景下，更应努力构建中国对外文化交流话语体系，更好地向世界展示中国文化。

三、西方文化中心论被广泛质疑

不同国家、民族都有属于自己的文化形式。全球化时代，文化的多元发展动摇了"西方文化中心论"。其实，资本主义早期的资本积累带有很强的侵略性，早期资本家借助船坚炮利抢夺原料和市场，大肆打压当地土著文化，甚至导致很多文化的消亡。强大的经济实力和军事实力增强了西方文化的优势，提升了西方文化的自信，为西方文化打上了"普世"

的烙印,一些人甚至宣扬西方文化是世界上最有价值的文化形式,应该得到全世界的认同。

"一带一路"倡议的实施让人们再次认识到文化的多样性,体会到不同文化的魅力。与此同时,人们开始对"西方文化中心论"提出质疑。在多元文化并存的全球化大趋势下,用单一的西方价值标准对不同国家文化进行价值判断,是不可取的,更不符合文化发展规律。过去被认为具有"普世性",自诩据有世界文化"中心"地位的西方文化,必然会在文化多元发展的大潮中被拉下神坛,去魅返真。[①]

四、"危""机"并存的国际环境

2019年,美国单方面对中国发起贸易战,加上新冠疫情、美国通胀等问题,国际环境越发紧张,但和平、发展、合作仍是时代主题,中美之间还有很多合作的空间。中美建交已近50年,在几代人的共同努力下,中美关系已经成为国际关系中最重要的双边关系。尽管当前中美之间还存在一些影响双边关系和谐发展的消极因素,但中美合作的大门并没有完全关闭,偶尔的摩擦并不能动摇中美关系,这是我国构建对外文化交流话语体系的必要前提。

秉持共商、共建、共享原则的"一带一路"倡议充分彰显了中国的大国担当。中国历来主张以谈判方式解决区域争端,反对一切破坏和平的行为。和平和发展不仅是中国对外交流的基本原则,也是世界人民所期盼的,更是世界发展的大趋势。中国应充分利用和平发展的大局,加紧构建新时代对外文化交流话语体系。

第六节 "一带一路"倡议视域下黄河文化国际话语体系构建面临的挑战

"一带一路"倡议的实施为中国对外文化交流话语体系的构建提供了重大的时代机遇,但黄河文化国际话语体系的构建仍处于草创阶段,还存在构建方式单一、机制不健全、空间受限、质效较低等问题。

[①] 田霄.黄河文化国际传播体系的构建路径探析[J].新闻研究导刊,2022,13(08):45-47.

一、黄河文化国际话语体系构建方式单一

中国与"一带一路"沿线国家和地区的文化存在很大差异,构建黄河文化国际话语体系不能照搬或效仿其他国家的模式。正如亨廷顿在《文明的冲突》一书中所说的那样,当今各国谁的对外交流话语体系构建得更先进、更多样,谁的文化价值就能更好地影响世界。如今,"一带一路"倡议背景下的体系构建面临方式单一的挑战,主要表现在三个方面:一是过分依赖经济架构,而经济架构又依赖于经济群体,这就导致体系主客体的单一;二是过分倚重知识传播,导致构建形式的单一;三是缺乏构建平台的多元发展,载体相对单一。

二、黄河文化国际话语体系构建机制不健全

中国黄河文化对外交流与"一带一路"沿线国家和地区还存在互信不足、交流路径不通等问题,全方位对外文化交流话语体系的构建机制尚不健全,这制约了体系构建的广度、深度和速度,主要体现在三个方面:一是缺乏专业人才队伍建设长效机制,导致体系构建理论基础不牢、经验不足,影响了体系构建的进度。二是对外文化交流涉及文旅、宣传和对外交流等多个部门,但由于主体责任机制不健全,造成主体责任无法厘清。三是我国对外文化交流话语体系的构建以政府为主导,基本上没有非政府组织和社会力量的参与,缺乏非官方的、具有较大影响的"对外文化交流大使",无法形成体系构建的多方合力。

三、黄河文化国际话语体系构建空间受限

中国与"一带一路"沿线国家和地区在语言、文化方面存在很大差异,国情和历史传统也各有不同,这也导致了黄河文化国际话语体系在以英语文化为主的"文化场域"中难以适应"一带一路"倡议的文化空间要求,进而导致体系的构建空间受到限制。

一方面,中国黄河文化国际话语体系虽然已具备跨文化理念,但在构建过程中与国际社会的联系不够紧密,再加上互联网对外文化交流体系资源的短缺,就更加限制了体系构建的空间。另一方面,体系构建的媒介有限,仅仅依靠政府"上传下达"很难构建起全面系统的话语体系。加之以美国为首的西方国家的围追堵截,更会造成体系的"延伸困难",甚

至会造成文化交流上的"孤岛"现象。

四、黄河文化国际话语体系构建质效较低

根据文化交流话语体系构建的基本理论,话语体系的构建是为了满足不同受众文化价值的内在需求。"一带一路"倡议沿线国家主要是发展中国家,一些中亚国家国内矛盾尖锐、局势不稳定、政策不平稳,大大影响了体系构建的质效。一方面,黄河文化国际话语体系构建受"一带一路"沿线国家文化、宗教、政策等因素的影响,认同度大大降低。另一方面,由于英语文化"场域"的影响,使得体系受到了极大的冲击,呈现出文化主客体地位的转变。

第七节 "一带一路"倡议视域下黄河文化国际话语体系构建的路径

一、"一带一路"倡议视域下黄河文化国际传播话语体系的构成要素

(一)以概念为基础的思想体系

语言是思想表达的媒介,概念是话语体系的基石。一种新的话语体系的构建,必然包含新概念的创造和使用。也是在这个意义上,恩格斯指出:"某些术语的应用,不仅同它们在日常生活中的含义不同,而且和它们在普通政治经济学中的含义也不同。但这是不可避免的。一门科学提出的每一种新见解都包含这门科学的术语的革命。"恩格斯所强调的"术语革命",不仅是语言发展、概念革新的现实需要,更是表达新思想、构建新理论的本质要求。换言之,黄河文化国际话语体系的构建过程,也即是以新概念为标志的术语革命的实现过程。

(二)以观念为核心的理论体系

如果说,概念是人们认识事物本质属性的一种基本思想表达,那么,观念则是人们在思维上习惯化的、带有主体倾向性的判断和观点。一般来说,虽然概念和观念都是人的思维活动的产物,但两者之间有所区别:

概念是思维活动的语言符号基础,观念是思维活动的倾向性表达。由此,以观念为核心的逻辑化、系统化的理论体系及其背后蕴含的世界观和方法论,成为人们认识世界、改造世界的思想武器。

一个民族要想站在科学的最高峰,就一刻也不能没有理论思维。理论思维的不断完善,需要以观念为核心的理论体系的支撑。中国共产党历来高度重视哲学社会科学的理论体系建设。"知识变革"和"思想先导"是理论创新的责任和使命。黄河文化国际话语体系的建构,须以知识变革和思想先导为目标,从推动人类社会重大跃进的高度,持续推进以新观念为核心的理论体系创新,进而从理论创新的高度,实现话语体系创新。

(三)以理念为导向的价值体系

理念是人们对某种事物的观点、看法和信念。人们的观念上升到理念的过程是进一步逻辑化、系统化的过程,也是观念通过理性认识和科学反思逐渐上升为认知和信念的过程。在这个过程中,主体的自我认知进一步清晰,主体的价值倾向也进一步明确。因此,理念确立的过程往往代表了主体的价值判断、价值选择和价值认同趋向自觉,代表了主体理性思维和价值意识的觉醒。正是在这个意义上,黄河文化国际话语体系的构建,不仅仅是零散的概念堆砌或简单的理论叠加,更需要以新理念为导向的价值体系的支撑。

二、构建黄河文化国际传播话语体系的基本原则

(一)主体性:历史与逻辑相统一

构建新时代黄河文化国际话语体系要强化主体意识。主体是话语的言说者,话语的主体是现实的、历史的、具体的人。一般来说,话语主体的规模决定了话语的适用范围。一个人的话语只能是独白,一群人的话语才称得上集体意识。也正是在这个意义上,新时代中国话语体系的主体是当代中国社会的绝大部分成员,是基于集体意识基础之上的公共意识和普遍共识。对一个群体来说,其公共意识和普遍共识并不是凭空产生的,一定是经由特定的历史传承和历史阶段,并在特定的实践创新过程中融合发展形成的。不同群体在历史传承中的主体差异性决定了不同民族在文化形态、话语体系上的多样性。因此,在构建新时代黄河文

化国际话语体系的过程中强化主体意识,必须遵循历史和逻辑相统一的原则,从主体性的角度,把握话语体系的历史源流、生成过程和实现意义。①

需要注意的是,在构建新时代黄河文化国际话语体系的过程中,强调主体性,并不是仅仅突出主体的主观意愿,而否定话语的客观性。这是因为,并不是所有的主观意愿都能成为真正有意义的话语。只有那些能够经过理性认识并准确反映客观现实、深刻把握客观规律的话语,才具有深度解释力和持久生命力。一方面,要注重新话语的准确性和逻辑性。新概念、新话语的提出,要准确把握事物特点、准确概括事物特性、准确揭示事物特质、准确描述事物特征,确保言之有物、言之有据。同时,构建新时代黄河文化国际话语体系,要注重从历史与现实、理论与实践、内部与外部、原因与结果、过去与未来、当下与长远等多维度、多视角出发,构建逻辑严密、有影响力、有说服力的新时代话语,确保言之有序、言之有理。另一方面,要注重话语的通约性和有效性。要遵循话语形成与发展规律,注重从贯通古今中外、融合创新等角度出发,提出能够凝魂聚气、引发共鸣、促进共识的话语,确保言之有声、言之有效。

(二)时代性:理论与实践相促进

作为思想的载体,话语是时代的产物,是在回应时代问题、反映时代特征、观照时代精神中形成并确定的,是"被把握在思想中的它的时代"②。

构建新时代黄河文化国际话语体系不能脱离时代,不能脱离现实,必须从理论与实践相互影响、相互作用的角度,精准提炼概念体系,科学建构理论体系,积极塑造价值体系,进而满足时代之需、回应时代之问,从话语时代精神的角度,引领时代不断向前发展,在理论与实践的互促共进中实现话语创新。

(三)现实性:问题与方法相结合

现实性是构建新时代黄河文化国际话语体系的出发点和落脚点。新

---

① 焦丹,苏铭.黄河文化国际传播话语体系构建与实践路径探索[J].新闻爱好者,2022(01):42-44.
② [德]黑格尔.法哲学原理[M].范杨,张企泰,译.北京:商务印书馆,1961.

时代黄河文化国际话语体系的构建要立足中国实践,着眼中国实际,解决中国问题。在构建新时代黄河文化国际话语体系的过程中,既要着力解决好话语体系的继承与发展、拿来与创新的问题,也要着力解决好中国在国际交往中的失序与失语的问题。自身发展中的问题必须由自己解决。

话语不仅包含解释世界的理论维度,同时也包含改变世界的实践维度。只有那些能够准确切中问题并且包含有效解决问题方法的话语,才具有现实的影响力和持久的生命力。

1. 构建新时代黄河文化国际话语体系须遵循问题导向

任何话语体系的构建都有其独特的文化背景和历史实践,不能脱离历史文化的现实境遇而任意表征。提炼黄河文化关键词、解决中国问题必须聚焦中国实践、立足中国现实、满足实际需要,必须扭转"言必称西方"的风气,打破偏见,着眼新时代,聚焦真问题。

2. 构建新时代黄河文化国际话语体系要探索好方法

问题的提出仅仅是开始,问题的解决才是关键,找到解决问题的有效方法至关重要。特别是在外交方面,构建新时代黄河文化国际话语体系是增强国际话语权,摆脱失语症,解决挨骂问题的迫切需要,是重塑中国在国际舆论舞台主体形象的迫切要求。

三、构建黄河文化国际传播话语体系的重要策略

(一)策略创新:优化体系构建的行动策略

"一带一路"倡议的实施为体系构建提供了时代机遇。即时创新策略,优化实际行动策略,推动体系构建走向国际,是当前最迫切的任务。一是借助和发挥黄河文化优势,实现"一带一路"倡议与体系构建的互动、共享,讲好"中国故事",提升中华文化形象;二是借助和发展现代信息技术的传播优势,将黄河文化融入"一带一路"倡议实施的全过程,吸引更多的资源,逐步扩大体系的影响广度和深度,彰显体系的时代价值;三是打造具有新时代特色的中国黄河文化国际话语课程体系,凭靠孔子学院设置特色课程,在中外文化交流中融入黄河文化话语元素,丰富体系构建的文化内涵;四是拓展构建路径,发挥广大海外侨胞在文化传播

中的作用,消除"中国威胁论"的负面影响,淡化西方国家的恶意攻讦;五是吸引非政府组织参与,发挥社会团体、对外交流组织等非官方组织的积极作用,以宣传片、纪录片等传播形式为媒介,为体系构建注入更多活力。

(二)政策创新:完善体系构建的顶层设计

"一带一路"倡议下,构建中国黄河文化国际话语体系国家战略或者顶层设计至关重要。第一,进行顶层设计时,要注重话语体系构建"点、线、面"的科学定位。"点"的顶层设计就是找到中国黄河文化国际话语体系的特色和突破点;"线"的顶层设计是以"点"作为突破口,建立与"一带一路"沿线国家和地区的关系,借助"一带一路"这条"线",加快体系的构建;"面"的顶层设计则是发挥"点""线"的辐射作用,扩大体系构建的区域影响力。其实,科学定位"点、线、面",构建话语体系,最终还是要落脚到国家政策的创新上,以政策创新驱动体系的完善和发展。第二,进行顶层设计时,要注重话语体系构建的推进梯度。以东亚文化圈(日本、韩国等)为起点,经中亚文化圈(哈萨克斯坦、塔吉克斯坦等)、西亚文化圈(伊朗、叙利亚、土耳其等)、南亚文化圈(巴基斯坦、孟加拉国、尼泊尔等)、东南亚文化圈(新加坡、马来西亚等),向东欧文化圈(俄罗斯、乌克兰、斯洛伐克等)、北欧文化圈(丹麦、瑞典、芬兰等)、西欧文化圈(德国、英国、法国等)有序推进,再延伸推广到非洲文化圈(埃塞俄比亚、肯尼亚等)和拉美文化圈(委内瑞拉、古巴等)。以梯度推进,发挥政策创新的优势,增强体系构建的针对性。毋庸置疑,顶层设计作为体系构建的指向标,不仅是文化引导下的政治、经济的未来走向,也表征着体系构建的完善和发展。

(三)传播创新:打破体系构建的空间限制

"一带一路"倡议不仅是中国与沿线国家的经济合作倡议,还是提升中国文化影响力的概念范畴,同时也是中国文化传统、现代、未来三位一体战略的架构。同理,体系构建也是在历史、现在、未来语境下对时空的超越。一是加强与"一带一路"沿线国家、地区的合作,谋求更加深入的交流,吸引国家层面关注,建立多边磋商机制;同时,借助有影响力的区域活动,突破体系构建的空间限制。二是组建中国黄河文化国际话语体系研究智库,让更多国家了解黄河文化,通过文化认同打破时空"壁垒"。三是借助"互联网+",增强体系的影响力和传播力。

(四)共享创新:促进体系构建的价值共享

体系构建与"一带一路"倡议相融合,有利于更加深入地挖掘文化资源,充分发挥好文化"开放、包容共享"的功能,促进体系构建的价值共享。价值共享是构建黄河文化国际话语体系的"最大公约数",在"一带一路"倡议实施过程中要充分考虑沿线国家在政治、经济、民族、审美、文化等方面的实际情况,形成求同存异、和谐共生、开放包容的价值观念。一是要根据各国文化差异,用彼此能接受的方式讲好"中国故事"及背后的普遍价值,为黄河文化国际话语体系寻求共生、共融、共享的价值内核。二是以体系构建为核心,搭建文化创意平台和市场融资平台,加快对体系社会价值的宣传,最大程度消除"中国威胁论"的负面影响和文化误读,促进体系与"一带一路"倡议的价值共享。三是促进体系构建的学术研究和交流,丰富其理论内涵,为实现体系的全球共享融入更多学术内涵。

四、构建黄河文化国际传播话语体系的有效方法

(一)巩固黄河文化国际话语体系理念

话语理念是话语体系的价值基石。"理念"一词本源于古希腊哲学,现指基于一定理论抽象出来的、包含了该理论精髓的理性观念。在话语体系中,其内在规定和设置着话语体系构建的规模和走向,最能反映出话语体系构建的目的和所构建话语的性质、特征。作为实践的先导,话语构建是否有意义、构建是否有水平、构建是否有成效,都要诉诸话语理念。确保理念能够反映现实和实践的需要,并毫不动摇地巩固发展,是黄河文化国际话语体系得以构建的大前提。中国共产党人始终以"为中国人民谋幸福,为中华民族谋复兴"为初心和使命,这是回答时代之问的逻辑原点,是中国"为什么能"的内在驱动力,是中国之治下最深厚的情感认同和最坚实的价值基础。因此对话语理念的把握,也要从人民和民族两个大的方向进行思考。[1]

---

[1] 李娟.民族文化符号视野下的黄河记忆与影像话语建构——以五部国产影视剧考察为中心[J].中华文化论坛,2021(05):126-135+159.

(二)丰富黄河文化国际话语体系内容

话语内容是话语体系的中坚力量。从结构上看,话语内容占据话语框架最核心的部分,是黄河文化国际话语体系能否通过话语说服人、打动人的依据和凭证,发挥着至关重要的作用。任何一种话语体系都无法脱离话语内容而单独存在,失去话语内容的话语体系就会成为一堆没有意义、不知所云的符号系统。没有话语内容,价值取向变成了巧言令色,表达和传播方式变成了空中楼阁,黄河文化国际话语体系建设变成了空头支票。目前,国际形势进入到转型过渡阶段,欧美等国由于自身实力的相对衰退,原本阵营内部缔结的话语共识和话语防线由固若金汤变得岌岌可危。这对中国从幕后走到台前发出中国声音无疑是一个重大机遇期,要想获得话语的主动权和主导权,就必须在原有话语体系基础上下足功夫,在丰富话语内容上花点儿心思、动点儿脑筋。

(三)完善黄河文化国际话语体系表达

话语的表达是话语体系的点睛之笔。不但作为话语体系构成中不可缺少的要件,也关系着话语对象对话语内容的最初印象和最终结果。优化表达方式,能够进一步实现话语体系的构建目的,强化话语内容,达成阶段性目标。中国已经成为世界发展的重要力量,在不久的将来也将成为引领世界生态走向的决定力量,将话语权牢牢把握在自己手中的首要前提是拥有属于自己的话语体系。而表达方式作为话语体系中四者中看似最无关紧要的部分,实则起着画龙点睛的作用。基于以上原因,革新和完善话语表达方式,既是打造话语体系、话语工程的需要,又是扭转中西"话语逆差"的需要,既是黄河文化国际话语体系理念的需要,又是推进黄河文化国际话语体系建设紧迫性的需要。

(四)优化黄河文化国际话语体系传播手段

话语的传播手段是话语体系的载体和安身立命所在。话语一旦失去传播手段,不和人发生关系,构建也就失去了意义。从口口相传,到纸质媒体的使用,再到电子媒介的出现,每一次科技发展都为传播话语带来强大助力,人与信息、与话语的关系就是在一次次的互动中逐渐拉近了距离。随着"全媒体""融媒体"时代的到来,话语体系的对内传播和对外宣传看似变得更加简单,实则面临内部建设和外部威胁的双重挑战。在暗潮汹涌的国际舆论场上,我们时常处于被动构陷的状态。

除此之外,对传播手段的优化离不开新媒体和科学技术的赋权。要在充分运用互联网技术和网络平台建设的基础上,强化我们在新媒体上的优势,并通过持续发展非官方力量弥补主流媒体受限的不足,实现将黄河文化国际话语体系与话语对象的深度融合。同时,要警惕网络上的内部渗透,防止主流意识形态受到冲击,引发舆论波动。

五、构建黄河文化国际传播话语体系的顶层设计

(一)强化经济职能,提供物质支撑

我国政府在国家经济发展中发挥了指导性、决定性和领导性的作用。政府不断强化自身的经济职能,目的是为我国经济持续健康发展提供稳定的社会环境和强有力的政策支持。

中国特色社会主义经济制度的发展和不断调整,有力地推动了我国经济持续稳步发展,为新时代我国黄河文化国际话语体系的建设提供了稳定的物质支撑。强大的经济实力是一个国家对外话语体系发展的物质基础,也是国家对外话语体系发展的制约因素。从国际社会发展规律来讲,国家的经济实力和对外话语体系的强弱是呈正相关的。强大的经济实力必然需要强大的对外话语权来为其持续发展保驾护航,有利于保持相对稳定的国际局势,高效地处理国际事务争端和国家间交流合作。

因此,强大的经济实力成为我国黄河文化国际话语体系发展的基础,而我国政府经济职能的履行,可以为经济建设提供政策支持和制度保障。以十一届三中全会为分界线,之前我国政府提出以阶级斗争为纲的口号严重压制了我国经济增长活力,阻碍我国经济的快速发展,对外话语权的发展在国际上受到限制;之后我国实行以经济建设为中心的发展理念,坚持对外开放的基本国策激活了国内经济,迎来了我国经济高速发展的黄金期,取得了重大的发展成果,进一步增强了我国的国际影响力,提升了我国的国际地位,客观上推进了我国外交理论的重大发展。

因此,为了进一步加强新时代我国黄河文化国际话语体系的建设,政府必须强化自身的经济职能,规范稳定市场秩序,不断壮大我国的经济实力,不断巩固我国的经济发展成果,推动经济发展再上新台阶。

(二)贯彻政治职能,建设民主新范式

在中国特色社会主义制度下,我国经济、政治、文化、社会、生态等各方面发展取得了重大进步,这正是我国国家意识形态得到贯彻的体现。外交职能作为政府四大政治职能之一,对于新时代我国黄河文化国际话语体系的发展具有统领意义,与军事保卫职能、治安职能、民主政治建设职能共同构成我国政府的政治职能,总的来说就是对内构建稳定的国内政治环境,不断推进我国政治民主化的进程,对外维护国家安全和发展利益,加速实现新时代我国对外话语体系的国际化进程。

从改革开放至今,我国的政治发展取得了重大成就,但也要看到其不足之处并加以改进。我国国内政治处于长期稳定的局面,社会秩序安定有序,为新时代我国黄河文化国际话语体系的发展营造了一个稳定的国内环境,免除了新时代我国黄河文化国际话语体系发展的后顾之忧;经济实力的强大和军事实力的发展有助于加强我国的国家安全,因此要抓住新时代我国黄河文化国际话语体系发展的新机遇,推动新时代我国黄河文化国际话语体系的区域化发展。

(三)凸显文化职能,做好发掘和创新工作

中国作为统一的多民族国家,民族平等、民族团结、各民族共同繁荣是我国最基本的民族政策;我国文化发展历史悠久、成果众多,在进行文化传播过程中历来以包容、共享、交流为本色。我国政府的文化职能是为了满足人民日益增长的文化生活的需要,依法对文化事业实施管理,因此新时代我国黄河文化国际话语体系的发展将增强文化软实力作为重要任务。

在科技高速发展的今天,手机、平板等移动端的广泛应用使得世界各地人民获取信息的渠道迎来了历史性变革,借助通信工具的使用,我国民众能够接收到自己感兴趣的外来信息,其中夹杂着外来文化的进入,就在客观上实现了文化传播,形成了一定的软实力;同样的,别国民众也可以通过这类方式去接受我们国家的文化熏陶,也产生了一定的软实力,但这类传播方式受众群体较少而且偏年轻化,文化软实力的影响极为有限,对新时代我国黄河文化国际话语体系的发展较难产生全面的影响。因此,我国政府应借助文化职能的履行,进一步加大我国黄河文化

的挖掘和创新工作。

(四)细化社会职能,凝聚各方力量

我国政府的社会职能主要体现在调节社会分配和组织社会保障的职能,保护生态环境和自然资源的职能,促进社会化服务体系建立的职能,提高人口质量的职能。总的来说,就是通过多种方式为社会提供教育、科技、医疗、社会保障、城乡公共设施等方面的产品和服务。我国政府有责任不断深化全民公共服务体系:构建一个受众范围广、惠民力度大、辐射区域全的全民公共服务体系。政府社会职能的细化和区分能够带动社会各方力量共同投入这一庞大的发展事业当中。除了发挥我国政府的社会职能之外,政府能最大限度地调动包括商业企业、学校、社会组织、医院、福利机构等在内的多方行为主体,共同打造中国特色社会主义全民公共服务体系。

(五)激发民众参与,培育新主体

社会民众作为新时代我国对外话语体系的参与者和建设者,在我国涉外问题上日益发挥着重大作用。在与各国携手推进"一带一路"倡议的建设过程中,我国秉持共商共建共享的原则,推动政策沟通、设施联通、贸易畅通、资金融通、民心相通的落地,得到了沿线主要国家和国际社会的广泛支持和积极响应。最终,所有的举措都落实到民心相通这个落脚点上,体现了我国以人民为中心的发展理念,有助于丰富并深化我国黄河文化国际话语体系的内涵,有利于推动新时代我国黄河文化国际话语体系更加深入民心。随着新一轮技术革命的到来、通信技术的飞速发展,各国人民的交往距离从当初的大洲大洋缩短为地球村,随之而来的文化交流和文化互动也日益增多。

六、构建黄河文化国际传播话语体系的话语实践

黄河文化在纵向的时间上经历了从裴李岗文化、磁山文化,经仰韶文化,再到龙山文化;在横向的内容上包含武术文化、河洛文化、粮食文化、中原文化等特色鲜明的文化现象。河南是黄河文化历史传承中不可或缺的文化承载者,武术文化是河南优秀传统文化的典型代表。以中国武术文化国际传播话语体系构建为例,从政府引领、国际传播人才培养、平

台建设、国际交流、项目驱动、话语表达（国内外论文发表）、奖励机制、网络传播、特色智库等方面建立健全保障措施,形成良性的传播系统,通过多渠道多路径形成了系统的国际传播话语体系。

七、构建黄河文化国际传播话语体系的评估体系

（一）构建黄河文化国际传播话语体系评价的核心指标

在探索黄河文化国际传播话语体系建构路途的同时,如何对这一能力做出有效的评价,也一直是学界与业界关注的话题。

如何建立一套科学有效的评价体系？业界与学界的做法各有不同。也许是出于实践的迫切需求,在理论界尚未行动前,业界在实操中已按自己的测量标准作自我评估。我们发现,不少都有自己的评估指标。概括来说,这些评价体系有几大特点:一是它有较强的实操性,比较容易按照自己制定的指标体系在内部操作。二是它比较贴合自身的特征与特点。三是自身制定的评价指标,其综合性与体系性都较弱,为了操作之便,有意无意地忽略了问题的复杂性,简化了测量指标的覆盖面。

相对业界的做法而言,学界关于评价体系的构想有很大的不同。其特点在于:一是它偏重体系构建,且体系构想大都较为庞大。二是庞大的评价体系虽然照顾到了方方面面的因素,但往往缺乏核心指标。如新华社新闻研究所专家在《媒体国际传播能力评估指标体系初探》一文中提出了五个方面的考量指标,即内容生产能力、市场拓展能力、技术支撑能力、品牌知名度、国家影响力。这五个一级指标下,又设有12个二级指标,34个三级指标。这套评估体系,优点是较为全面,不足是核心指标不突出。没有核心指标,就反映不出核心竞争力。的确,国际传播能力的构建是一个系统工程,涉及方方面面。对其评估,同样需要从多维度考量。但多种因素中,一定有主次之分。三是,理论界所构想的评价体系,实操性不强,为业界接受的不多,基本上在其作者本人之外没有其他人使用。

公信力的提出,不仅为国际传播能力建构提出了新的思路,也为这一能力的评价找到了核心指标。公信力体现的是传播媒介所具有的能够赢得受众信任与信赖的各种专业品质和能力的总和。它反映了媒体在国际舆论场中的话语权状况。可以说,公信力是纲,纲举目张,有了这一

核心指标,整个黄河文化国际话语评价体系的逻辑性、系统性都明朗起来了。从实践层面来看,公信力的测量的可操作性也是比较强的。

(二)公信力评价倒逼黄河文化国际传播话语体系传播能力提升

以对话语权的重视深入到公信力的研究,国际传播能力建构与评价的重心由"我说"转变为"他信"了。这一点很契合黄河文化国际传播中对"他者"的认识。他者是主体建构自我意义的必备要素。他者在我们之外,也在我们之中。可见,二者是密不可分的。公信力研究的出发点虽然指向"他信",但落脚点在"我说"。只有我说好了,才能让他人信服。在这里,评价与建构形成了相辅相成的关系,评建结合,以评促建,以建为主。

公信力检测的三个层次"说了没有""听了没有""信了没有",所指向的传者言说行为表征,可归结为"说什么"与"怎么说"两个层面的问题。

一是在公信力建构上,"说什么"具有基石般的意义,"听了没有""信了没有"都是建立在"说了没有"这一基础之上的。"说什么"与"不说什么"是硬币的两面,如果一味地报喜不报忧,就有可能输在起跑线上。因此,黄河文化国际话语体系的构建,首先要在负面敏感问题的报道上先发制人。公开透明应该成为一项持续的媒体政策,我们越是公开透明,越能降低外媒对某些问题的关注热情,而且还会提高黄河文化国际传播话语体系的信誉,而遮遮掩掩反而会刺激外媒的"窥视欲"。

"透明度"应当作为公信力的核心指标。它包括事实的透明、真相的透明。过去那种刻意隐瞒的做法,表明了言说者多少存有不自信的弊病,这需要我们在道路自信、理论自信、制度自信、文化自信的实践中逐渐加以克服,只有自信才能赢得"他信"。"听了没有""信了没有"虽说是考察"他者"的指标,但指向的是传播者的言说行为,是一个"怎么说"的问题。按新加坡学者郑永年的说法,这体现的是一种与"他者"的沟通能力,让对方信服并自觉接受的能力。

参考文献

一、专著

[1]贺耀敏.认识中国了解中国书系 中国话语体系的建构[M].北京:中国人民大学出版社,2021:22-24.

[2]刘炯天,付静作,李晓静,等.黄河文化[M].开封:河南大学出版社,2021:21-25.

[3]刘雨,段庆林,牛学智.黄河文化高质量发展研究[M].银川:宁夏人民出版社,2021:51-55.

[4]牛建强.黄河文化概说[M].郑州:黄河水利出版社,2021:30-33.

[5]王秀海,魏学文.黄河三角洲海洋战略性新兴产业发展研究[M].北京:知识产权出版社,2017:27-30.

[6]魏建,侯麟科作.黄河三角洲高效生态经济区发展报告[M].桂林:广西师范大学出版社,2020:66-69.

[7]吴汉全.话语体系初论[M].北京:人民出版社,2020:120-123.

[8]肖东发,张灵芝.母亲之河 黄河文明与历史渊源[M].北京:现代出版社,2014:81-85.

[9]许强.雄赳赳畅游黄河 黄河文明传承上[M].太原:希望出版社,2021:75-79.

[10]杨魁,侯迎忠.中国话语体系与华文传播[M].北京:中国社会科学出版社,2019:46-49.

[11]杨平,范大祺.新时代对外话语体系建设实证研究[M].北京:外文出版社,2022:95-97.

[12]姚自京.弘扬黄河文明构建和谐家园[M].郑州:黄河水利出版社,2017:55-59.

[13]展龙.黄河文明研究[M].开封:河南大学出版社,2020:111-113.

二、期刊

[1]曹德春.跨文化视角下黄河生态文明建设与国际传播策略[J].新闻爱好者,2020(03):32-34.

[2]陈文泰,康秀丽,张蘩元.黄河文化的对外传播:价值取向、现实困境与路径创新[J].新闻爱好者,2022(02):60-62.

[3]董建霞.济南市黄河文化的丰富内蕴与弘扬路径[J].中共济南市委党校学报,2022(02):61-65.

[4]高煜唱,杨盛翔.立足河洛地区探析黄河文化的创新传播[J].新闻爱好者,2022(06):68-70.

[5]郭林涛.传承弘扬黄河文化 打造全国重要的文化高地[J].决策探索(中),2021(03):5-8.

[6]贾文山,石俊.黄河文明的理论思考与战略构想[J].西北大学学报(哲学社会科学版),2022,52(01):57-66.

[7]姜国峰.保护传承弘扬黄河文化的价值、困境与路径[J].哈尔滨工业大学学报(社会科学版),2022,24(04):119-123.

[8]焦丹,苏铭.黄河文化国际传播话语体系构建与实践路径探索[J].新闻爱好者,2022(01):42-44.

[9]李娟.民族文化符号视野下的黄河记忆与影像话语建构——以五部国产影视剧考察为中心[J].中华文化论坛,2021(05):126-135+159.

[10]李硕雅.黄河三角洲文化资源特质与文化产业发展[J].中共青岛市委党校.青岛行政学院学报,2014(06):114-117.

[11]田霄.黄河文化国际传播体系的构建路径探析[J].新闻研究导刊,2022,13(08):45-47.

[12]昝胜锋,李娇来.黄河三角洲高效生态经济区文化产业发展战略构建[J].黄河文明与可持续发展,2013(03):120-125.

[13]张文博,刘禹尧.文化资本视角下黄河文化传承与发展路径探析[J].河南科技大学学报(社会科学版),2022,40(03):98-104.

[14]张振鹏,栾晓平.黄河三角洲文化产业发展再思考[J].山东社会科学,2013(02):111-115.

[15]周松.浅谈黄河三角洲文化产业的可持续创新发展[J].美术文献,2019(08):143-144.

三、学位论文

[1]陈恩子."一带一路"背景下中华文化国际影响力提升研究[D].厦门:集美大学,2021:21-23.

[2]龚洁."一带一路"战略下的文化传播研究[D].南京:南京信息工程大学,2017:71-78.

[3]王希."一带一路"倡议下文化传播的理论逻辑与实践路径[D].北京:北京外国语大学,2022:12-14.

[4]于明.黄河三角洲文化产业可持续发展研究[D].济南:山东大学,2013:22-25.

[5]赵昕."一带一路"战略下中国文化软实力提升研究[D].兰州:兰州理工大学,2018:9-12.

[6]邹蕾."一带一路"倡议视角下中国文化对外传播研究[D].湘潭:湘潭大学,2019:11-14.